刑務所民営化のゆくえ

日本版PFI刑務所をめぐって

刑事立法研究会 編

現代人文社

刑務所民営化のゆくえ
日本版ＰＦＩ刑務所をめぐって

●はしがき

1 刑事立法研究会と本書に至る2つの軌跡と関連業績

　1987年以来，行刑改革の問題に発言してきた刑事立法研究会は，これまで『刑務所改革のゆくえ』『代用監獄・拘置所改革のゆくえ』『更生保護制度の改革のゆくえ』という3冊の『ゆくえ』シリーズ本を出している。本書は，このシリーズの第4弾である。

　監獄法改正は，行刑改革会議を経て，刑事収容施設・被収容者処遇法の成立と更生保護法の改正をもって一段落した感がある。上記の3冊の『ゆくえ』本は，この改革に対応したものである。刑事立法研究会は，この改革に先立って研究会試案（「刑事拘禁法要綱案」〔1996年〕および「改訂・刑事拘禁法要綱案」〔2002年〕）を発表して，研究会としての監獄法改正の向かうべき方向を示した。今回の行刑改革会議の提案には，研究会試案のめざす方向と合致するところもある。とくに，その標榜する「国民に開かれた刑務所」という観念は，研究会が提案する「コミュニティ・プリズン」構想とあい通じるものがある。しかし，観念だけがあい通じるのではなく，内容的にはどうかという点については，シリーズの第1冊目で論じられている。行刑改革会議ではあまり深く議論されないまま実務的に構想が錬られ，実施に至ったのが，いわゆる「PFI刑務所」である。これがどのようなものであるかは，本書で詳しく論じられているが，問題は，これが刑務所民営化の一つであるのか，刑事立法研究会の提案する「コミュニティ・プリズン」構想とどのような関係に立つと考えられるかである。市民や地域社会に開かれた刑事施設構想を提案してきた研究会としては，「PFI刑務所」と「コミュニティ・プリズン」との関係については，説明する責任がある。

　2001年に設置された龍谷大学 矯正・保護研究センターは，2002年度から文部科学省の私立大学学術研究高度化推進事業・学術フロンティア推進事業としての補助金を受けて，「矯正・保護」についての共同研究センターとして活動を始めた。この研究プロジェクトの中核的研究として矯正・保護立法の研究がある。刑事立法研究会は，センター設立当初から刑事立法に関わる共同研究の中心的部分を担ってきた。センターは当初の研究プロジェクト終了後，2007年度から3ヵ年の継続が認められ，「21世紀・新『矯正・保護』プロジェクト」（2007年度〜2009年度。代表：村井敏邦）として発展的な研究を開始した。本書で展開された研究は，このプロジェクトにおける9つの応用研究プログラムの1つ「犯罪

者処遇と民間企業」の研究成果であり，同時に，科学研究費基盤研究(B)「刑務所の民営化がもたらす刑罰機能の変容と人的民間資源の活用に関する総合的研究」(2005年度～2007年度．構成メンバー：赤池一将，岡田悦典，笹倉香奈，徳永光，福田雅章，本庄武，三島聡，山口直也) の研究成果でもある．

2　本書の構成

　本書は，第1部「なぜPFI構想だったのか」，第2部「PFI施設をどうみるか」，第3部「PFI施設の今とこれから」の3部からなる．第1部「なぜPFI構想だったのか」においては，日本で行刑分野への民間企業の参入を促したとされる3つの要因，すなわち，いわゆる「名古屋刑務所事件」を契機に設置された行刑改革会議において強調された行刑の透明性確保，時の政府の経済政策である規制緩和・構造改革の影響，そして，受刑者の数に比して施設が著しく不足している過剰収容問題を，それぞれ，第1章「刑事施設に対するPFI方式導入の経緯」(徳永光)，第2章「刑事施設の民営化——行政法学的検討」(萩原聡央)，第3章「過剰収容対策としてのPFI刑事施設」(岡田悦典) において取り上げ，その議論の有効性を検証した．

　第2部「PFI施設をどうみるか」においては，日本におけるPFI刑務所について，以下の5つの側面 (第4章～第8章) から検討を行い，現場からの分析を寄稿していただいた (第9章)．第1は，刑務所完結主義と社会との連携の関係であり，第4章が「刑務所完結主義と民営化」(赤池一将) というテーマを日本が範としたフランスとの比較を基礎に検討を行っている．第2は，施設の基本構想についてであり，第5章「施設の基本構想と処遇上の問題点」(山口直也) では，とくに英米諸国での問題視されている論点を中心に検討したうえで，日本の4つのPFI施設を対象に，受刑者処遇上の問題がどうなるかを検討した．第3は，電子タグの問題である．この点については，第6章「電子タグによる監視と警備」(本庄武) が，電子タグの法的許容性と警備の問題点について検討した．第4は，アカウンタビリティの問題である．第7章「アカウンタビリティとモニタリング」(笹倉香奈) が，PFI施設におけるアカウンタビリティと透明性の確保について，美祢の施設を中心にモニタリング・システム，事業者選定評価などの問題点を踏まえて検討した．第5は，地域社会との関係である．この点は，第8章「コミュニティとPFI刑務所」(三島聡) が，刑事立法研究会が提案するコミュニティ・プリズン構想とPFI構想の関係について問題点を指摘し，民営化と市民参加の関係を検討した．

最後に，第9章において，美祢社会復帰促進センターにおける矯正処遇を実施する立場から，美祢社会復帰促進センターの中島学氏が「刑務所PFI事業における矯正処遇の展開」と題して，PFI方式による施設運営上の課題と矯正処遇の展開上の課題等について概観する。

第3部「PFI施設の今とこれから」においては，この構想の立案・実施に関わる法務省矯正局の担当者，参入企業，誘致自治体の三者をお招きして開催した「座談会：日本版PFI刑務所について」を掲載した。

3　本書作成についての謝辞

PFI刑務所の関係者の方々との座談会を掲載できたことによって，本書は一段と活き活きとしたものになった。PFI刑務所の創設の経緯，PFI刑務所に対する地域住民の意識，直面する運営上の問題，今後の諸課題等について，関係者の率直な意見を拝聴する機会を得，それを本書において公表できることの意義は大きい。この座談会にご参加いただいた法務省の中島学（美祢社会復帰促進センター更生支援企画官），吉野智（法務省矯正局総務課PFI推進班専門官），締約企業の歌代正（株式会社大林組PFI推進部上席グループ長），太田幸充（社会復帰サポート美祢株式会社常務取締役），受け入れ自治体の末岡竜夫（美祢市役所企画課課長補佐），佐々木純（浜田市矯正施設整備対策課矯正施設推進係主任主事）の諸氏には，いくら言葉を尽くしても，感謝の気持ちを表しきれない。さらに，萩原聡央氏（名古屋経済大学法学部講師）と中島学氏には，刑事立法研究会のメンバーではないにもかかわらず，快くご寄稿を承諾いただいた。以上の方々のご助力があってこそ，本書に息が吹き込まれた感がある。心から感謝の意を表する次第である。

（村井敏邦／むらい・としくに）

刑務所民営化のゆくえ
日本版PFI刑務所をめぐって
CONTENTS

はしがき［村井敏邦］.. 2

第1部 なぜPFI構想だったのか

第1章 刑事施設に対するPFI方式導入の経緯
［徳永 光］.. 10
1. はじめに 10
2. PFI方式が導入された背景 11
3. 行刑改革会議における位置づけ 14
4. PFI方式に関する検討 17
5. おわりに 29
資料…PFI導入の動き略年表［徳永 光］...................... 36

第2章 刑事施設の民間化──行政法学的検討
［萩原聡央］.. 40
1. はじめに 40
2. 行政における民間化の現状と民間化をめぐる若干の論点 40
3. わが国における刑事施設の民間化の現状 44
4. 刑事施設の民間化の検討 48
5. 刑事施設の民間化と公共性の確保 52
6. おわりに 55

第3章
過剰収容対策としてのPFI刑事施設
[岡田悦典] ……60
1. はじめに ……60
2. PFI刑事施設の背景 ……61
3. 刑事施設民営化と過剰収容との関係——アメリカ合衆国の場合 ……65
4. おわりに ……70

第2部
PFI施設をどうみるか

第4章
刑務所完結主義と民営化
[赤池一将] ……78
1. はじめに ……78
2. 刑務所完結主義、行刑の社会化、刑事施設の民営化 ……82
3. 日本版PFI刑務所構想と規制緩和・構造改革という動因 ……86
4. 刑務所完結主義と日本版PFI刑務所における民間委託 ……90
5. 刑務所完結主義と日本版PFI刑務所における「社会との連携」 ……96

第5章
施設の基本構想と処遇上の問題点
[山口直也] ……107
1. PFI刑事施設のスタート ……107
2. PFI刑事施設の基本構想 ……108
3. PFI刑事施設の処遇上の問題点 ……116
4. むすびにかえて ……125

第6章
電子タグによる監視と警備
[本庄 武] ……130
1. はじめに ……130
2. 施設内独歩と電子タグ導入 ……131
3. 位置情報把握システム及び生体認証システムの内容 ……133
4. アメリカ合衆国の実例 ……135
5. 電子タグによる被収容者監視の法的許容性 ……138
6. PFI施設における警備体制 ……147
7. おわりに ……153

第7章
アカウンタビリティとモニタリング
[笹倉香奈] 160
1. はじめに 160
2. 民営刑務所とアカウンタビリティ 162
3. 民営刑務所のアカウンタビリティ確保のための
   施策とその問題点 166
4. アカウンタビリティ確保のための提案 171
5. 日本への提言——PFI事業とアカウンタビリティ 173

第8章
コミュニティとPFI刑務所
[三島 聡] 187
1. はじめに 187
2. コミュニティ・プリズン構想の意義 188
3. コミュニティ・プリズン構想と
   日本のPFI刑務所との基本的差異 190
4. コミュニティ・プリズン構想と日本のPFI刑務所との接点 193
5. PFI刑務所をコミュニティ・プリズンに
   近づけるための方策 194
6. おわりに 204

第9章
刑務所PFI事業における矯正処遇の展開
[中島 学] 209
1. はじめに 209
2. 美祢社会復帰促進センターで実施する矯正処遇について 209
3. PFI施設における施設運営上の課題 213
4. PFI施設における矯正処遇展開上の課題 216
5. まとめ 218

第3部
PFI施設の今とこれから

座談会
日本版PFI刑務所について
［赤池一将／歌代 正／太田幸充／佐々木純／末岡竜夫／中島 学／
福田雅章／村井敏邦／吉野 智］..........220

第1部
民間企業と自治体は刑務所にどう関わったのか 220
PFI刑務所との関わり／PFI刑務所の導入／特区法の利用／自治体の対応／企業参入の経緯（美祢）／コスト積算／BOT方式とBTO方式／企業参入の経緯（島根あさひ）／地域と矯正への理解

第2部
日本版PFI刑務所をどう構想したか 240
官民協働／民間委託の範囲／非常時と協働体制／業務効率とリスク分担／職員の雇用／警備体制／工場担当制／研修のあり方について

第3部
受刑者とどう関わるべきか 255
刑務官の役割／民間の創意工夫の余地／電子タグ／被収容者像／独歩／処遇プログラム／家族とのコミュニケーション／地域との共生／医療／自治体への経済効果／おわりに

第1部
なぜPFI構想だったのか

第1章 刑事施設に対するPFI方式導入の経緯

1. はじめに

　現在,「美祢社会復帰促進センター」[1]を皮切りに,PFI方式を用いて運営される刑務所の新増設が続いている[2]。これらの施設においては,建物の建設や点検・保守だけでなく,運営とくに国家権力の行使にあたる部分に関しても,大幅な民間委託が行われる(建設は国が行い,運営についてのみ委託されるケースもある)。従来になく大幅な民間委託方式の導入である。

　行刑改革会議(2003年3月31日〜12月22日)の提言は,法務省の進めている民間委託の「方策は,いわゆる民営刑務所と異なり,国が運営の最終的な責任を負うものである上,外国の民営刑務所において指摘されているような,経費削減のための処遇レベルの低下など,種々の問題が生ずるおそれが少ないという点で妥当な方向である」[3]と評価した。また,官民協同の施設運営は,「行刑施設の職員に外部の者の目を意識させ,行刑運営が一般常識からかけ離れたものにならないための歯止めともなるものと考えられる」[4]という期待も述べた。ただし,PFIを導入するという法務省の方針は,行刑改革会議の実質的議論を待たず,既に固まっていた。同会議においては,2005年度中に契約を済ませ遅くとも06年から07年にかけて収容開始予定であることが示された上で,委員の質問に答える[5]という程度のやりとりしか行われていない。刑事施設へのPFI導入は,いわば既定事実であって,行刑改革会議にそもそもの是非を論じることは求められていなかったようにみえる。

　また、PFI方式の施設で行われる大幅な民間委託の根拠規定は,構造改革特別区域法に挿入された(2005年6月17日公布,同年10月1日施行)。しかし,法改正以前に,美祢社会復帰促進センターの入札公告も(2004年11月22日),事業者選定も(2005年4月22日)済まされている(契約締結は,改正法施行前の同年6月21日である)。すなわち,法律上規定がなく,それが不可能であっ

た時期から，警備や収容監視等の業務を含む民間委託への準備が着々と進められていたわけである。この手続のあり方にも疑問を感じる。

　刑事施設運営への大幅な営利企業の参入を認めるには，より慎重な検討が必要だったはずである。とくに民間委託の是非あるいはその限界は，被収容者の処遇環境に影響を及ぼしうる問題であり，まず行刑改革会議においてこそ議論されるべきであったように思う。

　本稿では，PFI 方式の導入をめぐり，行刑改革会議および特区法改正過程において何が議論され，またされなかったのかを振り返り，その議論過程の問題点を検討しておきたい。もちろん，ここでの検討材料は，一般に公表された資料および議事録である。法務省内部における検討過程の一端は，本書第３部の座談会において言及されているので，そちらをご参照いただきたい[6]。

2. PFI 方式が導入された背景

(1) 行政改革における刑事施設の民営化

　行政改革の議論の比較的早い段階から，刑事施設は，より広い民間参入を検討すべき施設の一つに挙げられている。しかし，2000 年始めの頃まで，刑事施設の民営化は現実味のある論点とまではみなされていなかったようでもある。

　例えば，「官民分担の徹底による事業の抜本的な見直しや独立行政法人制度の創設による民間能力の活用などを推進することが必要不可欠」とする行政改革会議（1996 年 11 月 21 日〜 1998 年 6 月 30 日）の中でも，矯正施設の独立法人化という意見が出されている。ただし，同会議の議事要旨によれば，「そうした施設の独立行政法人化は無理ではないかとの意見が複数述べられた」[7]とある。にもかかわらず，同会議の最終報告は矯正施設運営の効率化・質的向上を提言し，それを受けて成立した中央省庁改革基本法（1998 年 6 月 9 日成立）43 条 7 項には，「政府は，矯正収容施設について，その特性を考慮しつつ，可能な限り，その運営につき効率化及び質的向上を進めるものとする」との規定が置かれた。刑事施設の運営は，国家権力のなかでも最も強力な国家刑罰権の行使にあたる。そのためか，行政改革・規制緩和の議論において，刑事施設の民営化は，徹底した改革の達成を現す，ある種シンボリックな位置づけを受けるようである。

(2) 民営化と PFI

　その後，イギリスから PFI という概念が輸入されることによって，新しい形態に

よる民間参入の途が開かれることになる。「民間資金等の活用による公共施設等の整備等の促進に関する法律」(PFI法)が成立し(1999年7月23日),同法21条により,内閣府に民間資金等活用事業推進委員会(PFI推進委員会)が設置された。

　ここでPFIについて簡単に確認しておけば,PFIとは,Private Finance Initiativeの略であり,「公共部門が担ってきた社会資本整備や公共サービスの提供について,民間の資金や経営ノウハウを活用することによって,低廉かつ良質な公共サービスの提供をめざす手法」[8]であると説明される。また,Initiativeとは,「民間が主導する」ではなく,もともと「英国政府の政策(イニシアティブ)として導入された」もの,すなわち「政策」の意味であることに注意が必要であるとされる[9]。

　従来の外注(外部委託)は,公共が仕様を詳細に決めた上で民間に発注する方式を指す。民間は,その仕様に従って単年度で受託するだけであり,主体的関与を伴わない[10]。そのため,委託された業務内容について創意工夫できる余地は少なく,また,個別の業務毎に外注先が変わるため,民間にとって事業全体の効率性に関心を持つ必要がなく,施設と運営の一体化も図れないことから,効率性が劣るとされる。それに対して,PFIによる場合は,一つの民間事業者が業務を一括して引き受けるため,維持管理費や運営費を考えたトータルな施設整備を行うことができる点で,メリットがあるとされる。

　また,PFIと民営化とは次の点で違うとされる[11]。民営化は,それまで公共で運営されてきた事業を完全に民間に売却する方式で,監督官庁による規制がある他は,サービスの内容や水準を民間が全て決定しその責任も民間が負う。これは,民間部門が独自に運営できるような収益性の高い分野,電話や電力,鉄道等に適用される手法である。それに対してPFIは,公共部門があくまで管理者としての立場にあり続ける点が異なる。すなわち,PFI方式によれば,その事業に対する最終的な責任はなお公共部門に残され,公共部門が民間により提供されるべきサービスの水準を決定し,それを監視することになる。

(3) 刑事施設に対するPFI方式の導入

　規制改革推進のため内閣府に設置された総合規制改革会議(2001年4月1日)は,その「中間とりまとめ——経済活性化のために重点的に推進すべき規制改革——」(2002年7月23日)において,「多様化するニーズに対応した公共サービスの提供を実現するためには,民営化,民間事業体の参入,PFI

(Private Finance Initiative)，民間委託，あるいはこれらを包括するPPP（Public Private Partnership）など様々な手法を駆使することが必要であり，かつ，それにより政府部門の効率化を図っていく必要がある。効果的・効率的な『競争』の導入は社会的費用を縮減させるということを十分勘案し，政府部門は，直接的関与ではなく，極力多様な主体・手法の活用を志向するよう価値観の転換を図るべきである」とし，民間参入拡大の検討対象事業例の中に，刑務所・少年刑務所・拘置所等も列挙した[12]。

この「中間とりまとめ」に関し法務大臣は，刑事施設への民営化やPFI手法の導入はにわかには難しいとし，教育や社会復帰に重点を置く日本の施設と，拘禁することが重視される諸外国の場合とで，求められる仕事内容が本質的に違うのではないかと述べている[13]。ところが，2003年度予算の概算要求において，PFI方式による刑務所新設のための調査費が計上されることになる。

2002年10月に，名古屋刑務所事件が公となり，翌年2月に，行刑運営に関する調査検討委員会が設置された。その第3回会合において，法務大臣は，「直ちにPFIを利用した刑務所の新設と運営について検討をお願いしたい……，その在り方について，近く設ける行刑改革会議の意見も伺いながら，PFIによる刑務所の新設の検討を加速していただきたいと思います」と述べるに至た[14]。ただし，その文脈は，官製市場の開放でも施設運営の効率化でもなく，刑務所職員の人権意識や保安意識の改善を図る改革としてのPFI導入である。そこでは，民間が刑務所運営に参加することで，職員は外部の目を意識せざるを得なくなり，ともすれば秩序維持に偏りがちな刑務所の中の常識を，国民の常識と一致させることが期待できると説明されている。

「外部の目を意識せざるを得ないように」する改革において，民間企業の参入を持ち出す必然性はない。そのような改革に必要なのは，第三者機関による監督態勢や不服申立制度の整備であって，民間企業の利潤追求志向は，むしろ人権意識を希薄化させる要因にもなりかねない。法務大臣自身，予算委員会での質疑において，PFIという言葉を使ったのはもしかしたら適当ではなかったかもしれない，あくまで民間の協力を借りる，施設側からもオープンに見てもらうという点にウエートがあったのだと述べている[15]。と同時に，財務省からPFI刑務所の新設の提案を受けており，なかなか難しいと考えるものの，調査検討中であるとの発言も行っている。こうしてみると，PFI方式による刑務所の新設は，もともと法務省が主体的に乗り出した企画ではなく，行政改革の中で進められた議論であることが推察できる。職員の意識改革や施設の透明性向上に資するという観点は，

PFI 刑務所建設の積極的根拠というよりも，それを正当化するための理由の一つとして挙げられたもののように受け取れる。

PFI 方式の検討という法務大臣の指示が，やや唐突ではあったにせよ，最終的な選択は，行刑運営に関する調査検討委員会[16]あるいは行刑改革会議の議論を経た上で，行われるべきであった。ところが，「規制改革推進3か年計画（再改訂）」(2003年3月28日閣議決定)が，「【平成15年度中に措置】刑務所においては，民間委託が可能な範囲を明確化し，PFI手法の活用等により，民間委託を推進する」[17]と明言するに至り，PFI方式による施設が現実化する。2003年7月23日に，法務省はPFI方式を採用した刑務所新設計画を発表し，翌年1月27日に，新設予定地として美祢市の「美祢テクノパーク」が選定された。そして同年3月31日，PFI法5条1項の規定に基づく，「美祢社会復帰促進センター整備・運営実施方針」の公表により，第1号施設の具体的な構想が明らかにされた。

3．行刑改革会議における位置づけ

(1) PFI 方式導入の目的

従来から，刑務所業務の中には，民間委託されているものがある。例えば，更生保護女性会や篤志面接委員，あるいはDARC等の特別な処遇プログラムを提供する民間組織は，被収容者処遇の中で大きな役割を担っている。これらの活動はボランティアで行われているが，民間企業が営利目的で関与する場面も皆無ではない。刑務作業の協力事業主がその典型であり，施設の外周警備や総務系統の事務，車の運転業務，通訳・翻訳業務なども民間に委託される例がある。

従来の民間企業への業務委託とPFI方式との違いは，前者が単年度・一事業毎の委託であるのに対し，後者が一事業主との間での長期・一括の委託である点にある。PFI方式による方が，スケールメリットが期待でき，施設の設計，維持管理に民間の知恵を導入し，より少人数での効率的な運営が実現できるとされる[18]。

PFI導入の目的として，法務省は次の点を挙げた。まず，過剰収容状態を緩和するための，早期の施設建設である。新たな施設の建設は，国の単年度予算では直ぐに対応できないが，PFI方式によれば，予算制度上の制約を受けず，しかも従来に比べて早期に実現できるとされる[19]。次に，官民協働の運営によって施設運営の透明性を向上させることができ，また「国民に理解され，支えられる刑務所」という基本理念の下，地域との共生（物資の購入や地域雇用の創出に

よる地位経済の活性化が念頭に置かれている）も図れるという。これらに加えて，官製市場の開放による雇用創出，経済効果が挙げられた[20]。

(2) 行刑改革会議における議論の経過

行刑改革会議の段階では既に，PFI 導入を進めるという法務省の方針は定まっており，委員に対しては，2005 年度中に契約を済ませ遅くとも 06 年から 07 年にかけて収容開始予定であることが示された[21]。行刑改革会議に，PFI 導入の是非を論じる余地は残されていなかったようである。

① 全体会議での議論

全体会では第 5 回会議において PFI 方式についての説明と質疑が行われている。そこでは，法務省の説明に対し 2, 3 の質問がなされた他，最近の被収容者増を，その分析もなく施設増設の理由とすることは拙速であること，またアメリカの民間経営も失敗していることなどから絶対反対であるとの意見も出された[22]。しかし，「御質問は今日はこの程度に」という議事進行により質疑は打ち切られている。その後，この問題に時間は割かれていない。

② 第 3 分科会での議論

(i) 分科会の議論の射程と PFI

PFI 導入の問題を扱った第 3 分科会においても，施設を増設すべきかどうか，増設するとしても PFI 方式によることが可能かといった問題提起はなされず，始めから，実施方針の策定・公表，予算要求，事業者との契約締結等の予定が示された。

それに対して，委員からは，行刑改革会議の答申とその後の立法を待たずに PFI 導入の構想を決めてしまい，公にするのは疑問であるとの指摘もあった[23]。しかし，法務省側は，「……〔PFI の実施方針の策定，公表〕はどういう処遇をするかとかいう話ではなくて，おおまかな民間委託，いわゆる PFI のやり方をどういうふうにするかというのを発表するのがその時期なのです。実際に，それから PFI 事業者のアイデアを受け付けてきて，どんな部分までやってもらえるかということを決めていくことになりますので，少なくとも行刑改革会議の御意見がまとまって，出て，実行に移るまではそういった発表というのは，する予定にはしておりません」[24]と答えている。このやり取りからは，法務省が，PFI の導入と処遇内容の問題は別であり，前者は行刑改革会議の検討事項ではないと考えている（あるいは，意識的に区別している）ことが伺える。

PFI 導入の是非を巡り最も対立しうる点の一つは，民間参入が処遇の質に与え

る影響である。民間企業の利潤追求の論理が不可避的に処遇の質の低下を招くのであれば、民営施設にせよ PFI 方式の施設にせよ、その採用自体が否定されなければならない。PFI 導入の是非と処遇内容の問題を区別すべきではなかったように思われる。

(ii) 人権保障と PFI

委員からは、収益を上げることと人権を維持することは必ずしも対立しないが、重点の置き方によっては運営の仕方が随分変わってくる、PFI を導入した際、人権保障はどのように担保されるのか不安があるとの意見も出された[25]。それに対して、「あくまで、今回できる施設の運営は国がやります。……受刑者に対する直接的な実力行使の場面ですとか、懲罰を科したり、銃の装備をしたり、そうした権力的な作用については民間にやらせるつもりは全くございません……ですから、受刑者の人権にかかわる問題については、利潤を追求する民間の事業者には補足的なことはやってもらうことはあるかもしれませんが、あくまで国がやるということで考えています。処遇、警備の部分についても、もし警備の部分でやってもらえる部分があるとしても、受刑者を直接制圧したり、直接見たり、そこまでは法律上も難しい問題がございますので、そこまでお願いするつもりはございません」[26]との回答がなされている。つまり、実力行使を伴うような権力的作用を民間に委ねることはない（部分的な民間委託に過ぎない）から、民間企業が人権の問題に関わる場面は限られる、従って、人権侵害の生じるおそれは少ないという説明である。

しかし、人権侵害の生じる機会は、被収容者に直接接したり実力を行使したりする場面に限られない。企業が支出を減らす目的で、食事の質やその他サービスの質を低下させれば、これもまた人権侵害につながる。権力的作用を行使するのは国であるという業務分担の話は問いの一部に対する答えに過ぎず、民間委託する業務についても、人権侵害の発生は考えられる。それを防止する機構が必要であり、その防止策の見通しが説明されるべきであった。

逆に、食事やサービスの内容まで国が責任をもって管理するとなれば、企業側にとっての自由度は縮小され、あえて参入をするほどの魅力的な事業ではなくなってくる。委員の中から、「……もう少し訴えるものがないと、何だ、それは業務委託ではないかとか、ただの、資金を今一時的に集めたいだけではないかとか、その程度のものならば別の方法もあるわけだから説得力がないと思うのです」[27]という意見が出たのもうなずける。

(iii) 過剰収容状態と PFI

分科会では、今日の過剰収容状態を議論の前提とすることの妥当性についても

議論された（この問題は，施設増，職員増に関する議論の中でも取り上げられている）[28]。特に，PFIの施設が閉鎖しづらいとなれば，将来，被収容者がかなり減少した場合に，上手く対応できないのではないかという質問が出された[29]。法務省の試算による被収容者数の見込みは，2005年度末に約8万人，06年末には9万人，08年度末には10万人超とされた。しかし半面，ここ2，3年の被収容者増は間違いないとしても，5年後は確定的でないという回答もなされている[30]。また，将来被収容者数が減少した場合については，契約期間を一定程度短く設定するとか，国の施設の方から廃止していくとか，施設は国のものとし運営だけを民間に委託するという対応策が示された[31]。

しかし，施設の民営化を巡って問題になるのは，分科会で言及されたような，被収容者減少への対応に限られない。むしろ，定員を確保するため，被収容者数を一定に保とうとする圧力が加わること，本来ならば減少するはずの刑務所人口が，営利目的のために維持されることの方が深刻になる。この点について，分科会で議論されなかったのは，やや楽観的であったように思われる。また，過剰収容状況を問題にするならば，本来，非犯罪化・寛刑化や非拘禁的措置の促進策から，まず検討されるべきであっただろう[32]。ところが，今現在の過剰収容状態を前提とした対処法を議論すべきであるとの議長采配により，将来的な見通しに関する議論は打ち切られている。

(iv) 提言の射程

行刑改革会議提言のうちPFIに言及する部分は，以上のような議論（質疑）に基づくものであった。部分的民間委託方式の刑務所は，「外国の民営刑務所において指摘されているような，経費削減のための処遇レベルの低下など，種々の問題が生ずるおそれが少ない」という理由で了承されたわけである。これは，法務省の現在予定する部分的民間委託方式が，「妥当な方向」と評価されたに過ぎない。提言が，その形態を問わずPFI手法による刑事施設一般を承認したわけではないこと，逆に問題の生ずるおそれが少なくない包括的民間委託方式には否定的な評価が示唆されていることを，確認しておく必要がある[33]。

4．PFI方式に関する検討

(1) 構造改革特別区域法

「美祢社会復帰促進センター」には，初犯受刑者男女各500名ずつの収容が予定されている[34]。収容対象は，26歳以上おおむね55歳以下の，犯罪傾向が

進んでいない初犯者のうち，健康状態がおおむね良好で集団生活に順応できると思われる者であり，さらに男子受刑者については，身元引受人が定まっているなど，帰住環境が良好であり，入所前に安定した就労状況が維持されていることも条件とされる。社会復帰の容易な受刑者を選別することにより，第１号施設については，運営上問題が生じにくく，また成果を上げやすい有利な条件が確保されている。この事業には，PFI事業者が自ら資金調達を行い，施設を建設，所有し，事業期間にわたり維持管理，運営を行った後，事業期間終了時点で国に施設の所有権を移転するBOT（Built-Operation-Transfer）方式が採用される。

美祢の施設において民間委託される業務は，(1)総務：庶務事務支援，名籍事務支援（新入者の顔写真の撮影，身分帳簿の管理，ただし指紋採取は含まれていない），領置事務支援（領置物保管，作業賞与金管理支援等），情報システム管理（面会予約システム，位置情報把握システム等の構築と保守管理），運転業務等，(2)収容関連サービス：給食，衣類・寝具の提供，清掃，購買，理容・美容，(3)警備：施設警備（庁舎警備，来訪者の受付・所持品検査等），構内外巡回警備，収容監視（夜間，休日の収容棟内の巡回），護送支援，運動・入浴監視支援，(4)作業：作業企画支援，技術指導，職業訓練，(5)教育：視聴覚教育，通信教育講座の提供，図書管理，(6)医療：健康診断，外部医療機関との連絡，医療設備の維持管理，(7)分類事務支援：考査関係事務支援（専門知識を有する職員によるカウンセリング，心理検査の実施），審査関係事務支援，などである[35]。

反対に，国の職員が実施する業務は，戒具の使用，逃走した在監者の逮捕，懲罰など，法令上収容の目的を達成するため直接に義務を課し若しくは権利を制限する処分，または身体・財産に実力を加えて行政上必要な状態を実現させようとする行為を伴う業務，および法令上特定の官職にある者に権限が委任された業務であり，PFI施設においては，これら以外の業務について，幅広く民間に委託するという方針を取るとされる[36]。

「刑事収容施設及び被収容者等の処遇に関する法律」（以下，「刑事被収容者処遇法」）において，被収容者の収容および処遇に関する事務は，刑事施設の長または刑務官によって処理されることが前提となっており，他の者への委任は認められていない。ただし，非権力的な事務（総務系の業務，給食，洗濯，清掃，正門の警備，運転，通訳等）については，契約によって民間に委託することが可能であるし，これまでも個別に外注されてきた。PFI施設では，このような非権力的業務以外にも，民間委託の幅を広げるところに特色があり，また，この特色こ

そが問題となりうる点である。美祢の例でいえば，新入者の顔写真の撮影業務，施設内外の巡回警備，夜間・休日の収容棟内巡回，保安検査，護送支援，運動・入浴中の監視などがこれに該当する。

　繰り返しになるが，刑事被収容者処遇法には委託に関する規定がないため，従来の施設において，非権力的な事務以外の事務の民間委託は許されない。そこで，PFI 施設における幅広い委託を可能とするために，構造改革特別区域法を改正し，特区内にある一定の要件を満たす刑事施設においては，刑事施設の長が，当該矯正管区長の登録を受けた法人に対し，施設の警備や被収容者の処遇の一部についても委託することができるとする，特例措置が設けられることとなった（特区法 11 条）[37]。

　特区法は，「……構造改革特別区域を設定し，当該地域の特性に応じた規制の特例措置の適用を受けて地方公共団体が特定の事業を実施し又はその実施を促進することにより，……経済社会の構造改革を推進するとともに地域の活性化を図り，もって国民生活の向上及び国民経済の発展に寄与することを目的とする」法律である（1 条）。特区制度は，「『規制は全国一律でなければならない』という考え方から，『地域の特性に応じた規制を認める』という考え方に転換を図り，地域の実態に合わせた規制改革を通じて，『官から民へ』，『国から地方へ』という構造改革を加速させるための突破口となるとともに，地域が自発性を持って規制の特例措置を活用することで地域の活性化を促進するものである」[38]とされる。このように特区制度には，全国規模では進展しない改革を特定地域で先行させるという，「社会的実験」の機能が持たされている。また，規制緩和のため各省所管の法律を個々に改正するという従来のやり方ではなく，内閣主導により，特区法の中にさまざまな特例措置を一括して規定し，地方から部分的に規制緩和を進めるという手法が採用されている[39]。

(2) PFI 導入目的の検討

　行刑改革会議において，PFI 導入の目的は，第 1 に過剰収容状態の緩和であり，第 2 に官民協働の運営による施設の透明性の向上と，「国民に理解され支えられる刑務所」という基本理念の下での地域との共生であり，第 3 に官製市場の開放による雇用創出，経済効果にあると説明された。しかし，PFI 施設における新たな民間委託は，構造改革特別区域法に規定された特例措置として実施される。特区法の目的は規制緩和による経済の活性化にあり，行刑改革において示された PFI 導入の目的との間で乖離が生じる[40]。

① 過剰収容状態の緩和

　PFI 導入の目的は，過剰収容状態の緩和にあり，特に，国家予算では新たな施設の早期建設が難しいところに，民間資金を活用するのだと説明される。この点については，過剰収容状態が起きた要因を分析し，刑務所人口自体を緩和させる方策を取ることがまず検討されるべきである[41]。しかし，行刑改革会議においてもそうであったように，PFI に関する議論の中では，現に過剰収容状態が深刻であり，近く解消されるきざしもないというところが議論の出発点とされてしまう。この前提に立つ限り，一定程度の刑務所新設は致し方ない。過剰収容によるしわ寄せを，被収容者あるいは刑務官に負わせたまま放置することもできないからである。結局，まず刑務所人口を減らすべきであり，また刑務所産業化を警戒すべきであるとの留保付きながら，「国家財政が逼迫している中で……，苦肉の策であるとはいえ，新たな刑務所の設置にこぎつけるためにはこういう財政手段しかなかったという意味では，PFI 方式の採用も十分理解できる」[42] ということになろう。本来的には，刑務所新設の前に，過剰収容問題を，矯正局だけでなく刑事司法全体で検討する場が設けられるべきであった。

　一方，特区法改正の議論において，過剰収容はそれほど重要なファクターではない。上述のように特区法は，全国レベルでの導入に先駆けて，部分的な規制緩和を試行するための法律である。特区制度によって実現すべき目標の第一は，「特定の地域における構造改革の成功事例を示すことにより，十分な評価を通じ，全国的な構造改革へと波及させ，我が国全体の経済の活性化を実現すること」[43] であり，「……特区の成果を着実に全国に広げていくことが必要である。したがって，規制の特例措置の評価において，特段の問題が生じていないと判断されたものについては，速やかに全国展開を推進していくことを原則とする」[44] とされる。この文脈において，美祢における PFI の導入も，早期の施設確保あるいは不足する刑務官の効率的配置のためだけでなく，全国の刑事施設における「官製市場」の開放を進めるための第一歩だといえる。

　特区法改正時には，「どうも新設の PFI に偏り過ぎて議論がされたんだと思うんですよ。……公務員が半分要りません，人件費は公務員は一人につき 233 万円も民間よりもらっている[45] ということまで踏み込むことになると，これは当然，今の既存の刑務所に対して，これは民間委託して，……〔と〕議論はなってくるわけですよ，……美祢市がある程度成功を収めれば，各法人も，じゃおれもやりたいと，……こうなってくるわけでしょう。……そうなると，……この監獄法の特例というものは大臣，闘う場面がかなり出てくると思いますね」[46] との発言もなされたが，こ

れは当たっているだろう。確かに，特区法の適用を受ける刑事施設はまず，法務大臣が定める要件を満たす必要がある。しかし，将来的には，その要件を緩和させ，犯罪傾向の進んでいる施設においても導入できるようにすべきだという声が出るだろうし，あるいは美祢のような施設においては，委託可能な業務の幅をもっと広げるべきだという話も出てくるだろう。規制改革・民間開放推進会議の官業民営化等ワーキンググループにおいては，有形力の行使についても，守秘義務やみなし公務員規定の適用等を受けた資格者が，一定のルールに基づいて行うことを前提とすれば，委託可能ではないかとの意見さえ出されている[47]。

法務省は，刑事施設に対するPFIの導入は，過剰収容問題への応急措置であるかのように論じてきた。しかし，施設を新増設したところで，官製市場の開放については，けりが着いたわけではなさそうである。特段の問題がなければ全国展開するというのが特区法の基本姿勢である。委託業務の拡大を求める規制改革の圧力に対し，法務省が今後どのような対応を取るのかも注目していかなければならない。

② 「国民に支えられ，理解される刑務所」

PFI手法による施設運営は，「国民に支えられ，理解される刑務所」の実現に資するとも説明された。しかしこの点については，前述のように，施設の透明化，社会化という目的に対して，民間「企業」の参入は必然ではなく，利潤追求の行動原理から弊害が生じることも懸念される。また，民間企業や地域社会にとって，刑事施設は雇用主であるか顧客であり，監視・監督すべき対象ではない。利害関係のあるその立場を思えば，施設運営について批判的意見を述べることは期待できないだろう。したがって，PFIの導入により，刑務所職員が外部の目を意識するようになるかどうかは，職員の主観次第であり，実効性が担保されるわけではない。「国民に支えられ，理解される刑務所」というのは，PFI導入を進める積極的理由ではなく，それを正当化するための理由の一つであろう。

構造改革の議論において，「国民に支えられ，理解される刑務所」は，施設の透明化・社会化の問題として扱われていない。これに関連づけて主張されるのは，もっぱら地域の活性化である。こちらは特区制度の趣旨とも合致し，PFI導入の積極的根拠となる。美祢の施設についても，業務が民間委託されることによって周辺地域における雇用が増大すること，周辺住民にも刑務所内の診療所が利用できるようになり，地域の医療サービスが拡充されること，これを通じて地域経済の活性化が図られることが，特区制度の趣旨に適うと説明されている[48]。

しかし，特区制度が，「地域の特性に応じた」特例措置を設けることにより，

地域の活性化を図るシステムであるとすれば，刑事施設の所在する過疎地域の，どこに地域特性があるというのか疑問である。雇用の不足あるいは高齢化による人材不足は，当該地域の需要に過ぎず，特例を認める理由としては十分でない。被収容者処遇のあり方は刑事被収容者処遇法の問題であり，特区法は「その適正な遂行に支障を及ぼすおそれがない」（同法11条）限りで，広く民間参入を進めるための法律にすぎないとの考え方があるかもしれない。しかし，特区法においても，特例措置が正当化されるのは，それによって当該サービスを利用する者の利益が増進されるからである。刑事施設の場合，第一次的な利用者は被収容者である。特区法の議論については，被収容者の視点が念頭に置かれず，地域振興ばかりが注目されがちである点に問題がある。美祢の施設においても，被収容者は，帰住地域から遠く離れた場所に収容されるため，家族等との面会が不便になるだけでなく，就職先の斡旋や社会内処遇プログラムの立案にも支障が生じかねない。地方自治体が，地域特性として，被収容者と家族・社会とのコミュニケーションの促進を始め，被収容者の処遇に貢献できるというのでなければ，特区認定の正当性に疑問が生じる[49]。

③ 官製市場の開放

　施設運営の効率化という観点からみれば，日本の刑務所はこれまでも最大限効率的に運営されてきたのであるから，これ以上を求めるべきではない。むしろ刑務官の数が圧倒的に足りていないのである。行刑改革会議において示された資料によれば，日本における刑務官の負担率は，全国平均で1人あたり4.0人であるところ[50]，アメリカでは3.1人，フランスでは2.0人，ドイツ（ベルリン州）では1.8人であり，イギリスでは1.6人である。年間の行刑施設被収容者1人あたりの予算額も，日本が263万円であり，アメリカ279万円，フランス333万円，ドイツ（ベルリン州）352万円，イギリス640万円である[51]。施設運営に費やされる予算総額を棚に上げつつ，外国におけるPFI導入例をもって日本にも導入すべきであるというのは，単純過ぎるだろう。

　もっとも，民間参入を一切認めるべきでないとは言えない。美祢の施設についてみても，積極的に評価されるべき点は少なくない。例えば，その名称が示すように，早期の社会復帰を促す施設と位置づけられ，比較的開放的で被収容者の自主性を比較的尊重した処遇の実現が目指されている。建物に関しても，コンクリート塀に代えてフェンスが設置され，閉鎖的な雰囲気の緩和に役立っている。また，全受刑者が1時間以上の職業訓練を受けられる体制の整備，遮へい板を設けない家族面会室等の設置，インターネット等を用いた面会予約制度の構築，被収容者が自

由に移動できる区画を広げるなど行動規制の緩和も試みられている[52]。これらの取り組みは，なにも民間企業でなければできないというものではない。しかし，PFI方式を取り入れることにより，社会復帰に役立つ環境や処遇プログラムの開発という方向での新たな取り組みが促進されるとすれば，それも有効なやり方かもしれない。

また，特区法11条の2に規定された，病院等の管理の外部委託制度（それによって，国は，施設内に開設した診療所等の管理を他の公的医療機関に委託でき，かつ当該設備を，被収容者の診療に支障のない範囲で，地域住民の診療にも利用することができるようになる）は，「全体の公営の刑務所では実現しなかった民間の医療との連携」の実現[53]であり，「刑務所の医療水準を高めることになる」試みであって，他の施設への拡大が期待されている[54]。この点に関しては，特区法が有効活用された一例といえる。

官製市場の開放が支持されるのは，その施策が，国によって一元的に行われてきたサービスを多様化させ，利用者の選択の幅を増やすことにつながるからだろう。利用者の視点のない民間参入は，単なる経済至上主義に過ぎない。刑事施設の領域においても，これまで以上に社会復帰サービスの質が向上し，また多様化することにより被収容者にとって選択の幅が増えること（その結果，再犯率が下がれば，ひいては国民全体の生活に資する）が，官製市場開放の条件である。

一方，公権力行使にあたる部分については，この理屈が成り立ちにくい。公権力行使を担う主体は，特定のサービスを効率的・効果的に提供するのは誰かという判断基準で決まるわけではないからである。特に国家刑罰権の行使は，国が直接担わなければならない責務であり負担であって，民間企業が参入を図るべき権益ではない。ところが，官製市場の開放という議論により，これまで国家刑罰権行使として一括りにされてきた業務内容を細分化させ，国が直接行使すべきか民間参入可能かを一々設定し直すことが求められるようになった。

(3) 委託可能な業務の範囲
① 「部分的民間委託方式」

行刑改革会議において，法務省は，民営刑務所とPFIによる運営方式の違いを力説した。その分類によれば，英米における「包括的な民間委託」が「いわゆる民営刑務所」であり，大陸法系の国の採用する「部分的な民間委託」は，「いわば混合運営施設」である[55]。そして，「包括的な民間委託，いわゆる民営刑務所と言われるものは考えておりません。……コアの部分につきましては，国の方で留保いたしまして，部分的な混合運営型の施設をつくりたい」[56]とし，また，「ど

んな業務を委託しようとも、その主体は国でございまして、最終的な責任は国が負うということでございます」[57] という説明がなされた。

しかし、英米の民営刑務所（private prison）といえども、被収容者はあくまで国の被収容者である。民間に委託したからといって、刑務所運営に関して国が政治的、道義的、法的な責任を免れるわけではない[58]。その意味では、民営刑務所であれ、混合運営施設であれ、最終的な責任を国が負うことに変わりなく、そこに両者の違いはない。また、イギリスで採用されているのはPFI方式である[59]。しかし、そこでの施設長は民間人であり、施設の運営方針の策定は、基本的には民間部門に任されている。そうすると、いわゆる包括的民間委託と部分的民間委託の基本的な違いは、民営化と呼ぶか、PFIかにあるのでもないことになる。PFI方式によっても、民間委託の範囲次第では、法務省のいう民営刑務所に近い形態を取りうるからである。

結局のところ、「部分的民間委託方式」の実質は、国に留保される権限の範囲（「コア」の部分）にかかっている。行刑改革会議においては、部分的民間委託方式であれば、弊害の生じるおそれは小さいとの前提により、PFI導入が容認された。しかし、部分的民間委託の具体的中身についても、美祢の施設において委託予定の業務の範囲が提示された上で、検討されるべきであったように思われる。

② 委託可能な業務に対する考え方

拘禁という役割を国が民間に委託できるかという問いに関していえば、英米においてもヨーロッパ大陸においても、できないという答えになる。ただ、そこに執行部分も含めるか、執行自体は切り離せると考えるかにより、委託可能な業務の範囲に大きな違いが生じてくる。

ヨーロッパ大陸において、刑事施設を民営化することは不可能とされている。刑罰の執行は統合された国の象徴的機能であって、他の団体に委託することはできない。民営化しても運営が効率化しないとか処遇の質の低下を招くといったレベルの問題ではなく、民間委託が国の責務と権限の放棄にあたると考えられているからである[60]。フランスでは、1987年に混合運営方式が採用された。そこでは、施設長は矯正局職員であり、政府がその任務とされる業務（指揮管理、名籍、監視）を行う一方、企業はその他の業務（給食、清掃、作業、指導等）を受け持つという明確な区別がなされている[61]。ヨーロッパ大陸における「コア」の部分は、被収容者に対する拘禁の執行全般ということになる。

アメリカにおいても、事業者が、被収容者の基本的自由に影響する規則を作っ

たり，そのような裁定を下したりすることは，デュー・プロセスの侵害と捉えられ，この種の権限を事業者に与えるような委託は無効となる。しかし，刑罰（あるいは自由の制約）の配分とその執行とは区別できると考えられているようである。そして，前者は委託不能であるが，後者は，十分な安全措置を伴う限りは，技術的であり道徳的に中立な手続であるから民間委託は可能[62]とされる。その他，政府が拘禁に関する法的責任を免れるかどうかと，その機能を委託できるかどうかとは異なるとか[63]，予め詳細に設定された方針を，十分な監視の下に実施する限りにおいては，民間委託自体に反対することは難しい[64]との説明もある。特に問題となるのは懲罰であるが，一般の民間自治組織に関する基準[65]を，施設内の懲罰手続にも応用し，①事業者による規則は，それが効力を有する前に政府当局により審査され承認されなければならない，②多少なりとも刑期に影響する事項に関わる事業者の判断は，全て政府による審査及び承認を得なければならない[66]という要件を満たす限り，事業者の懲罰手続への関与さえ許されるという理解もある[67]。もっとも，仮釈放の判断には関与させるべきではないとの見解が強い。常に，一定数の被収容者を確保したい事業者が，釈放を延長させるための不公正な働きかけを行うおそれが高いからである[68]。

　現在は，施設運営の業務委託に関し，英米型ではなく大陸型を取るとされている。しかし一方で，民間委託される業務の中には，収容・監視の執行にあたるものが含まれている。警備や監視のツールを提供するに止まらず，構内外巡回警備，施設内各所の監視カメラによる監視，夜間・休日の収容棟内巡回，保安検査の実施を委託することは，大陸型から一歩踏み出した形態であると考えられる。

③　収容・監視業務の委託

　民間委託の可能な業務（事務）は，構造改革特区法に規定されている。そこでは，公権力行使に当たる業務が，権力性が強く委託になじまないものと権力性が弱く一定の要件の下で委託可能なものとに分類されている。前者は，「被収容者の身体・財産を直接侵害する実力行使や被収容者に対して直接に義務を課し，又は権利を制限する処分等を伴う事務」であり，戒具・武器の使用，在監者の逮捕，保護室への収容や被収容者に対する指示・制止及び制圧等がこれにあたる。対して，「上記の処分等に当たる事務の準備行為または執行として行われる事実行為」については，法律上規定を設け，事務処理の公正性や判断の客観性，国の監督体制を確保する仕組みを設けることにより，委託可能とされている[69]。同法11条1項が，民間委託可能な業務（事務）として挙げるのは，被収容者の着衣及所持品の検査，写真の撮影・指紋の採取の実施（1号），分類調査（2号），

被収容者の行動の監視及び施設の警備（3号），被収容者の着衣等の検査，健康診断（4号），刑務作業の技術上の指導監督，職業訓練の実施（5号），文書，図画の検査補助（6号），信書の検査補助（7号），収容される際の所持品等の検査（8号），被収容者の領置物等の保管（9号），その他政令で定める事務（10号）であり，政令で定める事務には，静脈の画像情報の採取，改善指導および教科指導の実施がある。

このうち，分類調査，健康診断，刑務作業の指導，職業訓練などについては，現行法上被収容者に受忍義務が課されているため公権力行使の一部となるが，刑罰の執行そのものではなく，自由の剥奪と引き換えに国が提供すべきサービスと位置づけるべきであり，適正な履行を担保する措置が講じられる限りは，民間委託が可能であろう。むしろ，広く専門家に実施を委託する方が望ましいといえる。これらは民間に委託可能か否かの振り分け以前に，そもそも被収容者に強制すべきかどうかが問われる領域であろう。

一方，刑事施設で行われる監視や警備業務を，「執行として行われる事実行為」に分類できるかは疑問である。刑事施設における監視は，企業が店舗や会社に監視カメラを設置し異常事態が発生しないかを見ているのとは，性格が異なる。試しに刑事施設における監視や警備を止めてしまえば，逃走の発生は避けられず，施設として機能しなくなるだろう。刑事施設における監視や警備は，単なる事実行為ではなく，拘禁という刑罰の執行に不可欠でありその中核をなす業務であって，これを民間に委託することは許されないように思われる。

また，施設内巡回や夜間・休日の巡回は，トラブルの発生が最も懸念される業務でもある。PFI施設では，巡回中の民間職員が不審者や逃走者を見つけた場合は，近くの施設職員に通報し，施設職員が取り押さえるという段取りになっている[70]。しかし，民間人にとって，実力行使の権限を与えられずに巡回することは，たとえ犯罪傾向の進んでいない被収容者だと言われても不安に感じられるかもしれず，それが人員確保に影響しうる。巡回にあたる民間職員の資格要件は，「常駐警備の実務経験1年以上」であり，十分な経験を積んでいるわけでもない。施設職員の方では，自ら巡回したほうが効率的であり，民間職員を介するのは迂遠だと考えるかもしれない。また，自殺発生の危険は夜間の方が高いだろうから，定められた巡回を形式的にこなせばよいとも言いがたい。被収容者間で（または民間職員に対して）暴行が行われている場合に，正当防衛を禁じることはできないだろうし，民間人が，逃走しようとする者を現行犯逮捕することも可能である。民間職員に巡回を委託した時点で，彼らが被収容者に対して実力行使する場面が皆無ではなくなる。トラブル

に備え，国の職員も十分に配置せざるを得なくなれば，PFI 導入によっても，結局刑務官の負担軽減は達成されないことになる。

　居室や図書，信書の検査補助については，民間が行うべき業務として定式化されることによって，規律秩序維持に「必要がある場合」（刑事収容施設法 75 条 1 項），あるいは刑事施設長が「必要があると認める場合」（同法 126 条 1 項）に限り実施されるべき検査が，原則実施の運用に転換されるのではないかという懸念が生じる。また，補助とはいうものの，制限されるべき物品・信書かどうかの第一次的な判断権を民間に委ねることが許されるのか疑問である。例えば，当該信書に，その「発受によって，施設の規律及び秩序の維持を害する結果を生ずるおそれがある記述があるかどうか」[71] といった基準は，尚それ自体が広くて曖昧なため，裁量的判断の余地を十分に取り除くことができない。確かに，刑務官が判断するよりも民間人の一般常識に委ねた方が，適当な判断が期待できるとも考えられる。しかし，民間職員は刑務官による最終判断の当否について意見を述べる権限を持たず，ただ施設長の示す基準に則って振り分けを行うに過ぎない。したがって民間人に委託することのメリットはない。もともと大量の信書を検査しようとするから，国の職員が足りなくなり，民間委託が必要となってくるのである。内容検査は例外と位置づければ，民間に外形的検査のみを委託し，場合によって国の職員が内容検査を行うという役割分担でも，十分に対応できるはずである。

　なお，現時点では，民間職員が不審者や逃走者を見つけた場合，報告を受けた施設職員が制止に駆けつけるという場面を想定した議論がなされており，その他の遵守事項違反があった場合についてはあまり言及されていない。そのため，民間職員には，遵守事項違反がないかどうかも監視する義務，現認すれば常に施設職員に報告する義務が課されるのか（これも「処分等にあたる事務の準備行為」になりうる），その場合に懲罰手続が開始されうるのか，民間職員の証言はどのような取扱いを受けるのかなど，不明な点が残る。

④　民間職員の位置づけ

　刑事施設民営化の実験は，矯正分野にまでマクドナルド方式を拡張できるかどうかのテストだという指摘がある[72]。マクドナルド方式とは，労働者をより簡単に交換できるよう組み立てられた労働慣行を指す。そこでの仕事は，段階ごとに分解され，ルーティーン化，規格化されるため，習得するのが容易となる。作業工程には，知識や熟練を持たずに済むよう，テクノロジーが導入される。この方法によって達成されるのは効率性にとどまらない。労働者は，必要な技術をすぐに身につけられるようになり，そしてまた，簡単に消耗されるようになる。伝統的なレス

トランでは，訓練された労働者に高い賃金を支払い，彼らが離職すれば機能不全に陥る。それに比べ，マクドナルドが開発したのは，安価な労働力を効率的に使用し，その離職にも簡単に対応できる戦略であった。民営施設の責任者たちが，矯正の運営もマクドナルド方式でいくと公言しているわけではないが，主張の内実はそれに近い。公務員は，保護されすぎで，一般市場に比べ高い給料をもらいすぎだと言うことの中身は，次のどちらかである。つまり，政府は，高い教育を受けた職員を雇い，彼らの技術に見合った賃金を支払っているかもしれないが，そもそも彼らの行う仕事にそれほどの教育は不要であるか，あるいは端的に，政府は職員の技術レベルに見合わないほど高い賃金を支払っているか，である。いずれにせよ，民営刑務所の支持者たちは，技術レベルの低い労働者を用い，より大きな効率性を実現できると考えている。

アメリカでは，公営刑務所と民営刑務所とで，矯正に関する経験を持った職員の割合が大きく異なり，離職率も民営刑務所の方がはるかに高いとされる。しかし，運営に失敗した施設に共通して指摘されるのは，人件費削減が，高い離職率と職員の質の低下を招き，ひいては保安上の問題と処遇の質の低下を引き起こしたという構造である。

日本のPFI方式においても，民間職員の離職率が高くなれば，公務員である職員と民間職員との連携を阻害し，施設運営を滞らせる要因となる。それがひいては，処遇の質に影響を与えかねない。施設の立地場所が過疎地域であれば，民間職員に対する待遇は一層厚くしなければならないだろう。その半面，人件費の削減が思うようにいかなければ，民間企業が参入しても，運営費用が大幅に削減されることは期待できない。また，人件費を削減しなければ，民間企業にとっての利益が出てこないというのであれば，もともと刑事施設の運営に，民間企業は向いていなかったということで諦めるしかないだろう。

フランスでは，民間参入に際し，企業グループが「非」専門家の目（いわば一般市民の人権感覚）から，刑事施設の意義や確保すべき機能を洗い直し，新たな改革プランを打ち出したとされる。これに対して日本では，国があらかじめ新たな施策として許容できる枠組みを設定し，企業はその枠内において効率的運営のための工夫を行うよう求められる。民間職員は，あくまで刑務所職員の補助者と位置づけられ，独自の観点から抜本的な改善提言をすることまでは期待されていない。そうした関係性の中で，高い職業意識を保てるのか疑問視されている[73]。とくに公権力行使に関わる業務については，内容を細分化し，裁量性を取り払い，機械的処理が可能なまで切り詰めた事実行為の部分が，民間委託されることに

なっている。そこで想定されている労働者とは，刑務官の負担軽減のため，ルーティーン化された業務をこなす使い捨て可能な人材なのではないだろうか。5年，10年後の離職率が懸念される。

5．おわりに

　英米において，刑事施設の民営化に対する批判は今なお根強くある。しかし，10年以上を経過して，英米の国における民営施設は事実上もはや試験的な存在ではなくなり，議論は，民営施設が許されるかどうかの問題から，どのようにこれを上手く運用できるかという方向へ移ってきたともいわれる[74]。一旦動き始めたシステムを後戻りさせることは，現実的には極めて難しい。だからこそ，日本でも，行刑改革会議の段階で，十分な検討に付されるべきであった。
　また法務省は，第1号施設の成果を検証する前に新たな施設の計画を進めた。PFI導入の主眼が新たな施設建設による過剰収容状態の緩和にあったことを思えば，当然のなりゆきかもしれない。しかし，利潤を追求せざるを得ない企業が，刑罰執行の領域にどのような関わり方をし，それが被収容者処遇にどのような影響を及ぼすかは未だ不明である。少なくとも，第1号施設の評価を待ってから，次の計画に進むべきであっただろう。
　さらに，刑事施設民営化の議論は，施設の新増設によって一段落したように見えつつ，「官製市場の開放」という政治の声に圧されて進展し続ける可能性がある。2005年の衆議院総務委員会において，当時の国務大臣は，公務員の人員削減および人件費削減の具体的目標を問われ，次のように答えている。仕事内容はそのままで公務員の人件費と人員だけを減らすことは物理的にできない，したがって，今行っている業務が果たして公務員で行うべき仕事かという整理をしなければならない。そして，「……例えばイギリスみたいに刑務所の看守はPFIで民間でやる，そうすると法務省の役人は減らせますから，そういったような事務の見直し……をやって，その上で定員の再配置みたいなことを考えない限りはできないのであって，それを役人にやれというのは無理です，……したがって，それは必要ないんだということを決めるのは政治の責任だと思います」[75]と続けている。また法務委員会においても，「そもそも運営そのものを委託していくようなことも踏み込んで」，特区法の適用を受けるべき施設を個別に精査すべきである[76]という発言がなされている。この種の議論が，現実に賛同を得られるのかは分からない。しかし少なくとも，どのような理念に基づいて，どの範囲の業務までは民間に委ね得るのか，さらに明

確化していく必要性はあるだろう。この点に関しては，やはり収容・監視に関わる業務は国の専権事項とすべきであり，社会との関係維持や社会復帰に向けて提供されるべきサービスについてのみ，民間委託による協働運営を可能とすべきではなかったかと思われる。

　鉄道や郵便事業の民営化と異なり，刑事施設の場面におけるそれは，国家の縮小を意味するのではなく，その権限の拡張に他ならない。民営刑務所は，それが効率的で効果的であると主張されるほどに，ある種完璧な刑務所，すなわち効率で効果的な国家統治を意味することになるからである。民営刑務所の増加によって，拘禁率や刑事司法システムの適用領域が狭まることは決してなく，民営化は，法の支配の背後にある最も基本的な考え方，すなわち国家の強制権は最小限に抑えなければならないとの考え方に，矛盾する展開だと指摘されている[77]。「官営市場の開放」という議論が，真に国民の利益を目指すものであれば，刑務所人口を減らすにはどうすべきか，そして，国の現在行っている業務自体が（民間委託するまでもなく）そもそも必要かというところから議論が始まったはずである。その方がずっと予算削減になるからである。しかし，行政改革の議論は，小さな政府を謳いながら，国家権力の拡大を疑問とせず，さらにはそこから経済的利益を得ようとするのである。このような市場に施設運営の開放を続けようものなら，瞬く間に刑務所産業が構築されてしまうのではないか，心配である。

1　PFI方式による法務省施設の整備事業に関する資料は，(http://www.moj.go.jp/CHOTATSU/PFI/index.html) に掲載されている。以下，インターネット上の情報に関する最終確認日は2007年10月5日である。
2　第2号施設は，島根県浜田市の「島根あさひ社会復帰促進センター」（2008年4月運営開始予定），第3，4号刑務所は，栃木県さくら市の「喜連川社会復帰促進センター」，兵庫県加古川市の「播磨社会復帰促進センター」である（いずれも2007年10月運営開始）。
3　行刑改革会議提言（2003年12月22日）第4の6「行刑施設における人的物的体制の整備」(1)「施設の増設」46頁。
4　同。
5　行刑改革会議・第5回会議（2003年9月8日）・柴田参事官発言。
6　その他，吉野智「PFI手法による官民協働の新たな刑務所の整備について」ジュリスト1333号（2007年）2頁以下。
7　行政改革会議第30回議事概要（1997年10月1日）(http://www.kantei.go.jp/jp/gyokaku/971001gyokaku30.html)

8　内閣府 構造改革特別区域推進本部「美祢社会復帰促進センターPFI特区」において，このように定義づけられている。(http://www.kantei.go.jp/jp/singi/kouzou2/kouhyou/051122/dai9/gaiyou.html)

9　野田由美子『PFIの知識』（日経文庫，2003年）13～14頁。

10　以下の記述は，野田・前掲注（9）56頁以下によった。

11　野田・前掲注（9）54頁以下。

12　「第2章 民間参入・移管拡大による官製市場の見直し 2 官民役割分担の再構築」(http://www8.cao.go.jp/kisei/siryo/020723/2.html)。

13　法務大臣定例記者会見要旨（2002年7月9日）(http://www.moj.go.jp/)。

14　行刑運営に関する調査検討委員会における法務大臣指示（2003年3月5日）(http://www.moj.go.jp/)。

15　第156回国会参議院予算委員会会議録13号3頁（2003年3月18日）朝日委員との質疑。

16　行刑施設に関する調査検討委員会「行刑運営の実情に関する中間報告」（2005年3月31日）は，職員の意識改革のために必要な施策として，被収容者の施設内における法的地位の明確化，職員の人事施策のあり方の検討，施設運営の透明性を高めることの重要性を挙げたが，PFI方式については言及しなかった。

17　「規制改革推進3ヵ年計画（再改定）」(http://www8.cao.go.jp/kisei/siryo/030328/index.html)。

18　野田・前掲注（9）56頁以下。大下義之「PFIによる矯正関係施設の整備について」刑政113巻8号（2002年）46頁以下で，PFI方式が簡潔に説明されている。

19　行刑改革会議第3分科会第4回会議（2003年10月6日）・西田企画官発言。

20　法務省「PFI手法による新設刑務所の整備・運営事業基本構想」1頁。

21　行刑改革会議第5回会議・柴田参事官発言。

22　行刑改革会議第5回会議・菊田委員発言。

23　行刑改革会議第3分科会第4回会議・野﨑委員の発言。同じ回で広瀬委員も，施設増設の必要はあるにせよ，それが直ちにPFIと結びつくわけではないのだから，そこを分科会で少し考えるべきだという発言をされている。

24　行刑改革会議第3分科会第4回会議・西田企画官発言。

25　同上第4回会議・江川委員発言。

26　同上第4回会議・西田企画官発言。

27　同上第4回会議・広瀬委員発言。

28　同上第6回会議・野﨑委員，江川委員発言。広瀬委員も第5回会議の中で，PFIの

議論の前に，施設拡充の緊急性と拡充した場合の影響をまず議論すべきであるとの意見を出されている。

29 同上第5回会議・野崎委員発言。
30 同上第6回会議・柴田参事官発言。
31 同上第5回会議・西田企画官発言。
32 本書第3章岡田論文および第5章山口論文参照。
33 日本弁護士連合会「行刑改革会議提言についての日弁連の意見」(2004年2月1日)は，全面的な民営化をしないという提言には原則として賛成であるとし，今後の課題として，民間委託できる事務の範囲に関するガイドラインが必要であることを指摘している。
34 「島根あさひ社会復帰促進センター」は犯罪傾向が進んでいない男子2,000名で，人工透析を受ける必要のある者，身体障害を有する者で養護的処遇を要する者，精神疾患・知的障害を有する者で社会適応のための訓練を要する者も収容される（同センター整備・運営事業実施方針5頁。2005年6月30日）喜連川の施設の収容対象も，人工透析の点を除き，島根と同様である（同センター整備・運営事業実施方針4頁）。播磨の施設は，犯罪傾向の進んでいない男子1,000名であり，精神疾患・知的障害を有する者で社会適応のための訓練を要する者が含まれる。
35 法務省「美祢社会復帰促進センター整備・運営事業 運営業務要求水準書」(2004年11月22日)。
36 法務省「PFI手法による新設刑務所の整備・運営事業基本構想」5頁（http://www.moj.go.jp/KYOUSEI/PFI/mine.html）。
37 多賀裕一「法令解説 構造改革特区の特例措置の追加」時の法令1749号（2005年）35頁以下，内閣官房構造改革特区推進室「構造改革特別区域法逐条解説」(2007年6月1日）38頁以下参照（http://www.kantei.go.jp/jp/singi/kouzou2/sankou/hou051006/index.html）。
38 「構造改革特別区域基本方針」（2007年4月27日閣議決定）（http://www.kantei.go.jp/jp/singi/kouzou2/kettei/070427/070427henkou.htm）。
39 八代尚宏「構造改革特区の評価と課題」ジュリスト1250号（2003年）8頁以下。
40 この点については，本書第4章赤池論文参照。
41 前掲注（32）の論文参照。
42 第162回国会衆議院内閣委員会議事録第12号（2005年6月8日）6頁 海渡政府参考人発言。
43 「構造改革特別区域基本方針」・前掲注（38）2頁。
44 同3頁。

45　美祢については，1,000人規模の施設で通常必要とされる公務員の数が249人であるところ，133人に減らすことができたとされる。また，人件費は刑務官が年間1人あたり702万円に対し，民間では469万円と試算される。

46　第162回国会参議院内閣委員会会議録第7号（2005年4月7日）28頁・黒岩委員発言。

47　官製市場民間開放委員会第13回官業民営化等WG（2004年10月20日）議事録4頁・鈴木氏の発言（http://www8.cao.go.jp/kisei-kaikaku/old/mitutes/2004.html#kansei）。なお，民間開放推進会議は，総合規制改革会議の後継組織である。

48　第162回国会参議院内閣委員会会議録第7号（2005年4月7日）10頁・村上国務大臣発言。なお，地域活性化という目的の実効性および問題点については，太田達也「アメリカにおける矯正施設の民営化と我が国のPFI事業──課題と展望」ジュリスト1333号（2007年）31頁以下参照。

49　なお，「国民に支えられ，理解される刑務所」として採用されるべき諸施策と地方公共団体の責務については，本章第8章三島聡論文参照。

50　2005年10月段階では，1人あたりの職員が受け持つ被収容者の数は，全国平均で4.4人であり，府中刑務所ではそれが5.6人であるとされる。163回国会衆議院法務委員会会議録第2号11頁（2005年10月5日）秋葉委員発言。

51　どちらの数値も，行刑改革会議第2回配布資料（2003年5月19日）別紙1による。

52　法務省・前掲注（36）3〜4頁。

53　第162回国会衆議院内閣委員会会議録第12号（2005年6月8日）7頁・海渡政府参考人発言。

54　第163回国会衆議院内閣委員会会議録第7号(2005年4月7日)14頁・岡崎委員発言。

55　行刑改革会議第5回会議・柴田参事官発言。

56　行刑改革会議第3分科会第4回会議・西田企画官発言。

57　同上第5回会議・西田企画官発言。

58　Richard Harding, Private Prisons, 28 Crim & Just. 265, at 266 (2001) .

59　イギリスの民営施設の状況については，笹倉香奈「イギリスにおける民営刑務所の現状」龍谷大学矯正・保護研究センター研究年報1号（2004年）152頁以下，吉野智「英国における刑務所PFI事業について（前）（後）」刑政113巻7号（2002年）62頁，8号（2002年）54頁等参照。

60　Richard W. Harding, PRIVATE PRISONS AND PUBLIC ACCOUNTABILITY, Transaction Publishers, at 152 (1997) . 国家刑罰権の理念に基づく，民間への委託可能な業務の範囲については，本庄武「ドイツにおける刑事施設民営化の法的許容性」龍谷大

学矯正・保護研究センター研究年報2号（2005年）55頁以下参照。

61　本書第4章赤池論文参照。ヨーロッパにおける民間委託に関する憲法上の議論については，吉野智「公権力の行使にかかわる業務の民間委託について～刑務所業務の民間委託に関する法制度を題材として～（上）」捜査研究659号（2006年）87頁以下参照。

62　Harding, supra note 58, at 275.

63　See, Peter J. Duitsman, The Private Prison Experiment: A Private Sector Solution to Prison Overcrowding, 76 N.C.L.Rev. 2209, at 2221 (1998).

64　Development in the Law: The Law of Prisons: III. A Tale of Two Systems: Cost, Quality, and Accountability in Private Prisons, 115 Harv.L.Rev. 1868, at 1871 (2002).

65　Todd & Co. Inc., v. SEC, 557 F.2d 1008 (1977). 有価証券ディーラーで構成される民間組織が，不正価格での売買を行った組合員に対し，罰金や一時的な取引停止の制裁を課したことが問題となった。

66　Malcolm Russell-Einhorn, Legal Issues Relevant to Private Prisons, Douglas McDonald et al., Private Prisons in the United States: An Assessment of Current Practice, Appendix 3, at 9 (1998).

67　例えば，テネシー州は，法律で，契約によって事業者に対し被収容者の釈放や自由の制限に関わる判断権を与えてはならない趣旨の規定を置くが，上記12の要件を満たす懲罰手続は，この規定に反しないとされた（Mandela v. Campbell, 978 S.W.2d 531(Tenn.)）。アラスカ州の裁判所は，事業者が州の決めた細かな手続に従って，懲罰，有形力行使，善事日数の賦与または剥奪を行うことさえ，その判断に対し施設長および州矯正局に不服申立てできること，その手続を経た後には，裁判所に訴えることができ，最終的な責任は州が負うことを挙げて，憲法に反しないと述べている（Hertz v. State, 22 P.3d 895 (Ala.)）。後者の例では，後の救済手段が設けられていれば，被収容者の自由に関わる第一次的な判断権を，事業者に与えてよいということになる。

68　Russell-Einhorn, supra note 66, at 11.

69　「構造改革特別区域法逐条解説」・前掲注（37）42頁以下。

70　「美祢社会復帰促進センター整備・運営事業：実施方針等に関する質問回答」。

71　構造改革特別区域法第11条第1項第7号の法務大臣が定める方法（2005年法務省告示第484号）。

72　以下の記述は，Gerald G. Gaes et al., MEASURING PRISON PERFORMANCE, at 112-115 (Altamira, 2004) による。

73　赤池一将「フランスにおける官民協働刑事施設の提起する課題」龍谷大学矯正・保

護研究センター研究年報 2 号（2005 年）43 頁以下。

74 Pozen, Managing a Correctional Marketplace: Prison Privatization in the United States and the United Kingdom, 19 J.L. & Politics 253, at 256（2003）.

75 第 163 回国会衆議院総務委員会議録第 2 号（2005 年 10 月 6 日）4 頁。

76 第 163 回国会衆議院法務委員会議録第 2 号（2005 年 10 月 5 日）12 頁・秋葉委員発言。

77 Ahmed A. White, Rule of Law and the Limits of Sovereignty: The Private Prison in Jurisprudential Perspective, 38 Am. Crim. L. Rev. at 137（2001）.

〔追記〕本稿は,「行刑改革会議と民営化の議論」龍谷大学矯正・保護研究センター研究年報 2 号（2005 年）8 頁以下に加除修正を加えたものである。

（徳永光 / とくなが・ひかる）

資料　PFI導入の動き略年表

(作成/ 徳永光)

年	月日	事項
1994	1・21	内閣に「行政改革推進本部」設置
	4・22	「子どもの権利条約」日本国批准書寄託
	5・16	「子どもの権利条約」公布（条約第2号）
	5・22	「子どもの権利条約」日本国発効
	11・22	日弁連臨時総会『拘禁二法案の四度目の提出に反対する決議』
	11・29	日弁連拘禁二法案対策本部、『解説・日弁連刑事処遇法案－施設管理法から人間的処遇法へ』発表
1995	1・14	国連人権委員会に『ロドリー報告』が提出され、同報告書で日本の代用監獄が取り上げられる（日弁連新聞255号7頁）
	2・2	法務省、「刑事施設法案」「留置施設法案」の国会提出を見送る方針固める
	2・14	国際法律家協会（IBA）『代用監獄・日本における警察拘禁制度・第1次調査報告書』に基づく改革案をセミナーにおいて提言
	3・11	監獄人権センター（CPR）設立
	3・30	ヒューマン・ライツ・ウォッチ（HRW）、『監獄における人権/日本・1995年』発表
	4・29～5・8	第9回犯罪防止会議『国連被拘禁者処遇最低基準規則の効果的実施に関する決議』採択、『メイキング・スタンダーズ・ワーク（Making Standards Work）』が評価される
1996	5・15	刑事立法研究会、『刑事拘禁法要綱案』発表
	11・21	内閣総理大臣直属機関として、「行政改革会議」設置（1998年6月30日まで）
1997	6・16	日本政府、自由権規約委員会に第4回政府報告書提出
	12・3	行政改革会議、『最終報告』公表。行政機関の見直しの一つに、矯正収容施設の運営の効率化・質の向上を挙げる（Ⅳ　行政機能の減量（アウトソーシング）、効率化等）
1998	1・26	行政改革推進本部に「規制緩和委員会」設置（1999年4月6日、「規制改革委員会」へ名称変更）
	6・12	「中央省庁等改革基本法」（平成10年法律第103号）公布。同法第43条7項、「政府は、矯正収容施設について、その特性を考慮しつつ、可能な限り、その運営につき効率化及び質的向上を進めるものとする」と規定
	11・6	自由権規約委員会、日本政府第4回報告書に対する「最終見解」採択。日本の拘禁制度について改善勧告を行う
1999	7・30	「民間資金等の活用による公共施設等の整備等の促進に関する法律（PFI法）」（平成11年法律第117号）公布 同法第21条に基づき、PFI推進委員会設置
	7・5	「拷問及びその他の残虐な又は、非人道的又は品位を傷つける取扱い又は刑罰を禁止する条約（拷問等禁止条約）」公布（1999年条約第1号）
	7・29	「拷問等禁止条約」日本国発効
	12・17	日弁連、『国連人権（自由権）規約委員会の勧告を実施する応急措置法要綱』採決
2000	3・13	『民間資金等の活用による公共施設等の整備等に関する事業の実施に関する基本方針（PFI基本方針）』（総理府告示第11号）公表
	6・5	法務省と日弁連が「受刑者処遇に関する勉強会」を開始
	11・28	矯正保護審議会、『21世紀における矯正運営および更生保護の在り方について』を法務大臣に提言
	12・6	「人権教育及び人権啓発の推進に関する法律」（平成18年法律第147号）公布
	12・19	内閣に「行政改革推進本部」設置（1994年1月21日閣議決定による行政改革推進本部は廃止）
	12・31	既決被収容者の年末収容率が100%を超える
2001	1・5	矯正保護審議会廃止
	1・19	日弁連、「司法制度改革審議会中間報告に対する意見書　未決及び矯正処遇に関する事項を中心に」発表
	3・31	「規制改革委員会」廃止

年	月日	事項
2001	4・1	内閣府に「総合規制改革会議」設置
	6・12	司法制度改革審議会、『司法制度改革審議会意見書－21世紀の日本を支える司法制度』を内閣に提出、公表
	6・29	石原東京都知事、都内の留置場にPFI方式を導入する方針を表明
	10・26	美祢市長および市議会議長が、刑務所誘致の要望書を法務大臣に提出
	12・14	名古屋刑務所で受刑者に対する人権侵犯事件が発生（12月事件）
2002	1・31	法務省、「人権擁護法案（仮称）」の大綱公表
	3・8	「人権擁護法案」第154回国会上程
	3・9	刑事立法研究会、『刑事拘禁法要綱案（改訂案）』公表
	5・7	「国際受刑者移送法」（2002年法律第66号）公布
	5・19	日本刑法学会第80回大会においてワークショップ「人権の国際化と被収容者の人権」開催
	5・27	名古屋刑務所で再び受刑者に対する人権侵犯事件が発生（5月事件）
	7・23	総合規制改革会議、『中間とりまとめ－経済活性化のために重点的に推進すべき規制改革－』公表
	8・22	法相歴任者など自民党の有志議員が、「矯正施設の過剰収容等緊急対策議員懇談会」を結成
	8・29	法務省、2003年度予算の概算要求をまとめる。刑務所新設の調査費が盛り込まれており、PFI方式となる見通しとの報道（日本経済新聞2002年8月30日朝刊）
	9・4〜9・12	法務大臣、オーストリア、フランスを訪問。フランスでは、民と官の混合運営方式による刑事施設も視察
	9・25	名古屋刑務所で三度受刑者に対する人権侵犯事件が発生（9月事件）
	10・4	名古屋刑務所受刑者死傷事案発覚
	10・31	規約人権委員会が指定した第5回政府報告書の提出期限到来するも日本政府、報告書を提出せず
	12・12	総合規制改革会議、『規制改革の推進に関する第2次答申－経済活性化のために重点的に推進すべき規制改革－』公表
	12・18	「構造改革特別区域法」（平成14年法律第189号）公布 内閣に「構造改革特別区域推進本部」設置 国連総会、拘禁施設への訪問を認める義務を創設する「拷問等禁止条約選択議定書」採択
2003	1・30	名古屋刑務所における刑務官による受刑者に対する人権侵犯事件に関して、人権擁護局長から法務大臣に対し「意見具申」が行われ、名古屋法務局長から名古屋刑務所長に対して「勧告」が行われる
	2・13	一連の名古屋刑務所事件を受け、法務省内に「行刑運営に関する調査検討委員会」設置
	3・5	行刑運営に関する調査検討委員会第3回会合において、法務大臣、「PFIによる刑務所の新設と運営について検討」するよう指示
	3・26	名古屋法務局長、名古屋刑務所刑務官による人権侵犯事件に関して名古屋刑務所長への追加勧告がなされる
	3・28	総合規制改革会議第2次答申を受けて、「規制改革推進3か年計画（再改定）」閣議決定
	3・31	行刑運営に関する調査検討委員会、『行刑運営の実情に関する中間報告』公表 中間報告を受け「行刑改革会議」設置される
	4・14	行刑改革会議、第1回会議開催（以後、12月22日までに全10回開催）
	5・23	日弁連総会、『名古屋刑務所事件を契機に刑務所等の抜本的改革を求める決議』
	6・13	行刑運営に関する調査検討委員会、『死亡帳調査班による調査結果報告』公表
	7・23	法務省、PFI方式を採用した刑務所新設の構想を発表
	7・28	衆参院法務委員会における指摘を受け、行刑運営に関する調査検討委員会が『行刑運営をめぐる問題点の整理（国会審議における指摘を踏まえて）』公表
	8・3〜8・9	法務大臣、アメリカ合衆国を訪問。PFI手法による刑事施設等を視察

年	月日	事項
2003	8・5	島根県旭町ほか周辺8市町村が、矯正施設誘致を法務省に要望
	9・5	行刑改革会議、第5回会議
	9・8	行刑改革会議第3分科会第1回会議開催（以後、12月8日までに全8回開催）
	9・19	日弁連、『刑務所職員と刑務所新設に関する日弁連の提言』発表
	10・6	行刑改革会議第3分科会第4回会議開催
	10・10	衆議院の解散により、人権擁護法案廃案となる
	10・27	行刑改革会議第3分科会第5回会議開催
	11・10	行刑改革会議第3分科会第6会議開催
	12・18	犯罪対策閣僚会議、『犯罪に強い社会の実現のための行動計画』公表
	12・22	行刑改革会議、『行刑改革会議提言〜国民に理解され、支えられる刑務所へ〜』公表 提言を受けて、法務省内に「行刑改革推進委員会」発足 日弁連、「行刑改革会議提言」についての会長声明発表
2004	1・27	法務省、「PFI手法による新設刑務所の整備・運営事業基本構想」公表。事業予定地を「美祢テクノパーク」とする
	2・1	日弁連、『行刑改革会議提言についての日弁連の意見』公表
	3・31	総合規制改革会議廃止 法務省、「美祢社会復帰促進センター整備・運営事業実施方針」公表
	4・1	総合規制改革会議に代わり、内閣府に「規制改革・民間開放推進会議」設置 日弁連、拘禁二法案対策本部を「刑事拘禁制度改革実現本部」に改組・改称
	4・27	法務省矯正局、第1回「薬物事犯受刑者研究会」開催
	6・7	第1回行刑改革推進委員会顧問会議開催
	6・10	法務省矯正局、第1回「『被害者の視点を取り入れた教育』研究会」を開催
	7・28	監獄法改正に関する法務省・警察庁・日弁連三者協議（その後、9月14日、11月16日、12月15日に開催）
	9・4	日弁連・東京三弁護士会主催、法務省・矯正協会・英国大使館後援で、国際シンポジウム「21世紀の刑務所改革」開催
	10・19	日弁連、『PFI刑務所についての提言』発表
	11・22	「美祢社会復帰促進センター整備・運営事業」の入札公告
	12・13	自由民主党「行刑行政に関する特命委員会」において、監獄法改正につき、未決拘禁者と受刑者とを分離し、受刑者についての立法を先行させることを決定
	12・31	既決被収容者の年末収容率が116%を超える
2005	2・9	法制審議会第144回会議において、「監獄法改正の骨子となる要綱」（諮問第31号に対する答申）に基づきつつ、行刑改革会議の提言も踏まえた受刑者の処遇を中心とする法律案の検討内容について報告がなされ、了承される
	3・14	「刑事施設及び受刑者の処遇等に関する法律案」、第162回国会上程
	3・18	日弁連、『「刑事施設及び受刑者の処遇に関する法律案」についての日弁連の意見』公表
	4・22	「美祢社会復帰促進センター整備・運営事業」を「美祢セコムグループ」が落札
	5・12	法務省、「2005年度宮城刑務所及び福島刑務所市場化テストモデル事業の実施に関する方針」公表。同日、入札公告
	5・25	「刑事施設及び受刑者の処遇等に関する法律」（平成17年法律第50号）公布
	6・8	「2005年度宮城刑務所及び福島刑務所市場化テストモデル事業業務要求水準書」公表
	6・17	「構造改革特別区域法の一部を改正する法律」（平成17年法律第57号）公布
	6・21	「美祢セコムグループ」の設立したSPC「社会復帰サポート美祢株式会社」が、国と事業契約締結
	6・30	法務省、「島根あさひ社会復帰促進センター整備・運営事業実施方針」公表 「宮城刑務所及び福島刑務所市場化テストモデル事業」を「日本総合サービス株式会社」が落札（事業期間、2005年8月1日〜2006年3月31日）
2006	2・27	法務省、「2006年度宮城刑務所及び福島刑務所市場化テストモデル事業の実施に関する方針」公表。同日、入札公告

2006	3・13	「刑事施設及び受刑者の処遇等に関する法律の一部を改正する法律案」、第164回国会に上程
	3・22	「2006年度宮城刑務所及び福島刑務所市場化テストモデル事業業務要求水準書」公表
	4・10	「宮城刑務所及び福島刑務所市場化テストモデル事業」を「日本総合サービス株式会社」が落札（事業期間、2006年5月1日～2007年3月31日）
	5・1	「島根あさひ社会復帰促進センター整備・運営事業」、再度入札公告（防衛施設庁における談合事件の影響により、2005年10月の入札公告による入札が不調となったため）
	6・2	「競争の導入による公共サービスの改革に関する法律（市場化テスト法）」（平成18年法律第51号）公布
	6・8	「刑事施設及び受刑者の処遇等に関する法律の一部を改正する法律」（平成18年法律第58号）公布。「刑事収容施設及び被収容者等の処遇に関する法律」に改称
	6・16	「簡素で効率的な政府を実現するための行政改革の推進に関する法律」（平成18年法律第47号）の施行に伴い、内閣に「行政改革推進本部」設置（2000年12月19日の閣議決定による行政改革推進本部は廃止）
	7・6	法務大臣、被収容者人員適正化方策に関し法制審議会に諮問（諮問第77号）。これを受けて「被収容者人員適正化方策に関する部会」設置
	9・6	法務省、「喜連川社会復帰促進センター等運営事業実施方針」および「播磨社会復帰促進センター等運営事業実施方針」公表
	10・4	「島根あさひ社会復帰促進センター整備・運営事業」を「島根あさひ大林組・ALSOKグループ」が落札
	10・20	「島根あさひ大林組・ALSOKグループ」の設立したSPC「島根あさひソーシャルサポート株式会社」が、国と事業契約締結（2008年10月に収容開始予定）
	10・23	「喜連川社会復帰促進センター等運営事業」および「播磨社会復帰促進センター等運営事業」、入札公告
2007	1・25	規制改革・民間開放推進会議終了
	1・26	内閣に「規制改革会議」設置（2010年3月31日まで設置予定）
	4・1	「美祢社会復帰促進センター」開所
	4・13	「喜連川社会復帰促進センター等運営事業」を「喜連川セコムグループ」が落札。「播磨社会復帰促進センター等運営事業」を「播磨大林・ALSOKグループ」が落札
	5・31	「喜連川セコムグループ」の設立したSPC「社会復帰サポート喜連川株式会社」が、国と事業契約締結。「播磨大林・ALSOKグループ」の設立したSPC「播磨ソーシャルサポート株式会社」が、国と事業契約締結
	10・1	「喜連川社会復帰促進センター」「播磨社会復帰促進センター」開所

* 行刑改革・監獄法改正に関連する事項については、石塚伸一・岡田悦典・藤井剛「資料 監獄法改正および国際人権法の動き略年表」刑事立法研究会編『刑務所改革のゆくえ』（2005年 現代人文社）16頁以下、および藤井剛「略年表 未決拘禁法の動き」刑事立法研究会編『代用監獄・拘置所改革のゆくえ』（2005年 現代人文社）248頁以下によった。
* 行政改革推進本部規制改革委員会 http://www.kantei.go.jp/jp/gyokaku-suishin/
* 総合規制改革会議 http://www8.cao.go.jp/kisei/index.html
* 規制改革・民間開放推進会議 http://www8.cao.go.jp/kisei-kaikaku/old/
* 規制改革会議 http://www8.cao.go.jp/kisei-kaikaku/
* 法務省「PFI手法による刑務所の整備・運営事業」http://www.moj.go.jp/KYOUSEI/PFI/
* 構造改革特別区域推進本部 http://www.kantei.go.jp/jp/singi/kouzou2/
* 美祢市 美祢テクノパーク矯正施設誘致 http://www.city.mine.lg.jp/cgi-bin/odb-get.exe?wit_template=AM020000
* 浜田市 島根あさひ社会復帰促進センター http://www.city.hamada.shimane.jp/machi/seido/syakai_fukki.html

第2章 刑事施設の民間化
行政法学的検討

1．はじめに

　すでに周知のように，2007年4月から美祢社会復帰促進センターにおいて，わが国初となる民間による刑事施設の整備・運営事業が開始されている[1]。現在わが国においては，美祢社会復帰促進センターのほかにも，PFI手法による刑事施設の整備・運営事業が今後も予定されており[2]，刑事施設の民間化[3]がまさに進められている状況にある。
　ところで行政の民間化について目を向けた場合，1980年代以降の民間化政策は，行政の役割ないし守備範囲をどのように考えるのかという問題を行政法学に対して提起するものであり[4]，また行政の公共性の再検討を提起するものということができる[5]。そうだとするならば，刑事施設に関わる法務行政の領域においても，刑事施設の民間化については，刑事施設運営において行政が担うべき役割・役務とは何か，刑事施設の公共性とは何か，そして刑事施設における民間化はこれをどのように捉えなおそうとするものなのか，についての検討が求められることになるであろう。このような見地から，本稿では，まず行政における民間化の現状および民間化をめぐる論点について整理したうえで，刑事施設の民間化に関する法務省の実施方針等を手がかりに，刑事施設の民間化の特徴や問題点ならびに刑事施設の民間化における課題について，若干の考察・検討を行うことにしたい。

2．行政における民間化の現状と民間化をめぐる若干の論点

　80年代以前の行政改革は，行政の組織・制度・運営の改善と改革にその重点を置きながら進められてきた。それに対し第二次臨調以降の行政改革は，従来の行政改革の範疇にとどまらず，個々の政策内容，統治システムのあり方，国民の意識のあり方にまで踏み込んだ日本社会全体の改革をも視野に入れて展開され

てきたということができる[6]。そして現在の構造改革路線の重要な柱のひとつが，80年代以降の行政改革における「小さな政府」や「官から民へ」といったスローガンに象徴される新自由主義的な改革路線にあることについても異論のないところであろう[7]。

ところで新自由主義とは，従来国や自治体などが担ってきた公的な役務を民間部門に解放し，民間の経済活動にとって支障となっている各種の公的規制を取り除くことによって，民間企業のより自由な利潤追求を保障しようとするものであると同時に，これまで積上げられてきた様々な公的な施策を「自立自助」「自己責任」「自己決定」の名のもとに大幅に削減・解体しようとするものとして把握することができる。したがってここでいう新自由主義は，市場原理を最も重要な原理とみなし，日本社会を市場原理と自由競争が貫徹するのにふさわしい方向へと組み替えていこうとする思想ないし政策体系のことを指すものとして理解することができよう。このように理解するならば，市場原理を基軸に置く新自由主義的改革が構造改革の大きな特徴のひとつであること自体は疑いのないところであり，また，その政策上の重点が公共部門の民間化と規制緩和にあることについても疑いのないところである[8]。そこで以下においては，新自由主義的改革の重要政策のひとつである公務の民間化の現状および公務の民間化をめぐる議論について概観するとともに，公務の民間化における公共性確保の必要性についても触れることにしたい。

(1) 民間化の現状

ここで公務の民間化といった場合，さしあたり「民営化」，「民間委託」，「公務・行政内部への民間手法の導入・活用」の内容を含むものとして考えることとする[9]。

第1に，「民営化」は従来国や公共団体が行ってきた事務・事業を一体として民間部門に移行させるものとして認識することができる。とりわけ80年代の三公社の株式会社化がその典型であろうが，最近でも郵政公社の株式会社化や道路公団における各高速道路の株式会社化などにみられるように，各種行政事業の民営化は現在においても展開されているところである。

第2に，「民間委託」は，事務・事業そのものは国や自治体の手に留保したうえで，その業務の全部または一部の実施を民間部門に委託するものとして認識することができる。この手法は80年代から90年代にかけて，現業部門から非現業部門へ，さらには非権力的業務から権力的業務へと大きく拡大されてきたこともまた周知のとおりである。たとえば道路交通法の改正により2006年から実施されている違法駐車取締りにみる監視員の制度（放置車両確認機関への委託）などはその

典型例として把握することができる。

　第3に,「公務・行政内部への民間手法の導入・活用」は,NPM (New Public Management) や政策評価など,さまざまな手法を通して民間企業の発想や手法を公務・行政内部に取り入れようとするものとして認識することができるが,こうした「民間手法の導入・活用」としては,民間の資金やノウハウを活用して公共施設や公共サービスの提供を行う PFI や,行政内部への民間的手法の導入を目的とする国と地方の独立行政法人などを,その一例として挙げることができる。これらの制度的改変については,国民・住民の権利利益にとって重要な意味を持つものと考えられるが,十分な議論を経ないまま,NPM や公私協働の名の下に正当化されてきたこともまた疑いのない事実として認識することができる[10]。

　このような民間化の流れは,今日においてより強力かつ急速に進展しつつある。たとえばこれまで民間開放が理論上困難とされてきた「公権力の行使」に関わる業務について,法的に民間開放を可能にしようとしている点は,今日の民間化の大きな特徴のひとつであろう。構造改革特別区域法および民間資金等の活用による公共施設等の整備等の促進に関する法律 (以下, PFI 法とする) の成立によるPFI 手法を活用した刑事施設整備事業等の登場はまさにその一例であろう。

(2) 民間化をめぐる議論

　このようにわが国における民間化政策の現状については,「公権力の行使」の民間化までも射程にいれた政策が展開されているものとして理解することができるが,この間の民間化政策をめぐっては,これまでさまざまな議論が行われてきた。ここでは民間化をめぐるさまざまな議論のうち,効率性・市場競争原理の重視および「公共サービス」概念の重視に関する議論について触れることにする。

① 効率性・市場競争原理の重視――公共性の軽視・無視

　民間化に関する議論については,80 年代における議論と 90 年代における議論とで性格を異にする。つまり 80 年代の議論は役務の公共性に対して経済的効率性を優先させるという発想に依拠するものであるが,90 年代に至ってからの議論は「官から民へ」の見直しにより「行政機能の減量と効率化」の実現を図ろうとするものであって,他の構造改革課題との有機的な関連を強めていることを最大の特徴として見出すことができる。またそこでの議論においては,種々の病理によって喪失した公共性を民間化によって回復するとか,民間化した後にどのように公共性が確保されるかという観点も存在していなかったと理解することができる。つまり 90 年代における民間化論は,公共性を無視した民間化論ともいうことができ

るし,「民間が行うことができるか否か」を民間化の適否の基準とした無限定の民間化論としても認識することができる[11]。

② 「公共サービス」概念の重視──「公権力の行使」概念の希薄化

　効率性・市場競争原理を重視して展開されてきた従来の民間化の流れに新しい展開をもたらしたものとして,官民の間で競争入札を行う市場化テストの導入を挙げることができる。この市場化テストは,2004年4月に設置された規制改革・民間開放推進会議が,同年8月に「中間とりまとめ」を公表し,当面の重点事項を「官製市場の民間開放」に絞り,これまでの民間化に関する手法や発想をさらに前進させるものとして,導入されたものである。この市場化テストに関しては,「公共サービス」の概念が用いられているが,「公共サービス」については,市場化テストの根拠法である「競争の導入による公共サービスの改革に関する法律」2条4項1号において,「施設の設置,運営又は管理の業務」,「研修の業務」,「相談の業務」,「調査又は研究の業務」,以上のほか「その内容及び性質に照らして,必ずしも国の行政機関等が自ら実施する必要がない業務」を「公共サービス」として定義づけており,ここでは「公権力の行使」すなわち「行政処分」に当るものは除外されている。

　ところで,この「公共サービス」という概念に関しては,注目すべき見解が存在する。すなわち,「『公共サービス』という概念は,行政機関が行う業務を単位とするものであり,……国民・納税者の側から見ると,個々の『公共サービス』がイメージし易く,そこで要求される説明責任や透明性についても具体的に理解可能となる。『公共サービス』という単位での改革・改善は,『お役所仕事の改革』としての具体的成果として広く各方面からとらえ易くなる」とする見解である[12]。このように「公共サービス」概念を重視する立場に対しては,「公権力の行使」概念に意味を持たせないまま,「公権力の行使」を簡単に民間化してもよいのかという疑問とともに,そもそも「公共サービス」概念を重視する立場においては「公権力の行使」概念にいかほどの意味があるのかという疑問も生じ得る[13]。そうだとするならば,われわれとしては「公共サービス」概念と「公権力の行使」概念との関係をどのように捉えるべきか,あるいは,「公共サービス」概念を持ち出しながら「公権力の行使」の民間化を進展させつつある現状をどのように理解すべきかについて,今後十分な検討を行っていく必要があろう。

　また,市場化テスト導入との関わりにおいて,次のような指摘もある。すなわち,役所の語る「公益」・「公共性」は官業を組織的・作用的に根拠づけている法令に根拠があり,法律が官の既得権擁護の道具になっているとしたらこれは由々しき

事態であり，「21世紀の日本では，民が広く公共性を担い，どうしても民では担いきれない部分のみ官が行うこととする法制度へ移行するべきである」との指摘である[14]。この指摘をどのように受け止め，どのように評価するべきなのか。先に述べた公共性の軽視あるいは無視との関係をも含めて，今後検討していかなければならない課題であると思われる。

(3) 公務の民間化における公共性の確保の必要性

これまで述べてきたことから明らかなように，公務の民間化が効率性を重視する一方で，公共性を軽視あるいは無視した形で展開されている現状において，われわれは，行政の効率化とは，国民の権利自由を保障するという行政の存在理由または目的に仕える手段としての行政そのものの目標または技術的価値なのであって，そのことと離れて効率化それ自体が目的であるわけのものではない[15]ことをあらためて認識する必要があろう。

そして仮に，行政が行ってきた事務事業を民間が代わって行うことになったとしても，それが当該事務の公共的な性格の消滅を理由とするものでない限り，事務事業の公共性は継続的に確保されねばならず，したがって当該事務事業の実施によって提供される公共性確保のための法的仕組みが存在しなければならない[16]ということを，公務の民間化における基本的なあり方として理解しておかなければならないであろう。

このような認識を踏まえ，公務の民間化における「公共性の確保」を重視する立場から，わが国における刑事施設の民間化について，以下検討を行うことにしたい。

3．わが国における刑事施設の民間化の現状

ここで刑事施設の民間化といった場合，刑事施設の設計・建設，維持・管理および運営についてのPFI手法の導入のことを指すこととする。もっともPFI手法の導入以外に刑事施設の民間化が存在しないというわけではなく，たとえば篤志面接委員などにみられる一定の処遇プログラムにおける民間組織の関わりや施設の外周警備業務などが民間に委託される例も存在する。しかし従来行われてきた民間委託業務は単一の業務そして単年度の契約における委託であるのに対し，PFI手法においては，複数の業務かつ長期間の委託契約を結ぶ点に大きな違いを見出すことができる[17]との指摘のごとく，PFI手法の導入は従来の刑事施設の

民間委託とは性質を異にするものとして把握すべきものと思われる。

それではこのような PFI 手法の導入，すなわち刑事施設の民間化が何故行われようとしているのか。刑事施設の民間化の実際について触れる前に，わが国における刑事施設の民間化の背景について述べておきたい。

(1) 刑事施設の民間化の背景

刑事施設の民間化が推進される背景として，第1に，刑事施設の「過剰収容」状態の問題が挙げられよう。この点について法務省は，「犯罪情勢の悪化等に伴う矯正施設の著しい過剰収容状態やそれによる処遇環境の悪化等を速やかに緩和，解消し，適正な収容を確保することは喫緊の課題である」[18] とし，実際に法務省は，PFI 手法を活用した施設の整備，運営を推進する方針を採っており，施設の設計・建築から運営に至る各種の業務について，その権力性や専門性の程度，民間委託をした場合の経済効率などを吟味し，効率的な施設の新設，運営を行い得るよう，部分的な民間委託を行うための検討を進めてきたところである[19]。なお，法務省によれば，平成4年度には4万人台であった被収容者数は平成17年末には8万人に及び，収容率は116% とのことである[20]。

第2に，施設運営の透明性の向上である。法務省の見解によれば，官民協働による運営を実現させ，施設運営の透明性の向上を図りつつ，「国民に理解され，支えられる刑事施設」という基本理念の下に，地域との共生による運営を目指すとされる[21]。

第3に，政治課題としての構造改革の実現が挙げられる。法務省は，「『民間にできることは民間に』という経済社会の構造改革の方針に従い，刑務所という治安インフラの整備・運営にも民間の資金，ノウハウ等を活用することとし，刑の執行という公権力行使に関わる業務についても民間参入を拡大するなど，官製市場の開放による雇用創出，経済効果をもたらすことをねらいとしている」[22] と指摘している。このように法務省自らが「刑の執行という公権力行使に関わる業務についても民間参入を拡大すること」をも視野に入れつつ，刑事施設の民間化を推進する立場を明らかにしている点は注目に値する。

(2) PFI 手法による刑事施設の整備・運営事業の実際

ここで PFI 手法による刑事施設の整備・運営の実際について指摘を行うことにするが，その全ての内容について触れることは到底不可能であるため，本稿のテーマとの関わりで重要と思われる点の指摘にとどめることにする。

PFI手法による刑事施設の整備・運営事業は，現在のところ，美祢社会復帰促進センター整備・運営事業のほか，島根あさひ社会復帰促進センター整備・運営事業，喜連川社会復帰促進センター等運営事業，播磨社会復帰促進センター等運営事業の実施がそれぞれ予定されている[23]。

　まず美祢社会復帰促進センター整備・運営事業においては，平成16年3月に実施方針が示され，男子受刑者500名，女子受刑者500名の計1,000名を収容する刑務所および国家公務員宿舎の建設，設計，維持管理および一部の運営事業を自らの資金で行い，事業期間（平成37年3月までの約20年間）終了後，事業者が本施設を国に無償で譲渡する方式をとっている。そして美祢社会復帰促進センターにおける事業の範囲は，①施設の設計，建設などを含む「施設整備・施設維持管理業務」，②文書の発受や電話交換を含む庶務事務支援業務や情報システム管理業務のほか，給食業務，清掃業務などを含む「施設運営業務」，③「警備」に関わる施設警備業務や収容監視業務，④「作業」に関わる技術指導業務や職業訓練業務，⑤「教育」に関わる図書管理業務，教育企画業務，⑥「医療」に関わる健康診断業務，⑦「分類」に関わる分類調査事務支援業務，保護関係事務支援業務などにわたるものとされる。

　次に，島根あさひ社会復帰促進センター整備・運営事業においては，平成17年6月に実施方針が示され，犯罪傾向の進んでいない男子受刑者2,000名を収容する刑務所として位置づけられ，当該施設および国家公務員宿舎の建設，設計，維持管理および一部の運営事業を自らの資金で行い，事業期間（平成38年3月までの約20年間）終了後，事業者が本施設を国に無償で譲渡する方式をとっている。なお，事業の範囲は美祢社会復帰促進センターと同様である。

　さらに，喜連川社会復帰促進センター等運営事業および播磨社会復帰促進センター等運営事業においては，いずれも平成18年9月に実施方針が示され，喜連川社会復帰促進センター等運営事業においては犯罪傾向の進んでいない男子受刑者2,000名を収容する刑務所および国家公務員宿舎の建設，設計，維持管理および一部の運営事業を自らの資金で行うとともに，既存の刑務所である黒羽刑務所（犯罪傾向の進んでいない男子受刑者1,820名を収容）の運営業務の一部を実施するものとされる。また播磨社会復帰促進センター等運営事業においては犯罪傾向の進んでいない男子受刑者1,000名を収容する刑務所および国家公務員宿舎の建設，設計，維持管理および一部の運営事業を自らの資金で行うとともに，既存の刑務所である加古川刑務所（犯罪傾向の進んでいない男子受刑者1,081名を収容）の運営業務の一部を実施するものとされる。喜連川社

会復帰促進センター等運営事業および播磨社会復帰促進センター等運営事業のいずれも，事業期間は平成34年3月までの約15年間であり，また事業の範囲は先に述べた美祢社会復帰促進センターや島根あさひ社会復帰促進センターと大差はない。しかし喜連川および播磨の運営事業において既存の刑務所の運営業務の一部をも実施の対象としている点は，美祢および島根の運営事業には見られなかったことであり，今後既存の刑事施設におけるPFI手法の導入の先例として位置づけられることは想像に難くなく，またこれを契機にして既存の刑事施設へのPFI手法の導入が大きく展開される可能性を否めないことからも，喜連川および播磨の運営事業に関しては，とりわけ注目すべきであると思われる。なおここで予定されている既存の刑務所の一部運営業務の範囲は，先に述べた事業の範囲とほぼ同様である。

(3) 刑事施設の民間化の法的根拠

　刑事施設の民間化の実際については以上のとおりであるが，それぞれの事業は，PFI法および構造改革特別区域法に基づいて実施されることになる。すなわち，事業者が当該施設の設計，建設を行い，設備・備品等を調達・保有し，事業期間終了まで当該施設の維持管理および一部の運営業務を行うことについては，PFI法がその根拠となる。また事業者の選定に関しても，PFI法6条に基づいて，サービスの対価の額に加え，施設整備に関する能力，維持管理に関する能力および運営に関する能力等を総合的に評価する，総合評価一般競争入札方式により行われることとなる[24]。

　また，当該事業は構造改革特別区域における特定事業として位置づけられることにより，刑事施設における施設の警備や被収容者の処遇の一部が民間事業者に委託されることになるわけだが，これは構造改革特別区域法がその根拠となっている。すなわち構造改革特別区域法2条2項により，「特定刑事施設における収容及び処遇に関する事務の委託促進事業」（同法別表参照）が特定事業として規定され，また同法11条が「刑事収容施設及び被収容者等の処遇に関する法律等の特例」を設けたことにより，刑事施設運営業務の民間委託が構造改革特別区域に限ってではあるが可能になるわけである。つまり同法11条の特例が「公権力の行使」にあたる業務を民間委託するための法的根拠であるということができる[25]。

4．刑事施設の民間化の検討

(1) 効率性・競争原理を重視した刑事施設の民間化――「刑事施設民間化」論の虚偽性

　すでに述べたように，刑事施設の民間化の背景には刑事施設の過剰収容の問題が挙げられている。確かに法務省の指摘によれば，過剰収容状況は数値の上からは明らかである。しかし過剰収容状況についての原因分析が十分に行われてきたかどうかといえば定かではない。これに関しては次のような見解がある。すなわち，刑事施設の民営化はあくまでも過剰収容緩和のためのひとつの可能性のある対応手段にすぎず，われわれ国民は過剰収容の原因，それに対する対応策の選択肢を十分に説明された上で刑事施設の民間化を受け入れようとしているのか，刑事施設の民間化以外にやるべき方策を尽くしているといえるのだろうか，との疑問を提示したうえで，「過剰収容の緩和のためには，厳罰化政策の見直しと社会内処遇の選択肢の拡充が優先的に行われなければならない」とし，「わが国において，これらの方策が尽くされていない現状にあっては，刑事施設の民営化は，ますます過剰拘禁を助長するおそれすらある」とする見解である[26]。そうだとするならば，刑事施設の民間化により刑事施設の過剰収容状態が緩和されることの保証が必ずしもないままに，過剰収容を緩和するために刑事施設の民間化が必要であるとする法務省の見解は根拠がないものと考えざるを得ず，むしろその虚偽性を指摘することができると思われる。

　また，刑事施設運営の透明性の向上を図るために民間化するとの指摘については，民間化すれば透明性が向上するということにつき説得的な根拠は確認できておらず，むしろ市場原理に基づくならば，情報の秘匿性は高まる一方ではないかと考える。もし透明性を向上するというのであれば，刑事施設における第三者機関による監視制度の充実を図るなどの措置でも一定程度は実現可能であろうし，また非開示情報としての「刑の執行その他の公共の安全と秩序の維持に関する情報」（情報公開法5条5項）にかかる情報公開制度の運用について改善を図るなどの措置を行うべきであろう。

　このように考えると，刑事施設の民間化の主たる目的は，「過剰収容の緩和」や「透明性の向上」ではなく，むしろ「構造改革の実現」にこそ見出せるのではないだろうか。つまり，「民間にできることは民間に」というスローガンのもとに，効率性・競争原理を重視した民間化政策こそが刑事施設の民間化の背景ということはできないであろうか。事実，刑事施設におけるPFI手法の導入に関する法務省

の実施方針を見る限り，行刑運営を行政が担当することの理由＝公共性については全く触れられていない。その一方で刑の執行という公権力行使に関わる業務についても民間参入を拡大することをねらいとするとまで明言しているのである[27]。これらのことを勘案すれば，新自由主義的な改革路線に据えられる「構造改革の実現」が刑事施設の民間化の主たる目的であるといっても過言ではないと考える。

しかし，仮に「構造改革の実現」が刑事施設の民間化の主たる目的であるとしても，刑事施設の民間化によって「公共サービスの向上」や「効率性の向上」が実際に図られなければ，何のための民間化であるのか理解できないことになる。現在において刑事施設の民間化によって「公共サービスが向上される」ことや「効率性が向上される」ことについては，十分な確証が得られているとは考えられない。そうだとするならば，現在進行中の「刑事施設民間化」論は虚偽的な民間化論といわざるを得ないであろう。

(2) **刑事施設の民間化に関する法的問題**

刑事施設の民間化との関わりにおいて，いくつかの法的問題点を指摘することができる。

第1に，刑事施設の民間運営における受刑者の人権保障の問題である。PFI導入に関する法務省サイドの見解によれば，受刑者に対する直接的な実力行使や懲罰の賦課などの権力的作用については国が行い民間に委ねるつもりはなく，受刑者の人権に関わる問題については，民間の事業者には補足的なことをやってもらうことがあるかもしれないが，あくまで国がやるということで考えているようである[28]。この見解によるならば，民間の事業者が受刑者の人権の問題に関わる場面は限られるように思われるが，実際に民間の事業者によって行われる文書の発受支援業務，警備に関わる施設警備業務や収容監視業務などを例にとってみても，民間の事業者が受刑者の人権の問題に関わる可能性や人権侵害の可能性を完全に否定し得るという保証はない。そうだとするならば受刑者の人権保障を十全ならしめるためにも，刑事施設運営を担う民間の事業者に対して，憲法および行政法といった公法的制約を課すべきこととなろうが，民間の事業者に対してこうした公法的制約をどこまで課すことができるのか疑問である。

第2に，刑事施設における民間化の範囲の問題である。前述の法務省サイドの見解によれば，権力的作用および受刑者の人権に関わる事項については「官」が行い，非権力的作用および受刑者の人権に関わらない事項については「民」が行うという理解を導くことができるが，果たして権力的作用であるか否か，受刑

者の人権に関わるか否かを民間化の可否の基準とみなすのは早計に過ぎよう。たとえば収容監視業務は民間に委託することのできる役務として法務省は理解しているが[29]、「監視」業務そのものと受刑者の人権との関係を完全に否定することはできないであろう。そうだとするならば、刑事施設の役務につき、民間化できるか否かの判断基準を受刑者の人権との関わりに求めることは、必ずしも有用ではないと思われる。また公権力の行使に関しても民間化が推進されつつある現状においては、権力的・非権力的といった区別が有用なのかどうかについても疑問が残る。われわれは刑事施設における民間化の可否の基準をどこに求めるべきなのか。「侵益的」——「授益的あるいは給付的」といった区別が有用なのかどうか、あるいは「法的行為・権限委任」——「事実行為・行政補助」といった区別[30]が有用なのかどうか、今後とも検討していかなければならない課題であると思われる。なお刑事施設運営を民間主体に委ねることがそもそも憲法上許容され得るかということも重要な法的論点であるが[31]、ここではその検討課題の重要性の指摘にとどめる。

　第3に、刑事施設の民間運営における適正手続の確保に関する問題である。従来刑事施設における処分については行政手続法の適用が除外されており（同法3条1項8号）、したがって収容の目的を達成するために行われる懲罰など、刑事施設における処分等に関する手続的コントロールは十分に行い得ていないというのが実情であろう。それらの処分等はいわばフリーハンドとも思える行刑における裁量によって実施されてきたわけであり、現在においてもこのことに大きな変化はないものと考える。このような現状において、たとえば受刑者の処遇内容ひいては仮釈放と大きく関係し得る分類調査支援業務を例に挙げて考えてみた場合、刑事施設の運営を民間の事業者が行うことにより、当該業務が適正な手続に基づいて行われるという保証は存在しないどころか、むしろ否定的に捉えざるを得ない。行政が担当している場合ですら適正な手続の確保が困難であったわけであり、利潤の追求を目的とする民間事業者において適正手続の確保がどこまで図れるのかは疑問である。

　第4に、刑事施設の民間運営におけるリスク負担の問題である。施設運営に関しては、民間の事業者が担当する業務に伴って発生したリスクについては、民間の事業者もその負担を負うこととされている。たとえば受刑者の逃走、自殺、自傷などについても、民間の事業者は負担を負うわけである[32]。そうだとすれば、事業者の立場としては責任を免れるべく、当該リスクの発生を回避するために、警備や処遇において過剰な運用が行われることの可能性を完全に否定することはで

きないと考えるのが一般的であろう。またこうしたリスク負担に起因する警備や処遇における過剰な運用の結果として，プライバシーの侵害等を含めた受刑者の権利侵害が発生することの蓋然性についても，完全に否定することはできないであろう。

　第5に，刑事施設の民間運営における受刑者の救済に関わる問題である。すなわち，民間事業者の運営によって，仮に受刑者が権利の侵害などを受けたとき，あるいは運営につき不平や不満が生じたとき，当該受刑者に対する救済が十分に図られるかという問題である。当該権利侵害に対する責任を行政体が負うのか，あるいは民間事業者が負うのかによって，訴訟形態，救済の方法や程度も異なることからも，責任の所在は権利侵害を被った受刑者にとって重要な問題である。通常の理解によれば委託者である行政体が責任を負うことになるのであろうが，この問題については，法務省により示された事業方針などによって明らかにされてはいない。

　最後に，刑事施設の民間運営における公開・参加の問題である。すでに述べたように，市場競争原理を貫徹しようとする制度においては，情報公開制度の積極的運用や住民参加の推進という発想はそもそも存在し得ないといって良い。つまり利潤追求を図る民間の事業者による刑事施設運営において，公開や参加という民主主義的手法が軽視あるいは無視されかねないことは自明の理である。刑事施設の民間運営における民主的コントロールの手法の構築が重要な課題とされる所以である。

(3) イギリスにおける刑事施設の民間化にみる若干の教訓

　このようにわが国における刑事施設の民間化に関してはいくつかの法的問題点を指摘することができると思われるが，ここで官製市場のPFI化の代表例としてのイギリスにおける刑事施設の民間化を素材にして，わが国への若干の教訓を指摘することにしたい。

　イギリスでは90年代以降，民間による刑事施設の運営が実際に行われているが，イギリスにおける刑事施設民間化政策は，刑事施設業務の効率化，過剰収容状態の解消，刑事施設の質・サービスの向上を目指して行われてきたものと理解することができる[33]。

　このようにイギリスにおける刑事施設の民間化の目的とわが国における刑事施設の民間化の目的はある程度一致するわけであるが，この目的がイギリスにおいて達成されているのかといえば必ずしもそうではない。すなわちイギリスでは，実際に

は刑事施設の民間化によって過剰収容状態の緩和や刑事施設の質・サービスの向上が十分に達成できていないというのが現状であり，コストの効率化，過剰収容状態の解消という刑事施設の民間化の当初の目的が達成されていないという指摘が存在している[34]。また効率性と労働者保護に関しては，民間刑事施設における労働条件は公的部門における刑事施設より劣っており，民間刑事施設の生産性の向上は，第一次的には，安価な賃金による長時間労働と短期の休暇，すなわち労働条件の犠牲にあるとの指摘もある[35]。

　ところでイギリスにおいて，過剰収容状態の解消や刑事施設の質・サービスの向上といった刑事施設の民間化における当初の目的が十分に達成されていない現状をどのように理解し，またわが国において教訓とするべきものは一体何であるのかを理解するうえで，次の指摘は示唆的である。すなわち「イギリスにおいては，民営刑務所の導入に際して，政治課題の優先が行われ，議論が十分に行われないまま，次々に民営刑務所の新設が行われ，既成事実化が進んだという経緯が存在する。真のコスト削減と処遇の質の向上とを目指すためには，刑務所運営に関する最大限の情報が開示され，事実関係が公表された上での十分な議論が行われるべきである」[36]との指摘である。

　政治課題の優先のため，十分な議論も検証も行われないまま刑事施設の民間化が行われ，刑事施設の民間化によるサービスの向上や効率化が図れていないイギリスの経験は，刑事施設の民間化に伴う公共サービスの向上や効率化の実証がないまま，十分な議論を踏まえることなく，構造改革という政治課題を達成しようとしているかに見えるわが国において，教訓とすべき事柄であろう。

5．刑事施設の民間化と公共性の確保

　これまで刑事施設の民間化の現状について触れ，刑事施設の民間化に内在する問題につき不十分ながら検討を加えてきた。しかし，これらの問題をはらみつつも刑事施設の民間化が今まさに実現されようとしている現状を鑑みた場合，われわれは刑事施設の民間化に関する問題性を指摘するのにとどまらず，刑事施設の公共性を確保するための方策についても検討していかなければならないと思われる。

(1) 刑事施設の公共性

　刑事施設の民間化との関わりにおいて，刑事施設の公共性について考える場

合，刑事施設の業務そのものの公共性すなわち素材としての公共性と，刑事施設の業務を行政が担うことの公共性すなわち主体の公共性の両側面における分析・検討が必要となろう。刑事施設の業務すなわち受刑者の収容および処遇といった業務そのものについて公共性が存在することについては，ここで敢えて述べるまでもないと考えるが，当該業務を行政が担うべきなのか，あるいは民間が担うべきなのかということについては，少なからず検討の余地があると思われる。

　そこで当該業務を行政が担うべきなのか民間が担うべきなのかについて検討する場合，当該業務を行政が担うことのメリット・デメリットと，民間が担うことによるメリット・デメリットを把握しながら行うことが有用であると考える[37]。ここで予想され得る民間化にかかるデメリットについては，以下のことが挙げられよう。第1に，住民参加や情報公開が困難になり得ること。第2に，市場経済原理を導入することで運営支出が抑制されることは実証されていないばかりか，民間化によって業務の質の低下の危険性が高まる可能性が否めないこと。第3に，当該業務の一部民間化によっては，全体として統一性をもった業務の遂行が確保しにくくなる恐れがあること。第4に，行政が当該業務を担う限りにおいては業務を担当する公務員労働者の労働条件について一定の歯止めを掛けることができるが，民間化された場合には安価な労働力，劣悪な労働条件のもとでの業務の提供を否定し得ないこと。第5に，行政が当該業務を担うかぎり，業務の遂行の上で，秘密の保持や公務員に一定の資格が要求されることなど当該業務への信頼が確保され得るが，民間化された場合に当該業務への信頼が確保され得るか疑問であること。第6に，民間化にかかる選定手続における民主的統制が不十分であれば，行政の腐敗や汚職を生み出しかねないこと，などである。

　このように予想され得るデメリットに優越するメリットが，民間化によって生じ得るかどうかについて十分に検討を行ったうえで，当該業務を行政が担当するべきか否か，あるいは民間が担当するべきか否かを問わなければならない。同時にまた，民間が担当するべきであるとの帰結を導く際には，民間化した方が国民生活にとってその業務の本来の目的が一層有意義に達成されることが保証されなければならない。民間化しても行政的規制により公共性を確保し得るとの見解もありえようが，民間化後の行政的規制によって公共性の確保を完全に図ることができるという証明がなされない限り，当該業務を行政が担当することによる公共性の確保こそが望まれるのではないだろうか。このことを説得的に述べるためにも，刑事施設における当該業務を行政が担当することの意義について検討していくことが，今後のわれわれの重要な課題であるといってよい。

(2) 刑事施設の公共性確保の方法

　刑事施設の民間化が実現しつつある現状において，刑事施設の公共性を確保するための方法として，どのような方法が考えられるのか。

　第1に，刑事施設の民間化に際しての「要検討事項」の十分な検討を挙げることができる[38]。すでにPFI手法による刑事施設の整備・運営事業が実施および予定されているわけであるが，仮に今後PFI手法による新たな民間刑事施設の新設・運営等を行うのであれば，その必要性と緊急性について十分な検討を要すると考えられる。とりわけ刑事施設におけるPFI手法の導入については，その真偽はともかくとして，「過剰収容状態の解消」が第一の目的であったわけであるから，過剰収容の状況に照らし合わせ，PFI手法の導入についての必要性と緊急性を検討すべきである。またPFI手法の導入が必要性と緊急性をあわせ持っているとしても，過剰収容状態の解消という目的に対して，PFI手法の導入が有効性を持ち得るのか，つまり合目的性の検討を十分に行う必要があるし，PFI手法以外の代替手段の検討も不可避であろう。従来これらの点についての検討は甚だ不十分であったといわざるを得ない。

　第2に，刑事施設の民間化にかかる選定手続の適切なコントロールを挙げることができる。すでに述べたように，民間化にかかる選定手続における民主的統制が不十分であれば，行政の腐敗や汚職を生み出しかねないことは明らかであり，選定に対する適切なコントロールは刑事施設の公共性を確保するうえで必要不可欠であると考える。事業選定に関しては，国が事前に示した要求水準の効率的な達成可能性やその他各種能力を総合的に評価する総合評価一般競争入札方式により行われるようであるが，要求水準策定手続，評価手続，入札手続および契約手続等を含めて，これらの手続にかかる適切なコントロール手法，とりわけ行刑の密行性を念頭におくならば，公開と参加を基軸に据えた民主的統制の構築が図られなければならない。

　第3に，民間化された「公権力の行使」をコントロールするための法的仕組みの構築である。刑事施設における民間化が実現し，行政が行ってきた業務を民間が代わって行うことになったとしても，それが当該業務の公共的な性格の消滅を理由とするものでない限り，当該業務の公共性は継続的に確保されねばならないし，当該業務の実施によって提供される公共性確保のための法的仕組みが存在しなければならないことは，すでに述べたとおりである。そして当該業務の公共性を継続的に確保するためには，当該業務において公共性が存在する限り，形態は違って

も国家的関与の体系が必要とされることは明らかであろう。そうであるならば，当該業務の質・量ともに従来どおり維持されねばならず，そのための法的コントロールが従来と同じく，あるいは民間が行うという新たな形態であるがゆえに一層重要な課題となると考えなければならない[39]。したがって刑事施設の民間運営に対する適切な監視とコントロールの法理の構築に向けた検討が重要な課題として認識される現状においては，行政組織論，行政行為論および行政契約論などの検討を踏まえつつ，民間化された公権力の行使をどのようにコントロールするのかについての法理の構築を図ることが今後の重要な課題であると考えられる[40]。

6. おわりに

　これまで述べてきたことをまとめておきたい。刑事施設の民間化の主たる理由として，過剰収容状態の解消の必要性が挙げられてきたわけであるが，民間化の根拠としては必ずしも説得的ではなく，結局のところ構造改革路線の延長線上に刑事施設の民間化が存在していると理解することの方がむしろ妥当である。さらに効率性および公共サービスの向上の確証がないまま進められている現在の刑事施設の民間化は，構造改革の延長線上に存在するとはいうものの，効率性や公共サービスの向上が実証されない以上，虚偽的な「刑事施設民間化」論として理解することができる。

　また市場原理を最も重要な原理とみなし，「民間にできることは民間に」という経済社会の構造改革の方針のもとに，官製市場の開放による雇用の創出や経済効果をもたらすことを目的とすると考えられる刑事施設の民間化に対しては，その目的の達成如何はともかくとして，むしろ受刑者の人権を侵害し，刑事施設の公共性を損なわせる危険性をはらむものとして批判的に把握しなければならない。さらに刑事施設の公共性の確保を基本的な視角に据えるならば，刑事施設においては受刑者の人権保障という目的と，その目的達成の手段としての公開や参加といった民主主義的手法の構築が求められるべきこととなり，現在進められているような刑事施設の民間化は否定的に理解されることになるであろう。

　現実として刑事施設の民間化が実施されつつある状況において，われわれは「刑事施設民間化」論に対する批判的検討を行うべきであることに疑いはないであろう。しかし刑事施設の民間化そのものに対する批判的検討に加えて，民間化された「公権力の行使」をいかにコントロールするのかといった法理の構築に対して取り組むこともまた，より一層重要な課題として存在していることを，われわれはあら

ためて認識しておかなければならない。今後これらの課題も含めて，刑事施設の民間化における公共性の確保についての検討を行っていきたいと考えている。

1　美祢社会復帰促進センターの整備・運営事業については，法務省「美祢社会復帰促進センター整備・運営事業実施方針」（平成16年3月31日）（http://www.moj.go.jp/KYOUSEI/MINE/mine02.pdf）参照。

2　たとえば島根あさひ社会復帰促進センター整備・運営事業，喜連川社会復帰促進センター等運営事業，播磨社会復帰促進センター等運営事業など。これらの事業については，法務省ホームページ http://www.moj.go.jp/KYOUSEI/PFI/index.html 以下を参照。

3　原野翹教授は，「民営化」を「『国有─公有』と『完全な私有』と対比して，その間に段階的に差のある各種の所有形態のあることを前提としつつ，前者からより後者の所有形態に近づく移行＝『改革』＝転換を指す言葉として使用されるものである。つまり，①政府・直営事業，②公社，③公社特殊会社以外の特殊法人，④特殊会社，⑤一般の株式会社の順序で公的関与は減少しているのであって，①から⑤へ近づくことを民営化と呼ぶ」（原野翹「『民営化』と『公共性』の確保」『現代行政法と地方自治』〔法律文化社，1999年〕281頁）とする。また晴山一穂教授は「民間化」という語を，民営化，民間委託，公的分野への民間企業の参入，行政への民間的手法の導入など「官から民へ」の名のもとで進められてきた一連の政策を総称する概念として用いている（晴山一穂「新自由主義の展開と行政法の変容」『行政法の変容と行政の公共性』〔法律文化社，2004年〕17頁）。この意味で民間化は民営化よりも広い概念として理解され得るが，現在における「民営化」については，単に事業活動の経営・管理形態の変更の問題にとどまらず，各種の行政課題をさまざまな段階および形態において民間・私人が引き受けることの問題として検討される必要があることからすれば（竹下俊子「教育行政における『民間化』論」原野翹・浜川清・晴山一穂編『民営化と公共性の確保』〔法律文化社，2003年〕92頁参照），本稿では広く「民間化」という用語を用いることにした。

4　晴山一穂「日本における民営化・規制緩和と行政法」『行政法の変容と行政の公共性』（法律文化社，2004年）121～122頁参照。ここで晴山教授は，「従来の行政法学は，一定の事務──その内容や範囲については必ずしも明確な定義をしないままに──が『行政』の守備範囲（責任領域）に属することを前提としたうえで，その『行政』を対象として，『公法と私法』論，行政概念論，法治主義論，行政救済論，行政裁量論など主要な行政法理論を組み立ててきた。したがって，『行政の守備範囲』をどのように考えるのかというこの問題は，これらの行政法理論すべてのあり方に直接かかわる問題であり，さらにいえば，行政法と行政法学そのものの存在意義を問う問題であるといってよい」と述べている。

5　室井力「国家の公共性とその法的基準」室井力・原野翹・福家俊朗・浜川清編『現代国家の公共性分析』(日本評論社，1990年) 15～16頁参照。ここで室井教授は，「臨調行革の推進を中心とする八〇年代日本の現代法は，まさに超市民的特権的公共性と市民的生存権的公共性とのせめぎあいの中で展開し，客観的にみれば，後者は，一般に，なお，法律学的にもその体制を構築するにいたっていない。国家の相対的独自性・権威性を安易に否定することなく，その機構・政策のあり方を問うことから出発した行政の公共性論は，自立した個人人格の独立・対等性を前提に，非特権諸層の諸利害の集団化・共同化を理論的にも実践的にも媒介としつつ，いまや国家と法の公共性を大胆に問うことにならなければならない」と述べている。

6　晴山・前掲注 (3) 17頁参照。ここで晴山教授は第二次臨調を境にして行政改革の意味と性格が大きく変わったとの指摘を行っているが，この点については浜川清教授も，「一九八一年に至り，あらためて臨時行政調査会（第二次臨調）が設置され」，「この二〇年間にわたって行政改革が言われてきた背景には，あらかじめ定められた目標を実現するという意味での行政についてその組織や運営の改善を論じるのではなく，行政の目的すなわち政策目的そのものの改変をめざすものとして行政改革があったという事情がある」との指摘を行っている（浜川清「行政改革と官僚制」『岩波講座・現代の法 1　現代国家と法』〔岩波書店，1997年〕227頁）。

7　第二次臨調第三次答申は「活力ある福祉社会の建設」を理念に掲げて，「行政への過度の依存体質」からの脱却と「自立自助」，「民間の活力」を基本とした行政の役割の抜本的見直しを説いており，その後展開されていくことになる一連の新自由主義改革の思想と政策方向を読み取ることができる。なお80年代以降の行政改革と新自由主義との関係について晴山教授は，「八〇年代以降の行政改革は，『小さな政府』『官から民へ』というスローガンに象徴されるように，行政の守備範囲の見直し，規制緩和，民営化・民間委託，行政の減量化・簡素化・効率化という特定の内容をもった方策，すなわち新自由主義に特有の方策を包括する概念として使われるようになってきている。この新自由主義的行政改革は，九〇年代に入って地方分権，行政手続，情報公開をもその影響下にとりこむことになるが，民間化・規制緩和と行政の減量化・簡素化・効率化の二つは，当初から新自由主義的行政改革の固有かつ基本的な内容をなしてきた」と指摘している（晴山・前掲注 (3) 17頁）。

8　晴山一穂「新自由主義的国家再編と民主主義法学の課題」法の科学35号9頁 (2005年)。なお，新自由主義の名のもとで行政改革・政治改革・地方分権改革・社会保障制度改革・税制改革・金融制度改革・教育改革など一連の構造的な改革が進められる理由について晴山教授は，「新自由主義は日本の国家と社会のあり方を市場原理に適合的な方向に再編成しようとするものであって，その貫徹のためには，経済・市場システムから国家・

公共部門のあり方，さらには教育・イデオロギーの分野に至るまで，既存のシステムや法制度の抜本的な改変が不可欠になる点に存在すると考えられる」と指摘する（晴山・同 10 頁）。

9 この点については，晴山・前掲注（3）17 頁を参照。

10 晴山・前掲注（8）13 頁。

11 紙野健二「民営化――公共性論の無視へ――」法律時報 70 巻 3 号（1998 年）54〜55 頁。

12 橋本博之「行政法学から見た『市場化テスト』」ESP2005 年 12 月号 44 頁。

13 白藤博行「特集にあたって／公行政・公務の『民化』政策はどこまで進むのか？」法と民主主義 2006 年 2・3 月号（406 号）3〜5 頁参照。

14 橋本・前掲注（12）42〜43 頁。

15 室井力「行政改革と憲法」『行政改革の法理』（学陽書房，1982 年）20 頁。

16 紙野健二「NPM と行政法学の課題」法律時報 78 巻 9 号（2006 年）28 頁。

17 徳永光「行刑改革会議と民営化の議論」龍谷大学矯正・保護研究センター編『龍谷大学矯正・保護研究センター研究年報第 2 号』（現代人文社，2005 年）9 頁。

18 法務省「PFI 手法による新設刑務所の整備・運営事業基本構想」(http://www.moj.go.jp/KYOUSEI/MINE/mine05.pdf) 1 頁。

19 行刑改革会議「行刑改革会議提言」（平成 15 年 12 月 22 日）(http://www.moj.go.jp/KANBOU/GYOUKEI/KAIGI/teigen.pdf) 46 頁。

20 法務省「播磨社会復帰促進センター等運営事業実施方針」（平成 18 年 9 月 6 日）(http://www.moj.go.jp/KITSURE-HARIMA/pfi-kh13.pdf) 1 頁。

21 法務省・前掲注（1）1 頁。

22 法務省・前掲注（18）1 頁。

23 法務省・前掲注（1）および（20）のほか，法務省「島根あさひ社会復帰促進センター整備・運営事業実施方針」（平成 17 年 6 月 30 日）(http://www.moj.jp/KYOUSEI/MINE/mine11.pdf)，法務省「喜連川社会復帰促進センター等運営事業実施方針」（平成 18 年 9 月 6 日）(http://www.moj.jp/KYOUSEI/KITSURE-HARIMA/pfi-kh01.pdf) 参照。

24 法務省・前掲注（1）6 頁。

25 戸部真澄「日独における刑務所民営化政策の法的検証」山形大学法政論叢 35 号（2006 年）98 頁。

26 山口直也「刑事施設に関する日本版 PFI 構想の問題点」龍谷大学矯正・保護研究センター編・前掲注（17）27，35 頁。

27 法務省・前掲注（18）1 頁。

28　行刑改革会議第3分科会第4回会議（平成15年10月6日）議事録（http://www.moj.go.jp/KANBOU/GYOUKEI/BUNKA03/gijiroku04.html）における法務省矯正局総務課国際企画官西田博氏の発言を参照。

29　法務省・前掲注（1）2〜3頁における事業の範囲参照。

30　戸部・前掲注（25）101〜106頁。

31　刑事施設運営を民間事業者に委ねることの憲法上の可否の問題については，比山節男「米国における民営化と政府固有機能」原野・浜川・晴山編・前掲注（3）169〜171頁および戸部・前掲注（25）106〜121頁が示唆的な見解を示している。

32　法務省「リスク負担の基本的考え方」（平成16年4月15日実施の「実施方針の説明会」における配布資料）（http://www.moj.go.jp/KYOUSEI/MINE/setsumei01-02-01.pdf）参照。

33　笹倉香奈「イギリスにおける民営刑務所の現状」龍谷大学矯正・保護研究センター編『龍谷大学矯正・保護研究センター研究年報第1号』（現代人文社，2004年）152〜153頁。

34　榊原秀訓「PFIにおけるVFM」三橋良士明・榊原秀訓編『行政民間化の公共性分析』（日本評論社，2006年）188〜189頁，笹倉・前掲注（33）155〜159頁。

35　榊原秀訓「イギリス・ブレア政権の行政民間化の経験」榊原秀訓・家田愛子・尾林芳匡『イギリスの市場化テストと日本の行政』（自治体研究社，2006年）100頁。

36　笹倉・前掲注（33）159頁。

37　原野翹「行政の公共性と現代行政法の理論」『行政の公共性と行政法』（法律文化社，1997年）11〜14頁参照。

38　行政が担当していた役務の民間化における「要検討事項」の検討の必要性に関しては，原野・前掲注（37）12〜13頁を参照。

39　紙野・前掲注（16）30〜31頁参照。

40　この視角は，紙野・前掲注（16）26〜31頁に依拠するものである。

（萩原聡央／はぎはら・あきひさ）

第3章 過剰収容対策としてのPFI刑事施設

1. はじめに

　刑事施設における過剰収容の問題が取り上げられて久しい。現在は，犯罪に対する厳罰化の風潮，犯罪検挙の増加，そして量刑の重罰化の影響など，様々な原因を考察する時代となっている。当然のことながら，わが国の行刑は，このような状況にあって様々な変革に直面しつつある。2003年12月に報告された新しい日本の刑務所を模索しようとする行刑改革会議の提言は，今後の行刑のあり方に重大な影響をもたらした。例えば，行刑改革会議の提言の中には，過剰収容の状況では従来のような担当制を処遇において維持することは難しいと指摘されている[1]。このように，わが国では従来の行刑のあり方を考えさせられる時代になった。それに伴い，2005年に監獄法に替わる「刑事施設および受刑者の処遇等に関する法律」が制定されたことは，歴史的にも重要な立法であったと言えるであろう。

　PFIによる刑事施設創設の動きは，行刑におけるこれまでになかった新しい動きである。すなわち，PFI手法による刑事施設の導入とは，民間の資金を調達して，刑事施設を建設し，その運営の一部を民間に委託するものである。ただし，部分的に民間の力を刑事施設の運営に利用しようとしているもので，幅広く考えれば，民営刑事施設の一形態であると評価されている。

　これを民営化と称するかどうかについては，議論があり得るところである。法務省は，美祢社会復帰促進センター整備・運営事業における「PFI手法による新設刑務所の整備・運営事業基本構想」において，アメリカ合衆国やイングランドでの「すべての業務を民間事業者が運営する『民営刑務所』ではなく，公務員である刑務官と民間職員が協働して運営する『混合運営施設』の方式を採用する」としている[2]。ただし，いずれにせよ，行刑に民営的な手法が大幅に導入されることについては変わりなく，そのため，様々な問題点が指摘されているところである。

　例えば，この問題については，早くから，刑事施設労働の民間委託が国際条約に違反しているかどうか，議論されていた。民間委託を受けた受刑者の労働に

よって生み出された製品が，一般市場に売却されることは，ILO29号条約に違反するのではないか，が問題とされた。そこで，日本弁護士連合会は，PFI刑務所で刑務労働が刑罰に利用されるようになるのは問題であると指摘していた[3]。

このように，刑罰執行が国家の専権事項であるというこれまでの考え方は，刑事施設の民営化の議論において，揺り動かされつつある。しかし，この議論の背景には，過剰収容対策としての一面があることは否定できない。本稿は，この問題について，より積極的に取り組むこととしたい。確かに，現実的には過剰収容対策に直面して取り上げられ，刑事施設の民営化が議論されている。しかし，そもそも民営刑事施設の導入は，過剰収容の問題とは別個に，本来であればその是非が議論されてもよいはずではないだろうか。そして，過剰収容状態が現状の政策を考える上での背景事情として説明されているが，少なくとも，その理論的根拠には，必然的にはなり得ないのではないだろうか。

いわゆる民営刑事施設は，アメリカ合衆国で広く見られる。アメリカ合衆国の刑事施設民営化についての議論を見ておくことは，この問題について考察する上で重要であるとともに，何らかの示唆を与えてくれるものと思われる。そこで本稿では，その概観を報告し，あわせて，刑事施設民営化における議論のあり方を再考することとしたい。

以下，2. では，まずは，わが国の最近のPFI刑事施設の導入の過程と過剰収容対策の関連性について概観する。3. では，アメリカ合衆国における刑事施設民営化の背景を整理し，その議論を整理する。4. では，これらを受けて，刑事施設民営化における議論のあり方と，そしてPFI方式の刑事施設導入に対する若干の考察を行う。

2. PFI刑事施設の背景

(1) 行刑運営に関する調査検討委員会

近年の行刑改革は，名古屋刑務所における受刑者死亡事件に端を発しているのは周知の通りである。この事件をきっかけとして行刑運営に関する調査検討委員会が発足し，刑事施設のあり方が，議論されるようになった。平成15年3月末中間報告では，過剰収容傾向と職員の負担増が指摘された[4]。調査委員会は，その後，7月28日に論点整理の報告書を作成し，ここで同様の指摘を繰り返し行った[5]。このように，当初から，過剰収容問題は緊急の課題と位置づけられていた。しかもこの段階から，わが国の最近の行刑改革においては，PFI方式による刑務

所の新設と運営について取り上げられていた[6]。しかし，PFI刑務所の導入については，調査委員会の中では，まださほど意識されていたわけではなく，具体的な提案にまでは至っていなかったようである。

(2) 行刑改革会議

そこで，ついで発足した行刑改革会議で，PFI方式による刑務所の導入について，議論されるに至った。その第5回会議で，PFI方式の刑務所の導入が矯正局から説明されている。職員が外部を意識すること，施設運営が国民と協働して行われるような改革が必要であるという認識から，PFI手法の活用について指摘されている。しかし，ここでも大きな関心事は，過剰収容対策としての刑務所の整備であったと思われる。ただし，単純な収容能力の増大を図るだけではなく，対象者を初犯に絞り，柔軟な処遇を施すことにより収容を効率的に行い，予定している収容数以上の効果を期待したいことが表明されている。また，特に覚せい剤事犯者に焦点が当てられ，その有効な再犯防止策を考える旨が述べられている[7]。

PFI方式の刑務所の導入は，その後，第3分科会第4回会議で取り上げられた。ここでも，矯正局からの説明では，前述の説明とほぼ同様の説明が繰り返されている。そこでは，PFIを検討する基本理念の一つとして過剰収容緩和に効果的であることが挙げられている。ただし，単なる収容能力を増強するといった従来の過剰収容対策とは違い，質の高い処遇を柔軟に実施することにより早期に社会内処遇へ移行できるようにして，当初予定されている収容定員1,000人以上の過剰収容緩和策を期待すると説明されている。さらにここでも，初犯者が対象であると念頭に置かれている。これによって，民間業務委託によるリスクが軽減でき，さらに柔軟な処遇が可能である，と説明されていた[8]。また，同分科会第5回会議では，過剰収容対策だけではなくて，職員の定員確保も深刻な問題であることが，PFI刑務所の議論にて，矯正局から説明されている[9]。

これらの会議においては，過剰収容対策との一環で，主に次のような議論が出ていた。全体の第5回会議では，アメリカ合衆国の例を挙げながら，収容数を増やせばそれを満たすことが国の政策になってしまうこと，長い期間で収容数の増加がどういう状況なのか調査が必要であるといったことが，委員から指摘された[10]。また，第3分科会第5回会議では，委員から，収容者人口が右肩上がりであることを前提とすると，将来的に，収容者が減じてきたときに，施設の使用のあり方など，問題がでてくるのではないかといった疑問が提起されていた。この点については，契約期間を短くしていくことや，古くなった公営の施設から廃止していくこと

が考えられると，矯正局から回答されている[11]。

　しかし，このような議論があったものの，全体としては，過剰収容の現状が指摘され，行刑改革会議の提言にも繋がっているように見受けられる。行刑改革会議の提言においてもPFI手法による刑務所の設置は取り上げられた。そして，「施設の設計・建築から運営に至る各種の業務について，その権力性や専門性の程度，民間委託をした場合の経済効率などを吟味し，効率的な施設の新設，運営を行い得るよう，部分的な民間委託を行うための検討を進めている。こうした方策は，いわゆる民営刑務所と異なり，国が運営の最終的な責任を負うものである上，外国の民営刑務所において指摘されているような，経費削減のための処遇レベルの低下など，種々の問題が生ずるおそれが少ないという点で，妥当な方向である」[12]，と指摘されるに至った。ただしこの指摘でも，過剰収容の解消の必要性がその前提として取り上げられている。もっとも，それに加えて，分類収容とそれぞれの特性に応じた処遇の必要性も指摘されている。

　このように，提言におけるPFI方式による刑務所の導入への評価は，その文脈から必ずしも直接的に過剰収容を解消するために位置づけられているわけではない。しかし，その一原因であることも，また否定できない。むしろ重要な政策上の理由であったと言えるであろう。しかし，PFI手法の活用によって，今後の見通しが明確に述べられたわけではない。すなわち，従来の公営刑務所との関係をどのようにするのか，期限をどのようにするのかなど，将来的な政策的展望が最終的な提言で，反映されることはなかったようである。

(3) PFI刑務所の設置

　このようにわが国のPFI方式の採用には，過剰収容対策が大きな理由の一つであることは否定できない[13]。その後，まず，第一号である美祢社会復帰促進センター整備・運営事業における「PFI手法による新設刑務所の整備・運営事業基本構想」では，次のように説明された。すなわち，「犯罪情勢の悪化等に伴う矯正施設の著しい過剰収容状態やそれによる処遇環境の悪化等を速やかに緩和，解消し，適正な収容を確保することは喫緊の課題であることから，法務省では，新たに刑務所を一庁を整備することとした」と冒頭に記されている[14]。

　しかし，ここでも単なる過剰収容対策だけが念頭に置かれているわけではない。上記事業について，法務省が，平成16年3月31日に発表した「美祢社会復帰促進センター整備・運営事業」の実施方針によれば，以下のように理由づけられている。まず，著しい過剰収容状態とそれに伴う処遇環境の悪化等を速やか

に緩和解消し適正な収容状態を確保することが指摘されている。また，次のことも指摘されている。すなわち，新たな刑務所を整備するに当たっては官民協働による運営を実現させ施設運営の透明性の向上を図りつつ国民に理解され支えられる刑務所という基本理念の下，地域との共生による運営を目指す，刑務所という治安インフラの整備にも民間の資金ノウハウ等を活用するとともに，刑罰権の行使に直接かかわる業務を除き，運営業務にも民間参入を拡大するなど官製市場の開放による雇用創出，経済効果をもたらす。さらに多様で柔軟な処遇が可能な初犯受刑者に対し徹底した矯正教育を行い早期に社会復帰できるよう「人材の再生」を目指す，と指摘されている[15]。

このように見てくると，法務省は当初から，単純な収容定員対策のためにPFI方式を採用するとしているわけではないと強調していることに，留意すべきことである。また，初犯受刑者を対象に処遇の質を向上させることによって，当初予定している1,000人以上の収容効果が期待できることを狙いとしているという特徴もある。現に，平成16年度版犯罪白書においても，「『社会復帰促進センター（仮称）』……の整備・運営事業は，1,000人分の収容能力を確保するという物理的な過剰収容対策であるだけではなく，犯罪を防止することによって受刑者を減少させるという，刑事政策の本来のプロセスに沿った中長期的な過剰収容緩和策として意味を持つといえる」と説明されている[16]。

しかし，その後，PFI方式による新設刑務所は，一施設に留まる状況にはない。平成17年6月30日の法務省による「島根あさひ社会復帰促進センター整備・運営事業実施方針」によれば，次のように説明されている。すなわち，過剰収容状態が指摘され，「最近の犯罪情勢等をかんがみると，収容人員の増加傾向は今後も継続するものと予想され，依然として厳しい過剰収容状態が続くと考えられることから」，新たにPFI方式による刑務所を新設すると説明されている[17]。ただし，ここでも，地域経済の活性化の観点から，構造改革特区制度を活用して，地域経済の振興と発展に資することができるものと[18]，その利点が指摘されている。この施設では，犯罪傾向の進んでいない男子受刑者2,000名の収容が予定されている[19]。

さらに法務省は，平成18年9月6日に，「喜連川社会復帰促進センター等運営事業実施方針」を明らかにしている。それによると，ここでも過剰収容状態が指摘され，新たに一つPFI刑務所を設けることとされている[20]。さらに，地域経済の進行と発展も指摘され，「地域の人材活用を含む幅広い民間委託を実施することにより，国の職員の増員抑制を図り，簡素で効率的な政府の実現に資すると

の視点」が，同様に指摘された[21]。同日に公表された「播磨社会復帰促進センター等運営事業播磨社実施方針」でも，同様の理由が指摘された[22]。

3．刑事施設民営化と過剰収容との関係
——アメリカ合衆国の場合

(1) アメリカ合衆国の刑事施設民営化と過剰収容対策

　アメリカ合衆国では，刑事施設人口の増大とともに，刑事施設民営化が広がっていったという歴史がある。したがって，過剰収容対策，そして資金不足対策の一環が背景としてあると評されている[23]。こうした視点については，すでに行刑改革会議・第3分科会第5回会議にて，アメリカによる刑事施設民営化の背景事情として，刑事施設人口の爆発的な増加があることがすでに指摘されている。さらに，欧米の刑事施設民営化も，過剰収容がその背景事情として存在すると指摘されている[24]。ただし，ここでの説明には，刑事施設人口の増加という理由から，その民営化が検討されてきたという，むしろ積極的な政策的理由付けとしての説明が窺われる。

　民営刑事施設は，アメリカ合衆国では1980年代に導入されたのを始めとして，この4半世紀の間に，全米各地，そして世界に広まった。ただし，もともと刑事施設の運営は私的なものから公的なものへと移っていったという歴史が，しばしば指摘される。刑事拘禁施設の運用が公の手に独占されたたのは，20世紀に入ってからであるという[25]。

　しかし，現在の刑事施設民営化が抱える諸問題は，新しい問題である。近年の過剰収容対策としての刑事施設民営化は，アメリカ合衆国では結果として，刑事施設人口を増加させることと比例している。刑事施設人口の増加への歯止めとしての対策にはなっていない。実際上，厳しい厳罰政策による必要的最低刑 (Mandatory minimum sentence) の導入が，刑事施設民営化の広がりの一因として挙げられている[26]。ある研究では，必要的最低刑の導入により，拘禁人口を増加させ，したがって矯正費用を上昇させると指摘されるに至っている[27]。そしてこのような過剰収容を生み出した立法と厳しい量刑が，アメリカ合衆国の矯正施設に，民営部門の関与を促した一因であるという[28]。

　現在のところ，アメリカ全体でも，被収容者人口は右肩上がりの増加傾向にある。アメリカ合衆国における2006年3月の報告書によると，2005年半ばにおいて，全米の被収容者人口は，2,186,230人である[29]。アメリカ合衆国では，住人

10万人に対する刑事施設への拘禁率は，この10年間で上昇している。そして民営刑事施設に収容される人口は，2004年の98,570人から2005年の101,228人と増加し，連邦および州における全被収容者の6.7%であるという。特に連邦，テキサス，オクラホマ，そしてフロリダが上位4管轄であると報告されている[30]。割合としては少ないが，それでも実数としては10万人以上が民営刑事施設と分類されている施設に収容されている。したがって刑事施設民営化は，もはやアメリカの刑事施設を語る上で重要な一項目となっている。

(2) 刑事施設民営化の拡大と刑事施設人口の増加の意味合い

問題は，刑事施設民営化の背景事情としての過剰収容状態を知ることではない。ここで指摘されているのは，刑事拘禁を促す犯罪政策と民営刑事施設の増加との結びつきである。確かに，過剰収容状態は待ったなしの現実がある。刑事施設の増設など，何らかの対策が必要だということは，緊急の課題である。過剰収容状態であれば，公営刑事施設の環境悪化に繋がり，様々な問題を引き起こしかねないからでもある。

しかし，アメリカ合衆国の例を考えると，刑事施設民営化は，そのような直近の問題だけを議論するだけで十分であるということにはならないと言える。それは，刑事拘禁人口を増やすということと関連しているわけであって，単なる応急措置的な対応ということになる。果てしなく民営刑事施設を増設し，刑事拘禁人口を増やしていくという道のりは想像に難くない。そして，刑事拘禁人口を増加させるだけという理想的とは言い難い未来を展望することになってしまう。

もちろん，わが国の状況はアメリカ合衆国と必ずしも同じではない。例えば，わが国ではしばしば言われるように，犯罪状況の悪化としての対策という側面もある。したがって，一概に，立法，さらには司法に責任を転嫁させることは容易ではないであろう。しかし，いずれにせよ，刑事施設民営化を論ずる際には，過剰拘禁対策ということが最大の理由だとすれば，それは反面で，刑事施設人口を増加させていくということでもある。しかし，そのような直近の対策を論ずるだけでは，刑事拘禁人口を増加させるだけということになってしまうだろう。むしろ，直近の対策だけではなくて，刑事司法過程や立法のあり方を検討する必要性をも，刑事施設民営化の問題は示唆していると言えるのではないだろうか。また，より柔軟かつ多様な刑事司法制度の問題を考える必要性も示唆していると言えるだろう。刑事施設民営化という現象は，「拘禁しない」という方策の可能性や，効果的な処遇のあり方，あるいは刑事司法制度全体を考察することなど，様々な観点から刑事

司法制度の運用を見直す必要性を物語っている[31]。

また，刑事施設については，それがいったん自由市場に委ねられ，ビジネス的要素が参入すると，そのための様々なひずみが予想される。利潤を追求することによる施設環境の悪化，サービスの低下が懸念されることになる。さらに，ある産業が刑事施設にいったん投資したことによって，施設利用率の維持を優先するようになるかもしれない。このことによって，刑事収容に邁進するということになってしまうとすれば，そもそも好ましいあり方とは言えない。

(3) 公営刑事施設と民営刑事施設との比較

また，刑事施設民営化の問題は，公営か民営かという比較検討を抜きにして語ることができないことも示唆している。というのも，国が刑事施設を増設するだけの予算があれば，過剰収容は解消され，問題は解消されるにすぎないからである。したがって，そもそも過剰収容対策としての理由付けが，刑事施設民営化の必然的な理論的根拠にはなり得ない。本来，果たすべき国の責任が回避され，民営に委ねられるとすれば，公営よりも民営の方が優れているという積極的な理由付けが，最低限，必要とされるだろう。そのような根拠がなく，仮に，過剰収容対策ということだけが全面的に主張されるとすれば，その問題が解消された暁には，原則に立ち戻り，民営刑事施設は廃止されなければならないという議論もあり得るであろう。また，国家が刑罰を独占するという前提に疑問を提起するとすれば，そもそも，なぜ刑罰を国家ではなくて私人に委託してよいのか，という理論的根拠も検討しなければならない。

そのため，刑事施設は公営がよいか民営がよいかについては，アメリカ合衆国の議論の中で登場する。そして具体的な比較研究も行われているようである[32]。しかし，実際上「費用」と「質」を十分に比較することの難しさが，しばしば，指摘されているところである[33]。ただし，このような議論を前提とすれば，いずれにせよ，PFI 刑事施設という新しい施設が導入される以上，費用効率性と質的保証が絶えず十分にチェックされなければならないことになるのは，もっともである。

一方，民営刑事施設の場合には，そのアカウンタビリティの問題は，より法的問題としてアメリカ合衆国ではしばしば議論されている[34]。特に，刑事施設が民営化されることによって，どの程度，その刑事施設の責任を追及することが法的に可能になるのかである。法律上問題となった事例として Richardson v. McKnight 事件の連邦最高裁判決がある。この判決は，アメリカ合衆国の刑事施設民営化の問題の中で重要な地位を占めている[35]。この事例では，裁判所は，民営刑事

施設であっても公営刑事施設と同じように，憲法上の保護基準が適用されると判示した。

アメリカ合衆国では，こうした法律上の責任を追及する問題の他に，結局，民営化によって，国が本来の責任から逃れることになるのではないかという批判も見受けられる。すなわち，いったん民営刑事施設で何らかの問題が生じたときに，外部は，制度の民営的性格に目を向ける。そして，かりにその民営施設に問題があったとしても，刑事拘禁についての一般的な公共政策に焦点が当てられるのみである，というのである[36]。

(4) 新しい代替的手段か？——民営刑事施設への移送

以上の視点以外に，民営刑事施設の問題は，実際上，州によって状況が異なるように思う。そして，一概に，民営刑事施設を批判することはできない状況がある。というのも，現実には民営刑事施設の方が公営刑事施設よりも施設が整っていて，環境的に優れているという場合も考えられるからである。例えば，カリフォルニア州の地元新聞では，2006年9月に次のような記事が掲載されていた。

> 「……矯正・社会復帰局は，どのくらいの人数の被収容者が州の外部で服役することに関心を持っているのか知るために被収容者に対して調査を行っている。アーノルド・シュワルツネッガー知事に数年間，90,000ドルも寄付してきたフロリダの会社は，彼らを喜んで収容する，と述べている」[37]。

この記事によると，カリフォルニアでは州刑務所（State Prison）にて，16,000人の被収容者が，ジムなどのスペースに収容されていて，2007年6月までにはベッドのスペースが足りなくなるという。また，すでに過剰収容状態に悩まされているところも多いという[38]。カリフォルニア州では，すでに被収容者の任意に基づいて，被収容者が州外で服役することを認めてきた。記事によると，いくつかの民営刑事施設がその収容に興味を示しているという。そして，過剰収容の環境を避ける機会を，被収容者は受け入れるだろうという予測もされたりしているという[39]。

この状況に鑑みると，過剰収容の刑事施設よりも条件のよい民営刑事施設を被収容者が選択し，移送される可能性があることが窺える。しかし，実際に民営刑事施設の環境に期待して，仮に州の外部の民営刑事施設を選択するとなれば，遠い州に移る可能性があることになる。そうなると，近隣に在住している家族など

と面会することは難しくなる可能性も生じるであろう。それでも，被収容者は民営刑事施設を選択する場合があるのかもしれない[40]。そしてこのことは，民営刑事施設がこれまでの刑事施設の代替的手段の一つとして，期待されている表れである。

実際に，2006年6月にカリフォルニア州政府が過剰収容対策を緊急の課題と理解して，あるプランを公にした。それによれば，男性被収容者について，もともと州の施設で設計されていた州刑務所の収容ベッド数が約78,000，さらにベッドを増設したとしても，施設の中での収容能力は約68,000である[41]。2006年6月14日の段階で男性被収容者数は159,867人ということであり[42]，すでに増設した上での収容能力を上回ってしまっている。女性被収容者も合わせると，被収容者数は171,527人で，女性施設でも男性施設と同様の問題状況にある[43]。さらに今後の増加を見込むとなると，緊急の対策が必要ということになる。そのため，最近では，カリフォルニア州は，刑事施設の増設や前述のような移送プログラムを検討し始めている[44]。もっとも，カリフォルニア州では，州刑務所については民営刑務所はない。その理由は，反対意見として，刑務官の質が民営刑務所の場合には劣る上，その教育・訓練に多大な労力・資金が必要になるといった意見が強いほか，建物を増やすだけの解決では根本的な解決にはならず，むしろ，処遇の内容や刑事施設の規模の改革，量刑基準の改革が不可欠であるという意識があるものと思われる。

この点で，マルコム・フィーリー教授は，論稿の中で，かつてのイングランドから北アメリカへ刑罰として被収容者を移送した例と並行して現在の刑事施設民営化の現象を論じている。そして，歴史的教訓としては，このような移送の例による新しい刑罰の拡大という現象が，民間の契約者によって新しい選択肢として提示されたときに，容易に，曖昧にされることを指摘している。そして，それはそのような民間サービスがより費用効率的であるということではなくて，むしろ，迅速かつ十分に対応できたことを示していたという[45]。ただし，ここでは，この移送という形態を悪い代替的手段として，議論しているわけでは必ずしもない。現代においては，民営刑事施設で新しいテクノロジーを導入することに成功していることも，指摘されている[46]。

ここでの焦点は，これら代替的手段がよりよい選択肢になり得るかどうかである。そして，実際上，新しい選択肢となり得るかどうかが大きな課題と位置づけられていると言えるであろう。ただし，移送という現象は過剰収容が続く現状と裏腹の問題である。その点が曖昧にされてはならないであろう。さらに，現実的には，被

収容者の民営刑事施設への移送は，将来的には，刑事施設における収容数が今後も増加していく可能性を暗示している。

　一方，もう一つ注意しなければならないことは，前記の新聞記事にもあるような，刑事施設民営化をめぐる企業と立法者とのつながりである。民営刑務所を運営する企業は，立法者に対する政治的なロビー活動に長けていると，指摘されたりしている[47]。したがって，アメリカ合衆国の例を見ると，刑事施設民営化には，本来国家の専業であった刑事政策に，政治的な脈絡において，民間企業が参入する可能性があるということを暗示している。しかし，これによって刑事施設の将来像が大きく歪められてはならないことは，明らかである。もともと，刑事施設のあり方は専門的な領域で，その理論や理念が一般的に認知されているわけでは必ずしもないだけに，少なくとも，参入する企業には，刑事施設の処遇などについての十分な理解が求められることになる。また，それらは，利益追求のためにおもむろに治安悪化だけを喧伝するような主体であってはならない。

4．おわりに

　刑事施設の民営化という問題は，少なくとも単なる過剰収容の対策として単純に考えられるべきものではないであろう。もちろん，背景事情としてはあり得るとしても，それが，PFI手法の導入となる重要な理論的理由であるとは言えないように思われる。わが国では，むしろ，過剰収容対策が重要な根拠となっている傾向が窺われる。しかしそれだけでは，十分な議論のための土台が損なわれる。それ以外の根拠が，本来，明確に求められるべきである。

　また，そのような発想があって，初めて，PFI方式の導入がより実のあるものとして，議論されていくように思われる。すなわち，なぜ，PFI方式の刑事施設がよいのか，その方が費用的にも質的にも有効なのか，国の責任はどのように果たされるのか，そしてよりよい代替手段となり得るのか，などである。

　また同時に，民間の資金を導入するということであるから，将来的な見通しを十分に考えておくことが必要であろう[48]。将来的に過剰収容状態が解消されれば，PFI刑事施設が優先的に廃止されていくのであろうか。いたずらに，収容能力を増強させ，常にその定員を埋めるというようなことがあるとすれば，アメリカ合衆国における批判と同様の批判を招くことになるだろう。また，より有効な処遇のあり方を模索するのでなければ，同じように批判を招くことになるであろう。PFI刑事施設の有効性が，従来の刑事施設以上に注目され，また説明責任を求められる

のは，このような理由によることを，改めて認識する必要があるだろう．

また，刑事施設に民営的手法が導入されるという現象を直視するときには，それは，長期的な視野に立って，これまでの処遇のあり方や手続のあり方を見直す契機でもあるだろう．また，刑罰の意味合いを今一度，慎重に考慮すべきであるという，重要な問題提起を含んでいる．なぜ，過剰拘禁状態となっているのか，従来の刑事司法制度の運用で改善されることはないのか，これまでの処遇は効果的であったのか，検討すべき問題点は多いだろう．

また，そのような意味では，刑事拘禁という手段以外の代替的手段の検討は不可欠である．法務省は，最近，法制審議会・被収容人員適正化方策に関する部会を立ち上げ，被収容人員の適正化を図る方策とともに，刑事施設に収容しない処遇等のあり方について検討を開始している[49]．この試みの今後の進展が注目される．ただし問題は，結局のところ，刑事施設の収容数増加の歯止めになるのかどうか，そして，治安悪化，犯罪環境の悪化を主張するだけではなく，より適切な刑事司法制度の運用，適切な処遇を実現することができるかどうかにあるはずである．いたずらに，新しい選択肢を増やすだけでは，問題の解決にはなり得ないであろう．

1 　行刑改革会議『行刑改革会議提言〜国民に理解され，支えられる刑務所へ〜』（2003年12月12日）18〜19頁，〈http://www.moj.go.jp/KANBOU/GYOKEI/KAIGI/teigen.pdf〉（参照日2006年12月9日）にて参照可能である．

2 　法務省資料「PFI手法による新設刑務所の整備・運営事業基本構想」参照．〈http://www.moj.go.jp/KYOUSEI/MINE/mine05.pdf〉（参照日2006年12月9日）にて参照可能である．

3 　日本弁護士連合会『PFI刑務所についての提言――PFI刑務所における労働をILO第29号条約に適合したものとするために――』（2004年10月19日），〈http://www.nichibenren.or.jp/ja/opinion/report/data/2004_57.pdf〉（参照日2006年12月9日）にて参照可能である．

4 　行刑運営に関する調査検討委員会『行刑運営の実情に関する中間報告（名古屋刑務所事件の原因と行刑運営の問題点について）』3〜5頁（平成15年3月31日），〈http://www.moj.go.jp/KANBOU/GYOKEI/chukan01.pdf〉（参照日2006年12月9日）による参照可能である．

5 　行刑運営に関する調査検討委員会『行刑運営をめぐる問題点の整理（国会審議における指摘を踏まえて）』33頁（平成15年7月28日），〈http://www.moj.go.jp/

KANBOU/GYOKEI/mondaiten01.pdf〉にて参照可能である。

6 その第3回会合にて取り上げられている。議事概要については、〈http://www.moj.go.jp/KANBOU/GYOKEI/index.html〉(参照日2006年12月9日)にて参照可能である。

7 行刑改革会議第5回会議議事録（平成15年9月8日）。〈http://www.moj.go.jp/KANBOU/GYOKEI/KAIGI/gijiroku05.html〉（参照日2006年12月9日）にて参照可能である。

8 行刑改革会議第3分科会第4回会議議事録（平成15年10月6日）。〈http://www.moj.go.jp/KANBOU/GYOKEI/BUNKA03/gijiroku05.html〉（参照日2006年12月9日）にて参照可能である。

9 行刑改革会議第3分科会第5回会議議事録（平成15年10月27日）。〈http://www.moj.go.jp/KANBOU/GYOKEI/BUNKA03/gijiroku05.html〉（参照日2006年12月9日）にて参照可能である。

10 行刑改革会議第5回会議議事録・前掲注（7）参照。

11 行刑改革会議第3分科会第5回会議議事録・前掲注（9）参照。

12 行刑改革会議・前掲注（1）46頁。

13 最大の狙いは過剰収容の緩和にあると指摘するものとして、本庄武「PFI構想について」刑事立法研究会編『刑務所改革のゆくえ――監獄法改正をめぐって――』（現代人文社、2005年）102頁参照。

14 前掲注（2）参照。

15 法務省資料「美祢社会復帰促進センター整備・運営事業実施方針」参照。〈http://www.moj.go.jp/KYOUSEI/MINE/mine02.pdf〉（参照日2006年12月9日）にて参照可能である。

16 『平成16年度版犯罪白書』319頁（法務省法務総合研究所、2004年）。

17 法務省資料「島根あさひ社会復帰促進センター整備・運営事業実施方針」参照。〈http://www.moj.go.jp/KYOUSEI/MINE/mine11.pdf〉（参照日2006年12月9日）にて参照可能である。

18 前掲注（17）参照。

19 法務省資料「第2号刑務所PFI事業について〈島根あさひ社会復帰促進センター整備・運営事業〉」参照。〈http://www.moj.go.jp/KYOUSEI/MINE/mine12.pdf〉にて参照可能である（参照日2006年12月9日）。

20 法務省資料「喜連川社会復帰促進センター等運営事業実施方針」参照。〈http://www.moj.go.jp/KYOUSEI/KITSURE-HARIMA/pfi-kh01.pdf〉にて参照可能である。

21 前掲注（20）参照。

22　法務省資料「播磨社会復帰促進センター等運営事業実施方針」参照。〈http://www.moj.go.jp/KYOUSEI/KITSURE-HARIMA/pfi-kh13.pdf〉にて参照可能である。

23　For example, see, Sarah Armstrong, Model Penal Code: Sentencing: Bureaucracy, Private Prisons, and the Future of Penal Reform, 7 Buff. Crim. L. Rev. 275, 294 (2003).

24　議事録については，〈http://www.moj.go.jp/KANBOU/GYOKEI/BUNKA03/gijiroku05.html〉にて参照可能である（参照日 2006 年 12 月 9 日）。なお，刑事施設民営化をめぐる刑事施設の過剰収容状態の背景についての指摘は，アメリカ合衆国については，齋藤行博「米国における行刑施設民営化の動向」刑政 113 巻 8 号 37 〜 38 頁（2002 年），イギリスについては，吉野智「英国における刑務所 PFI 事業について（前）」刑政 113 巻 7 号 64 頁（2002 年）などでも述べられている。

25　Ahmed A. White, Rule of Law and the Limits of Sovereignty: The Private Prison in Jurisprudential Perspective, 38 Am. Crim. L. Rev. 111, 134 (2001).

26　Jeff Sinden, The Problems of Prison Privatization: The US Experience, in Andrew Coyle, Allison Campbell & Rodney Neufeld (ed.), Capitalist Punishment: Prison Privatization & Human Rights 42-43 (Clarity Press, Inc. & Zed Books, 2003).

27　See, Barbara S. Vincent & Paul J. Hofer, the Consequences of Mandatory Minimum Prison Terms: A Summary of Recent Findings (Federal Judicial Center, 1994).

28　Sinden, supra note 26, at 42-43. なお，このアメリカ合衆国の現状について，詳しくは，岡田悦典「刑事施設民営化の背景――アメリカ合衆国との比較による過剰収容と刑事司法プロセスとの関係に関する覚書」龍谷大学 矯正・保護研究センター研究年報 2 号 72 〜 73 頁（現代人文社，2005 年）参照。

29　Paige M. Harrison & Allen J. Beck, Prison and Jail Inmates at Midyear 2005, Bureau of Justice Statistics Bulletin 1 (May 2006, NCJ213133),〈http://www.ojp.usdoj.gov/bjs/pub/pdf/pjim05.pdf〉（参照日 2006 年 6 月 6 日）から資料は入手できる。

30　Id. at 4.

31　この点の指摘については，岡田・前掲注（28）79 〜 81 頁参照。

32　その概要については，See Note, Developments in the Law: The Law of Prisons: III. A Table of Two Systems: Cost, Quality, and Accountability in Private Prisons, 115 Harv. L. Rev. 1868, 1873-75 (2002).

33　Ibid.

34　例えば，民営刑事施設の記録へのアクセスの問題が議論されている。Nicole B. Casarez, Furthering the Accountability Principle in Privatized Federal Corrections: The Need for Access to Private Prison Records, 28 U. Mich. J.L. Reform 249 (1995).

35　521 U.S. 399 (1997).

36　White, supra note 25, at 139.

37　Andy Furillo, Some Prisoners may Serve Their Time out of State, The Sunday Times (Bay Area/California), Sep. 19, 2005, at A39.

38　Ibid.

39　Ibid.

40　カリフォルニア州矯正・社会復帰局のホームページよれば，調査の結果，19,000 人以上の被収容者が州の外部への移送に関心を示していたとのことである。Governor Uses Executive Authority to Relieve Prison Overcrowding, Proclaims Emergency to Allow Inmate Transfer, 〈http://www.corr.ca.gov/Communications/press20061004.html〉 (12/14/2006)，および Brief Memo: Out of State Inmate Transfer, 〈http://www.corr.ca.gov/Communications/docs/FAQonOutofStateTransfers.pdf〉 (12/14/2006) 参照。

41　California Department of Corrections and Rehabilitation, James E. Tilton, Secretary (A), Inmate Population, Rehabilitation, and Housing Management Plan 4 (July, 2006), 〈http://www.corr.ca.gov/Communications/specialSession/inmatePopRehabHMP.pdf〉 (12/14/2006).

42　Id. at 1.

43　Id. at 1 & 5.

44　なお，2006 年 12 月 21 日のサンフランシスコ・クロニクル紙には，新たなカリフォルニア州の動向が報じられている。それによると，カリフォルニア州知事が，州刑務所の代わりとして，郡拘置所（County Jail）に被収容者を収容することと，州の量刑を再検討するための委員会を組織するよう計画しているという。前者については，これまで郡拘置所では 1 年未満の刑を受けた被収容者が収容されていた。しかし新しい計画では，これを 3 年以下の被収容者に拡大することが提案されているという。Mark Martin & Greg Lucas, Governor Has New Plan to Fix Prisons: Senate Democrat Praises its More Comprehensive Approach, S.F. Chron., Dec. 21, 2006, at A1 & A9.

45　Malcolm M. Feeley, Privatization and Punishment: Lessons from History,

Patricia Ewick, Robert A. Kagan & Austin Sarat (ed.), Social Science, Social Policy, and the Law at 61 (Russell Sage Foundation, 1999).
46 Id. at 62.
47 Michael Jacobson, Downsizing Prisons: How to Reduce Crime and End Mass Incarceration at 65 (New York University Press, 2005).
48 事業方針の回答によれば，再入札，再契約については収容動向を見ながら検討するが，現段階では答えることができないとのことである〈http://www.moj.go.jp/KYOUSEI/MINE/mine07-02.pdf〉（参照日 2006 年 12 月 14 日）参照。
49 その議事録については,法務省ホームページの審議会情報〈http://www.moj.go.jp/〉（参照日 2006 年 12 月 6 日）にて閲覧できる。

　　　　　　　　　　　　　　　　（岡田悦典／おかだ・よしのり）

第2部
PFI施設をどうみるか

第4章 刑務所完結主義と民営化

1. はじめに

(1) 民営刑務所とはなにか。この問いに答えることはそれほど容易ではない。例えば，それを官民協働運営刑務所と言おうと，PFI刑務所と言おうと，この刑務所には利潤の追求を本来的な目的とする民間企業が関与している。ところが，この刑務所は，刑務所の通常の運営コスト，民間資金の導入に伴う巨額の利子のほか，この事業に関与する種々の企業の利益を加えても，これまでの刑務所より安く済むというのである[1]。

確かに，美祢や島根あさひのPFI刑務所では，GPS，無線LAN，監視カメラ，逃走防止用の各種センサー，さらには，無人自動搬送システムによる配下膳等により，その運営に要する人手は徹底的に抑制されている。刑事施設の民営化をめぐる議論においては，そうしたハイテク機器の導入によって，運営経費の大半を占める人件費の削減を導く仕掛けが繰り返し説明される。しかし，それでは，なぜ同じことを国の刑務所で実現することができないのか，つまり，民間の創意がもたらす成果を，民間と同じ方法，同じコストで行うことが，なぜ国には不可能なのかという問い（以下，この問いを「第1の問い」と称する）が取り上げられることは少ない。

他方，新設のPFI施設では，矯正教育，職業訓練の充実が図られ，点字翻訳，介護技能者養成，農園芸技術者養成，高度なパソコン技術の修得等の多様な訓練が，臨床心理士，ソーシャル・ワーカー，そして，地域ボランティアの活用により実施される。特に，島根あさひ社会復帰促進センターではRJ（修復的司法），TC（治療共同体），CBT（社会に根ざした処遇）等を媒介とした海外の教育プログラムの導入が推進され，「調査」と一体化させた効果的な「処遇」が目指されている。そこでは労働需要の大きい福祉系職業訓練の充実や，社会貢献作業の導入のほか，施設内に設置されるNPO法人による就労支援の充実が図られ，また，特別なケアを要する出所者に医療法人と協働した社会内処遇施設が所外

に用意されるなど，社会復帰のための一貫した支援体制が構築されるという。そのいずれもが画期的な試みといえ，これらの新機軸を打ち出した参入企業の努力は大いに賞賛されるべきものといえる。

　ところが，民営化をめぐる議論においては，こうした試みの斬新さと民間の活力が強調されながら，それが民間でなければできず，国の施設においては行うことが不可能であるとする具体的な理由はなにか，そうした問い（以下，この問いを「第2の問い」と称する）が言及されることはほとんどないのである。

(2)　それ故，刑務所民営化の議論において正面から取り上げられることの少ないこうした素朴な問いを検討するためには，まず，従来型の国が運営する刑務所と，その運営の何らかの部分を民間に委託する新しい刑務所とを無媒介に対置させる思考形式を問い返す必要があるように思われる。

　官と民の二つの種類の刑務所に共通する部分を確認することなしに，官と民のそれぞれの刑務所を異質で対極に位置するものとして措定するのであれば，既存の国の刑務所の欠陥と，新設されるPFI刑務所の将来的な「売り」とを比較する作業だけが民営化論議として行われることにもなる。結果的に，新型刑務所のイメージは，旧来型の刑務所に特有の権威的で一方向的な指揮命令と保安中心の運営形態に対置されるものとして構想されよう。例えば，民営刑務所は，国の刑務所の場合とは逆に，施設内に多様な人的資源を導入し，そうした人々を介して施設と社会との関係性を広げ，民主的で双方向型コミュニケーションに基づく運営と受刑者の社会復帰への主体的参画を可能にするものと観念されることになろう。要するに，国の刑務所と民営刑務所とを無媒介に対置させる思考形式からは，後者の可能性だけが肯定的に評価されがちとなる。

　むしろ，民営刑務所を評価するには，民営刑務所と国の刑務所の運営のどこまでが同じであり，どこからが異なるのか，その相違は刑務所がこれまで自明としてきた施設の運営方法にどのようは変化をもたらすのか，これらの点を意識的に明らかにする必要がある。例えば，先の二つの「問い」についても，刑罰権自体を民間に委託する国が存在しない点を踏まえれば，民営刑務所は，その名と裏腹に，少なくとも刑の執行の監督や運営の枢要な部分については，どの国においても民間企業ではなく国が統括している点が注目されることになる。

　それ故，なぜ民営刑務所と同じことを国の刑務所はできないのかという「第1の問い」は，いずれも国の監督する官と民の二つの刑務所運営の方法において，特に，矯正職員の人的組織形態における相違はどこにあるのか，その相違が刑

務所の社会的役割にどのような変化をもたらすのかという問いとして検討されるべきものであろう。また,「第2の問い」は,そうした職員組織を前提とする処遇において,国には不可能で,民間でなければできない矯正処遇や社会復帰支援策が果たしてあるのか,もしあるとすれば,それはなぜか,そして,そこにはどのような問題があるのかという問いとして検討されるべきものといえよう。要するに,民営刑務所は,すでにある刑務所を理性的に捉え返し,それを概念的に練り上げたときに現われるものでしかない点を銘記する必要があろう。

　本章では,冒頭に掲げた二つの「問い」を起点に,日本における PFI 刑務所の課題の理論的位相を検討するものである。その際,これまでの刑務所運営を前提的に規定するいわゆる刑務所の自己完結主義とその克服という行刑政策の動向を踏まえて[2],官と民の二つの刑務所における運営方法の違いとその理論的効果を明らかにしたいと考える。言うまでもなく,それは,刑事施設の民営化に,この完結主義を大きく変化させる可能性が認められるからである。刑務所に収容される受刑者の処遇全般を塀の外の一般社会から隔離すると同時に,その処遇を刑務所内部において完結させるとする運営方針は長く行刑実務の根幹を規定してきたように思われる。しかし,この刑務所完結主義は,刑務所という特殊な施設における運営上のそうした特徴を示すだけでなく,刑務所を他の社会施設の一角に位置づけ,その社会的機能を検討する際に注目されてきた概念でもある。行論に必要なかぎりで,この点をごく簡単に振り返っておこう。

(3)　行刑論において刑罰の社会的機能が意識的に取り上げられるようになるのは,1970年代後半からであるが,すでに60年代末以降,犯罪者の社会復帰を刑務所の存在理由として措定する社会復帰行刑論に対しては,その「危機」を指摘する根本的な懐疑が提起されていた。受刑者の社会復帰を目的とする刑罰がその目的を達成していないのであれば,そして,そうであるにもかかわらず,刑務所が1世紀半にわたって存続しているのであれば,犯罪者の社会復帰という標榜されてきた目的の背後で,刑務所はどのような役割を現実に果たしているのか。

　刑務所の社会的機能を問うこうした疑問こそ,1970年代から80年代にかけてのロスマン,フーコー,イグナティエフ,メロッシー,そして,ガーランド等に至る刑罰の社会的機能に関する研究が各々の学的課題とは別に共有してきたものであった[3]。そして,これらの研究のいずれもが,刑務所を外界から遮断された世界として観念する自己完結主義を前提にするとともに,他方で,刑務所を学校,病院,工場等々とともに,近代資本制社会の具体的形象を規定する一連の社会施

設の一つとして措定するものであった点が注目される。つまり，刑務所の社会的機能を検討する研究に共通していたのは，刑務所が閉鎖的であるとしても，それはこの社会を構築する社会施設の一つであるという認識であった。

こうした認識に従えば，刑務所が閉鎖的であるとしても，それは他の諸々の社会施設との間の社会−技術的な (socio-techniques) 配置においてそうであるにすぎないことになる[4]。それ故，刑務所の自己完結主義は，刑務所をめぐるその配置のあくまで一つの局面を表現する方法であり，そうであるからこそ，自己完結主義を拘束的前提としつつ，受刑者の社会復帰という目的が施設に与えられてきたのだと説明されることになる。

戦後の刑事政策は，受刑者の社会復帰という刑務所に付与された目的を達成するために，まず，施設の生活条件を一般社会のそれに接近させるための処遇水準の向上に関心を集中させるものであったといえる。これに対して，80 年代以降の特に欧州諸国において展開されている政策展開においては，いわば処遇水準を向上させるための効果的な手段として，施設内での生活と活動を施設外の諸々の社会施設のより一般的，効率的な関与に委ねることを意識的に展開するものである。つまり，施設に付与された社会復帰という目的のために，施設内で受刑者の生活と欲求を，他の種々の社会施設の本来的な機能を介して充足させる社会化が要請されたことになる。結果として，こうした政策展開の中で刑務所の社会的位相を規定してきた自己完結主義は大きく変容している。問題は，そうした諸国において，自己完結主義を変容させる可能性を孕む施設民営化の動向が加速してきた点である。確かに，刑事施設の民営化には，施設の自己完結主義を変化させるファクターが内包されている。そうであれば，その基本構想が施設と社会のどのような新しい社会−技術的配置を念頭に置くものであるかを注意深く見極める必要がある。この点で，民営刑務所の検討は，刑事立法研究会の提唱にきたコミュニティ・プリズン構想からも重要な課題となる。本章の関心はこの点にある。

以下では，いささか迂遠の感があるが，まず，刑務所民営化構想の行刑政策における位相を明らかにするために，刑務所の社会的機能をめぐる議論を振り返り，これらの研究の多くが刑務所を特徴付けるために用いた二つの基礎的な概念装置（「全制施設」と「劣等原則」）を取上げ，これを手がかりに刑務所という社会施設がもつ自己完結主義とこれを克服するための政策展開を行刑の二つの社会化として整理し，刑務所の民営化という問題が行刑論に占める意味をそれぞれの社会化ごとに検討する (**2.**)。次いで，日本版 PFI 刑務所構想が導入された理由を振り返りながら，その動因を明らかにした後に (**3.**)，政策構想において

提示された付随的理由がその後の具体的政策をどのように規定してきたかを，冒頭に掲げた二つの素朴な「問い」に対比させる形で，それぞれ日本版PFI刑務所における民間委託と職員論の問題(**4.**)，矯正処遇と「社会との連携」の問題(**5.**)を検討する。

2．刑務所完結主義，行刑の社会化，刑事施設の民営化

(1) 刑務所の社会的機能に関する研究は，まず，刑務所を全制施設（total institutions）として捉える理解を前提にしていた。ゴッフマンは，その著書『アサイラム』において，相互行為の場における秩序の維持を問題化する過程で全制施設を取上げ，これを「類似の境遇にある多数の個々人が，相当期間にわたって社会から遮断されて，閉鎖的で堅苦しく管理された日常生活を共に送る居住と仕事の場所」と定義した。彼は，老人ホーム，精神病院，兵営，寄宿学校，修道院などとともに，その代表例として刑務所を挙げた。睡眠，仕事，余暇，この3種の行為は，異なる場所で異なる参加者と異なる権威に従って，全体にわたる首尾一貫したプランもないままになされるのが通例だ。

しかし，全制施設では，この三つの領域を区画する障壁がなく，そのことがこの施設の中心的特徴をなす[5]。それ故，この施設は外部社会のすべての機能を備えたひとつの擬似的なミクロ・コスモスを構成し，そこでは被収容者が生活するのに必要な制度や装置が用意されることになる。衣食住に必要なもののほか，学校，教会，病院，工場等々，社会生活を構成するすべての要素が曲がりなりにもそこには備えられる。そして，「自由」，特に「移動の自由」を奪う刑事施設においては，その擬似的なミクロ・コスモスが外部世界から絶縁された形で構成されることが他のタイプの施設には見られない重要な特徴となる。外部社会から見れば，遮断されたそこでの活動は確かに本質的に密行的な性格をもつことになる。

刑事施設の社会的機能を分析する際に用いられたいまひとつの概念装置は劣等原則（the principle of less eligibility）である。劣等原則は，「全制施設」を前提としつつ，施設内部での生活水準が外部世界と比較して劣ることを要求する。ルッシェは，『刑罰と社会構造』の構想段階において，「刑罰そのものなどは存在しない。ただ，刑罰の具体的制度や特定の刑事慣行が存在するだけだ。しかし，いかなる形態をとろうとも，それが刑罰である以上，その制度や慣行は人々の生活条件への侵害に対する社会の防衛手段である。それ故，刑罰は，それが犯罪に対抗する概念であるかどうかは別としても，少なくとも犯罪を誘発すべく構

想される概念ではない」とした上で，刑罰の構成原理として「受刑者の生活条件は，社会の最低生活条件よりも低く設定されなければならない」という劣等原則を導いた[6]。刑罰の社会的機能を分析する際に必ず言及される彼の『刑罰と社会構造』は，この原則を用いて刑罰形態とその社会における支配的な経済構造との関係を検討したものである。

　刑務所の社会的機能に関する研究が，これらの概念装置を共通の前提としていたことは，これらの研究が受刑者を念頭におきながらも，彼らの社会復帰とは別の次元において，施設拘禁とその生活条件を再検討していたことを意味する。刑務所は，外部社会から遮断されながら，外部社会のすべての構成的要素を備え，それ故に，自己完結的でありながら，施設を構成する要素の水準や条件が外部社会よりも劣るものとして規定されていた点が了解されよう。この点を踏まえれば，受刑者の社会復帰を目的とした行刑は，少なくとも全制施設と劣等原則が規定する自己完結主義の拘束下において構想されてきたことになる。

(2)　それ故，社会復帰行刑の発展は，必然的に自己完結主義がもたらす種々の拘束を問題化するものとなる。同じく施設生活を社会化するにしても，「刑事施設の自己完結主義を脱し，施設生活を外部世界のそれに近づける」という意味での社会化の政策展開は欧米においても比較的最近の傾向である[7]。ここでは矯正処遇に対する国の関与方法の近年の変化を踏まえて，社会化を二つの段階に分けて整理しておきたい。

　第1は，効果的な矯正処遇のために，更生への主体的な受刑者の取組みの意義を説き，これを尊重するための方法を検討する段階である。自発的な意思を確保するために自由制約の原理と限界を明確にし，完結主義の枠内で施設生活の強制的契機を可能なかぎり排除し，外部通勤，外出・外泊など外部交通の活性化を図ると同時に，施設生活自体を塀の外の生活に近づける社会化が進められることになる。ここでは施設生活に対する国による過度の干渉が問題化されながらも，矯正処遇への国の関与は所与の前提とされている。

　1980年代前半のフランスにおける刑の個別化政策の進展と，これと並行した施設内生活緩和政策はその典型であろう。後者について見れば，83年以降，囚人服が廃止されて施設内での私服着用が認められ，家族・友人とは遮蔽のない面会室での面会が原則化され，懲罰が緩和され，施設によっては外部との電話連絡も月に1度程度認められるようになった。居室にはテレビが設置され，自由に番組を視聴することも可能となった。ここでは，これらの改革がすべて政令や通達

で行われた点にも留意しておく必要がある。

これに対して，第2の段階では，矯正施設の完結主義自体が問題化される。外部社会から遮断された劣悪な生活条件下での人為的な拘禁が，必然的に受刑者と社会との関係を疎外し，受刑者の利益を侵害し，自己発達の機会を奪う事実がここでは強く意識されている。刑罰を執行する国には，この侵害された受刑者の利益を補填し，彼らに自己発達の機会を与える処遇プログラムを提供する等，受刑者の生活再建を支援する責務が求められる。ここで社会復帰のための処遇は受刑者に課される義務ではなく，逆に，彼らの社会復帰処遇を受ける権利の一部として再構成され，国は，彼らに社会的援助を保障し，そのための便宜を供与すべき責務を負うものと観念される。それ故，施設生活は外部の一般生活に近づけられ，特に，可能なかぎり外部の一般法にしたがって構成されるべきものと捉えられる。

塀の外の一般法に基づく市民生活と施設内部での受刑生活を，同一の法的基礎に基づくものとして可能なかぎり同等の水準に設定するという90年代のフランスで展開された行刑改革は，まさにこのレベルの社会化を展開させたものである。その対象は，作業，医療，参政権，文化活動，規律・懲罰，家族関係の維持に及び，政令や通達ではなく，主に立法によっていずれもが実現された。例えば，刑務作業はすでに87年法により道徳的教化のための義務的，強制的性格が撤廃され，被収容者の社会復帰とその準備のための手段として捉えられていたが，以後，労働時間や報酬についても可能なかぎり外部と同水準で定められなければならないことが義務付けられ，労災等においても一般法と同じ補償が適用されるようになった。医療についても，厚生省への移管，被収容者とその家族の社会保険への自動加入を骨子とする94年の法改正によって塀の外の一般医療システムへの施設医療の統合が導かれている。

この第2段階の社会化の要件を，ここで自己完結主義の克服という観点から改めてモデル化しておこう。この社会化の特徴は，外部社会の福祉等のサービスを受刑者が施設内で現実に享受できる点にある。具体的には，施設内の生活を支えるために最低限備えられた制度や装置が外部社会のそれらと連絡関係を保持し，自治体職員や医師等の専門家，ボランティアや市民団体のメンバーなど，外部社会の社会制度や装置の運営に携わる人々が，塀のなかでもっぱら矯正職員だけが担ってきたそうした制度や装置の運営にも関与すること（全制施設の克服）。そして，その上で，単に，施設内生活の水準を外部の一般生活に近づけるだけでなく，施設生活が最大限に外部の一般法によって構成されることが求められる

（劣等原則の克服）。拘禁に付随して不可避的に侵害される受刑者の利益を国が補填し、受刑者の生活再建を支援するための便宜供与を行う際、福祉のサービス等は施設内でも社会の一般法の基準にしたがって付与され、こうしたサービスに対する受刑者の不服も、一般社会での行政不服審査が、矯正施設への収容が不利益となることなく適用されるものとして構成されよう。

(3) 国によって刑務所の民営化をもたらす政治的・経済的経緯に一定の差が認められようと、刑事施設の民営化という問題が浮上した時点で、その国における行刑の社会化が、先の二つの段階のいずれにあるかによって現実化する民営化の様相は大きく異なってくることが考えられる。なぜなら、行刑の社会化が、完結主義の枠内で刑務所内の処遇水準をもっぱら外の生活水準に近づけることを目標とする第1段階にあるのか、それとも完結主義を撤廃して外の一般法の要請や社会の一般的制度を可能なかぎりそのまま施設の中に取り入れる第2段階にあるかによって、民間企業に委託される業務の射程は大きく変化することが予想されるからである。

社会化の第1段階においては、民営化は、外の社会から孤立した「全制施設」の運営自体が、そのまま国のなんらかの管理の下に民間企業に委託される「包括委託型」のものとして想定されやすい。逆に、社会化の第2段階においては、すでに受刑者の生活の一部が外の社会の一般的な制度や法によって構成され、その意味で、受刑者の生活自体は部分的にではあれ「社会との連携」によって枠づけられている。当然に刑務所内の業務は、すでに種々の一般的行政や民間団体に委ねられており、民営化の政策展開は、まず、施設運営において民間企業に委託できない業務がなんであるのか、そして、委託する必要のない業務がなんであるのかという委託業務の範囲の確定から検討されることになる。それ故、ここでは、民間企業に委託すべき業種の範囲を民営化の前提として限定した、いわゆる「部分委託型」の民営化が指向されることになる。周知のごとく、あくまで理念的レベルにおいてではあるが、前者がアメリカ型、後者がフランス型と評される民営化である。

確かに、「包括委託型」であれ、「部分委託型」であれ、刑事施設の民営化論において、刑罰権が国家の専権であること自体を否定する前近代の制度が基礎とされることはない。それゆえ、「包括委託型」の国においても、刑罰執行のすべてをその責任とともに民間企業に委譲することは想定されていない。二つのタイプの民営化に共通しているのは、刑罰執行の「ある部分」を民間に委託する点であり、

両者の違いは，その「ある部分」がどの範囲に及ぶかにすぎない。しかし，ある国における行刑の社会化段階との関係から，民営化によってもたらされる行刑業務の民間委託範囲を検討する視点は，そこで主張される民営化政策自体の位置づけと，これがその国の行刑に及ぼす影響を検討する上では不可欠な作業であることが理解されよう。

　例えば，行刑施設における医療を厚労省へ移管し，その診療に社会保険の適用を認めるなど，施設医療をめぐって行刑改革会議で一定の問題提起が行われはしたものの，日本においては，作業，規律・懲罰，不服申し立て，文化活動，参政権等々，施設外部の一般的な法や制度によって受刑者の施設生活が構成されることへの関心は依然として乏しい。その意味では，政策目標に掲げられる処遇の改善は，あくまで完結主義を維持した上での構想であり，社会化の進行という観点からすれば，第1段階の途上にあると評せざるをえない。そうであれば，日本で主張される民間委託の動向は，その提案がどのような企図をもって具体化されようとも，まずは，標榜される委託業務の委託形態と，委託される業種と業務範囲の検討を行い，「包括委託型」民営化の弊害が遮断できる構想であるかどうか，そのための条件が何であるかの検討が求められることになる。次いで，その上で行刑の社会化を第2の段階に進展させるために，その前提となる一般行政や市民団体による行刑への関与を，この民間委託の提案とともに発展させる余地があるかを検討することが重要ではなかろうか。そうした検討に入る前に，まずは，日本におけるPFI方式による民間委託の提案がどのようなものであるかを，その策定経緯から辿っておこう。

3. 日本版PFI刑務所構想と規制緩和・構造改革という動因

(1)　PFI方式を用いた刑事施設の整備・運営事業を導入する理由として，法務省関係者の説明においては，通例，以下の3点が挙げられる。

　第1は，過剰収容問題である。構想策定当時（2003年），受刑者の数は1年間に平均して4千人ほど増え続けていた。この年，既決の収容定員5万2,783人に対し6万1,534人が収容され，収容率は117％に達しようとしていた。この過剰収容状況に対応する人的・物的整備が喫緊の課題となり，特に，刑務所建設が急がれ，そのためにPFI手法が要請されたという説明である。第2は，前年の名古屋刑務所事件を受けて行刑改革が政治日程化し，政府の設置した「行刑改革会議」等での議論においても行刑運営の閉鎖性が大きな問題として意識さ

れ，その透明性の向上を図るために国民・地域との共生による運営が目指されたためだとされる。そして，第3に，「民間にできることは民間に」という経済社会の構造改革の方針に従い，公権力行使の最たる局面であり，それ故に規制緩和に馴染みにくいと考えられてきた刑事施設に対しても，官製市場の民間開放と雇用創出などの経済効果が求められたとするものである[8]。

これらの理由の間には，第1の過剰収容という行刑政策上の課題が，これを克服するために不可欠な施設増設のための実現可能な方法としてPFIという手法を導いたのであり，この手法は「国民に理解され，支えられる刑務所へ」という行刑改革会議提言の示した政策指針からも支持される方向にあり，さらには「規制緩和」と「構造改革」という当時の政府のより広範な政策指針にも馴染むとの関係があると理解されている。しかし，この理解はPFI刑事施設導入の説明として正確ではない。

まず，PFIの導入は，過剰収容の解消策として有効であるといえるだろうか。確かに，施設の早期増設は過剰収容を一定程度は緩和しよう。しかし，受刑者数が2005年末に約8万5千人，2006年末に約9万1千人，2008年末には約10万3千人にいたるという当時の法務省の試算からすれば[9]，その程度は自ずと限られたものといえる。それ故，施設増設が過剰収容の解消策となるためには，例えば，定員千名の美称社会復帰センター開設は，施設総定員の千名の増加以上の意味をもつものとして，つまり，行刑政策全体の構想において果たす数字以上の役割が描かれなければならない。行刑改革会議における法務省の説明は，新受刑者の増加，特に初犯者の増加が著しい点に着目し，新施設は単なる収容能力の増強ではなく，質の高い処遇を柔軟に実施し，早期の社会復帰と再犯率ゼロを実現することによって，収容を効率よく回転させ，収容定員以上の過剰収容緩和策になるとする[10]。

しかし，刑務所人口は刑期と仮釈放の運用により大きな影響を受け，たとえ新受刑者が減少しても重罰化が続けば刑務所人口は増え続けることになる[11]。また，美称の新施設に収容する受刑者の基準，特に男子受刑者に求められる収容条件（初犯のほか，重大な犯罪被害を惹起しておらず，集団生活に順応し，引受人等，帰住環境が良好であり，同一職場や業種でおおむね3年以上の就労経験をもっているなど）をみれば[12]，仮に早期の社会復帰と再犯率ゼロが実現されても，それをもっぱら質の高い処遇の成果とする評価は難しい。過剰収容を解消するためというのであれば，こうした受刑者については，従来の施設において可能なかぎり仮釈放を早めれば足り，その実績こそ周囲の受刑者への刺激ともなるとの考え

方もあろう。

　では，PFI施設の導入により，行刑運営の透明性を向上させ，国民・地域との共生による行刑運営を目指すとする説明はどうか。行刑改革会議第4回会議において，行刑の基本的な理念および取り上げるべき論点に関して委員から寄せられた意見が整理されたが[13]，この論点整理において，行刑における「透明性の確保」という項目については，不服申立制度，刑事施設視察委員会，受刑者の苦情を受けるメールボックスの設置，「保安情報」の公開等の意見が列挙されているもののPFI施設導入の記述はない。PFIについては，「人的・物的体制の整備」という項目において，井嶋一友，野﨑幸雄の二人の元裁判官が挙げた「行刑の一部の実施をPFI事業化することなどの可能性を考究するに止める」こと，および「業務の一部のアウトソーシング化を考えること」との言及があるにすぎない。このことは行刑改革会議の委員にとっても，また，その意見を整理した法務省関係者にとっても「透明性の確保」のためのPFI導入は意識されていなかったことを示している。

　確かに，PFI手法の導入によって施設内での民間人の活用が図られ，それが「透明性の確保」に役立つことはあろうが，PFI施設の導入という一大政策が「透明性の確保」のためにもたらされたとする説明には無理がある。このように「過剰収容の解消」にせよ，「透明性の確保」にせよ，刑事政策上の要請はPFI刑務所の導入という具体的提案を直接導いた動因とはいえない。少なくとも，それらの課題にはより適切で現実的な政策群が存在しているのである。

(2)　日本でPFIによる刑務所運営が，現実に具体的な行刑政策として意識されるに至ったのは，この行刑改革との関係において公開された文書をたどるかぎり名古屋刑務所事件の原因究明のために2003年2月に招集された法務省内部の行刑運営に関する調査検討委員会の第3回会合（同年3月5日）での大臣「訓示・あいさつ」においてである[14]。そこで，法務大臣は行刑に対する「国民の信頼回復のために，従来の常識や発想にとらわれない，大胆な方策の検討」が必要であるとし，「刑務所の運営が国民と協働して行われるような改革」，「刑務所の常識が国民の常識と一致するような改革」としてPFI刑務所の新設と運営についての検討を要請している。この調査検討委員会の中間報告を受け，4月に行刑改革会議が招集されるが，法務大臣は，この年の8月に米国のワシントンD.C.の民営刑務所などを視察し，翌9月の行刑改革会議第5回会議の冒頭においては，議事日程を一部変更し，大臣および視察に随行した矯正局総務課長から米国行刑施設視察報告が行われ，同時に，PFI刑務所および刑務所運営の民間委託に

ついて矯正局官房参事官から事情説明が行われている[15]。以後，同日発足した行刑改革会議第3分科会において，PFI刑事施設というテーマは，法務省による説明とこの分科会の委員との質疑という形で進められることになる。

　しかし，この第3分科会においても，PFI施設導入について十分な議論が行われたとは言いがたい。そこでの質疑からは「行刑改革会議のご意見も伺いながら」との大臣訓話とは裏腹に，分科会がこの問題を扱う時点で，すでに民間アドバイザリー事業者とのコンサルティング契約が進行し，候補地，実施方針の策定，公表の大まかな日程まで決定されていたことが明らかにされている。委員たちの総じてPFI導入に慎重な態度を示す質問，例えばPFI刑務所での受刑者処遇の問題性や，端的にいわゆる失敗事例等に関する問いかけに対し，法務省側から真摯な応答は行われていない[16]。PFI刑務所事業に関する「実施方針の策定，公表というのは，本年（2003年）3月の規制改革会議の関係で官製市場の開放，つまり，官の，役所の市場を民間に開放せよということで発表せよということになっております」との発言は，PFI施設の導入が，行刑改革会議の議論によって左右されない既定の路線であり，それが刑事政策的関心の外で用意されていたことを示すものといえる。

　留意すべきは，PFI刑務所の新設と運営の検討を要請された時期である。2002年12月12日に総合規制改革会議が打ち出した「規制改革の推進に関する第2次答申」[17]では，民間参入の拡大による官製市場の見直しが強く意識され，その年7月の「中間とりまとめ」の時点で，すでにその対象事業には「刑務所・少年刑務所・拘置所等」も加えられていた。翌週，閣議で「この答申に示された具体的施策を最大限尊重し，所要の施策に速やかに取組む」ことが確認され[18]，1年前の「規制改革推進3か年計画（改定）」が再改定（2003年3月28日閣議決定）され，2003年度中に「刑務所については，民間委託が可能な範囲を明確化し，PFI手法の活用等により，民間委託を推進する」措置が求められていたのである。前述の行刑運営に関する調査検討委員会でのPFI導入に言及した大臣訓示の唐突さ，行刑改革会議でのPFI導入の「結論ありき」の議論の進め方は，こうした背景事情のなかではじめて理解されるように思われる。過剰収容問題と行刑改革，これら二つの観点からは，十分に説明しえなかったPFI施設構想という政策の具体的形態は，経済社会の構造改革という要請のなかでは自明な選択肢であったことになる。要するに，PFI刑務所構想は「規制緩和」という経済的・政治的要請のこの分野における一つの帰結だといえるのである。行刑政策は　そうした要請によって大きく規定されたことになる。

しかし，PFI刑務所構想をもっぱら一連の経済的・政治的要請への受動的な対応としてのみ特徴づけるのであれば，法務省が具体化したPFI施設構想は「必要悪」としての「必要性」の強調のなかで，その内容も特徴も見失われかねない。むしろ，PFI方式を用いた刑事施設の整備・運営事業の導入に，過剰収容問題と行刑改革という二つの理由を掲げることによって，日本の行刑が経済的・政治的要請のなかで何を主張し，PFI構想の具体的形態をどのように現実化させたかを検討する必要がある。これらの検討を通して，冒頭に掲げた二つの素朴な「問い」への解答を探ることにしたい。

4．刑務所完結主義と日本版PFI刑務所における民間委託

(1)　経済的・政治的要請のなかで，法務省のPFI構想担当者が過剰収容の解消を理由の最初に掲げた意図は，この構想への世論の支持を得るとともに，法務省としては民間参入自体に積極的ではなく，あくまで過剰収容への早期対応の手段としてPFIを捉えている点を表明するためであったからであろう。この説明は，まず，日本でのPFI刑務所構想を英米の包括的な民間委託ではなく，フランス流の部分的な民間委託によって実現する選択に資することになった。

　しかし，過剰収容問題を抱える30年前のフランスと現在の日本において，同じく新自由主義の政治・経済政策が，行刑という本来その影響からもっとも遠くに位置すべき領域に波紋を及ぼしたとしても，多数の老朽施設の大規模建替えとこれにともなう職員不足解消のために構想されたフランス型の部分的民間委託と[19]，むしろ，フランスと比較しても2倍を超えるもともと過剰な職員負担率（職員数に対する被収容者数）に苦しむ行刑現場において[20]，政府の公務員削減策のなかで受刑者の急増に対応する職員確保を迫られ，その具体的な姿を整えた日本のPFI刑務所構想との間には，無視しがたい差異が認められる。

　フランスの官民協働運営施設は，「行刑的公役務に関する1987年6月22日の法律」による行刑法の改正によって実現されている[21]。その立法過程においては，「国家はその専権事項たる刑罰権を他者に譲渡できるか」という憲法的問いに対して，1789年の「人および市民の権利の宣言」12条，13条，1946年憲法前文等を手がかりとした国民的議論が惹起された[22]。そして，この議論の帰趨は，当時の司法相が提出した施設民営化法案への国務院による否定的見解の表明によってようやく決着したのである[23]。

　結果として，官民協働運営施設を規律する先の1987年法には，指揮，名籍

管理，保安の3業務以外の民間委託の可能性が明記され，逆に，この3業務は行刑における国の専権として確認されることになった（2条4項）。それ故，フランスでは，民間企業に委託可能な行刑業務の範囲がこの3業務以外の業種に限定され，給食業務，宿泊業務，購買業務，清掃業務などの管理維持に関わる分野と，作業指導業務と職業訓練業務といった社会復帰支援に関わる分野の各業務が，それらの業種ごと民間企業に委託されている。

(2)　一方，日本での行刑業務の民間委託は，あくまで構造改革特別区域法（11条，11条の2）による行刑法（「刑事収容施設及び被収容者等の処遇に関する法律」以下，刑事被拘禁者処遇法と略す）に対する特例措置として規定され（2005年10月施行），行刑法（ここでは，当時の「監獄法」）の改正作業自体としては行われていない。言うまでもなく，いわゆる特区法は規制緩和による経済社会の構造改革と地域の活性化を目的とするものである。したがって，そこに含められたPFI方式による刑務所も「地域経済の活性化と地域雇用の創出」による地域の再生と，「官製市場の開放による雇用創出」がもたらす経済効果のために構想されることになる。確かに，「開かれた刑務所」という観点から，この規定の意義を積極的に評価することも可能ではあろうが，むしろ特例措置としての規定方法は，行刑論や憲法論の議論の外で，PFI刑務所における公権力の行使に法的な「根拠」をとにかく付与しえた事実自体にその本来的な意義があったように考えられる。

　特区法によって委託可能とされる行刑業務は，食事の提供，洗濯，清掃等，公権力の行使に関わらない非権力的なものから，被収容者の着衣・所持品の検査，収容監視，施設の警備等の，公権力の行使と位置づけられよう権力的事実行為にまで及んでいる。ただ，権力的事実行為に関わる業務についてはその権力性の弱い部分に限定されるという構成がとられ，前出の警備業務についても，「被収容者の行動の制止その他の被収容者に対する有形力の行使をともなうものを除く」との制約が課されている。

　矯正局が2004年3月に発表した「PFI手法による新設刑務所の整備・運営事業基本構想」においては，列挙された二つの業務（直接に義務を課し，若しくは権利を制限する処分，又は身体・財産に実力を加えて行政上必要な状態を実現させようとする行為を伴う業務のうち処分を伴う業務，法令上，特定の官職にある者に権限が委任された業務）について，処分等に当たる事務の準備行為，または，その執行として行われる事実行為の事務権限を刑事施設の長や刑務官に留保させつつ一定の法的制約の下にその権限行使を補助する行為を，民間に委託しう

るとされていた。例えば、「信書の発受の拒否」や「逃走した被収容者の収容のための連れ戻し」については、権力性が強く委託に馴染まないとしつつ、「信書の検査補助（信書の内容に触れるものには当該信書の発受に係る個人を識別することができないようにすることその他の個人情報の適正な取扱いを確保するための方法として法務大臣が定める方法によるものに限る）」や「被収容者の行動の監視及び警備（被収容者の行動の制止その他の被収容者に対する有形力の行使を伴うものを除く）」については、被収容者に受忍義務を課す性質の業務であることから、委任に法律の根拠規定が必要であるとの構成がとられていた。つまり、特区法の規定は、この「基本構想」を立法によって具体化したものと言える。

　ここでは業種ごとの官民間での分配は必ずしも意識されることがなく、むしろ、同一業務の官民による分担が当然視されている。処分や直接的実力行使といった受刑者の人権に直接関わる領域はあくまで国が担うことが前提されているが、同時に、その処分の「準備的」な領域や、直接的実力行使の「補足的な」領域での民間事業者の関与が予定されることになる[24]。結果的に、日本のPFI刑務所における民間委託率は、計画された4つの社会復帰促進センターのうち美祢と島根あさひで50％、喜連川と播磨で30％という数字になっている。つまり、刑務所の運営上必要な業務の50％または30％が民間に委託される計画といえ、例えば、美祢では123名の国職員定員に対して、非常勤、パートを含め、約180名の民間職員の勤務が予定されている[25]。しかし、日本が範としたとされるフランスでは、2004年末段階で、官民協働運営の行刑施設で働く公務員4,251名（刑務官はこのうち3,689名）に対して、民間職員の数は総数で819名、1施設あたりで30名程度、占有率にして16.1％にすぎない点に留意すべきである[26]。

(3)　確かに、この負担率の差は、一つには、フランスでは民間に委託される業種が限定されているため、日本の刑務官が担う広汎な職務の準備的、補足的部分を負担する民間職員の確保が必要とされない点が大きい。

　しかし、他方で、この差は、日本ではPFI刑務所構想がそもそも職員不足の解消を念頭に置いて具体化されたことの証左にほかならない。繰り返しになるが、日本のPFI刑務所構想は、フランスにおけるように官・民間での業種を厳格に分割するものではない。フランスでは受刑者に対する監視業務は国の専権とされる。それ故、施設内の民間職員に監視の補助を求める前提はなく、国の職員の配置も民間職員の補助を念頭に構成されてはいない。つまり、国の職員のいないところで民間職員と受刑者が接触する局面はそもそも原則的に想定されていない。こ

れに対して，日本では，業務を業種ごと民間に配分するのではなく，国の職員が担う各業務への民間職員の準備的，補助的関与が，現場の国職員の指示の下で広く実施されることが想定されているといえる。

問題は，そうした準備的，補助的関与の範囲が，必ずしも論理的に固定的ではあり続けない点にある。特に，前述したように，行刑の社会化の第1段階の途上にある日本の場合，施設の完結主義は維持されることが前提とされ，行刑業務の民間委託は，外形的には部分委託の体裁を取りながらも，業種別の委託という形態の部分委託にはならない。確かに，美祢と島根あさひの両施設においてさえ50％に留まる業務委託率であれば，アメリカ型の包括委託が惹起する問題に直截に言及することは早計であろう。しかし，日本での民間委託が，国の刑務官が担う広範な業務の，その内部での部分的委託として観念されるのであれば，官の行う業務と民に委託される準備的，補助的業務とのバランス如何によっては，いわゆる包括委託として批判される民営化形態に通底する課題を抱えることも懸念される。

例えば，美祢の施設ではもっぱら国職員が行うとされていた信書の検閲業務は，その後の島根あさひでは，民間職員による「補助」が認められ[27]，その補助業務は，信書検閲許可通数の遵守確認等からなる外形的なものに加えて，「発受によって，刑罰法令に触れることになり，又は刑罰法令に触れる結果を生ずるおそれがある記述があるかどうか」，「発受によって，施設の規律及び秩序の維持を害する結果を生ずるおそれのある記述があるかどうか」など，内容の検閲にも及んでいる。

さらに，播磨および喜連川の両施設では，これらに加えて「威迫にわたる記述又は明らかな虚偽の記述があるため，受信者を著しく不安にさせ，又は受信者に損害を被らせるおそれがあるかどうか」，「受信者を著しく侮辱する記述があるかどうか」，「発受によって，受刑者の矯正処遇の適切な実施に支障を生ずるおそれがあるかどうか」の判断をも含む検閲へとその内容が広げられている[28]。このように判断内容が拡大すると，「信書の発受の拒否」の判断を国職員が行うにしても，最終決定の前提となる実質的検閲を民間職員が引き受ける状況が予想される。そうであれば，最終的な権限を保持する国職員に予定される職務の公共性，専門性，継続性，総合性が，この業務委託において実質的に確保されうるのかが問い返されることになる。

他方で，このように同一業務内で業務の実質部分が官から民にスライドする傾向に対して有効な統制を加えようとすれば，国職員の指示を民間職員の準備的，補助的業務の細部にわたって行き渡らせ，統制するための組織と研修が要請され

ることになる。

　ところが，国から民間企業への業務委託である以上，この委託契約においては，本来，国職員が民間職員に対して業務指示を直接行うことは想定されていない。民間職員は，国と企業の間であらかじめ定められた仕様書に基づき，一定の業務を実施するだけであり，国職員が受託企業の職員へ何らかの指示を与える場合には，必ず当該企業の窓口となる統括事業責任者を通すことが不可欠となる。

　しかし，民間職員が，特に，国職員と同じ場所で同じ業種の準備的，補助的業務を分担する場合，このような制約は現場の臨機応変な対応を阻害し，種々の不都合を生みだす原因ともなる。それ故，実際には，例えば逃走等の危機的状況を念頭に，日頃からそれぞれの現場で国職員から民間職員に対する指示命令が行われ，これを徹底するための訓練が行われているはずである。刑務所という，全職員一丸となっての危機対応が本来的に求められる場においては，民間職員の出勤確認はもとより，民間職員の準備的，補助的関与の一切が現場の国職員の指示命令下で実施され，そのための研修がオン・ザ・ジョブ・トレーニングという形で実践され，民間職員にはことある毎に国職員への報告書の提出が求められることが当然のこととして受け止められるはずなのである。問題は，そのような体制が，国の職員は民間職員に対して直接の業務指示を行えないという，委託契約上のルールと抵触する可能性である[29]。

(4)　ここでは，民間職員の労働者としての身分保障が問題となる。日本型 PFI 刑務所構想において，民間職員の身分保障の問題は，公務の公正性，客観性を担保する観点から，もっぱら彼らに守秘義務を課し，「みなし公務員」規定を適用する問題として論じられている。したがって，後者との関係では，民間職員も刑法上は，公務執行妨害罪や職務強要罪の客体となり，収賄罪や公務員職権濫用罪の主体となることになる。

　しかし，身分保障の問題が，そうした義務の賦課に見合った民間職員の雇用条件の側面から語られることは少ない。国家公務員の労働関係ないし勤務関係については，民間職員とは異なる特別の扱いが国家公務員法や国家公務員退職手当法等の法律によって与えられるが，民間職員にそうした「保護」は用意されず，PFI 刑務所で「みなし公務員」とされる民間職員と公務員である国職員との給与体系は大きく異なる事情もある。要するに，民間職員には，職務の遂行に公務員としての権限と責任が与えられるものの，その職務を公正に遂行するための前提となる身分保障は用意されていないと考えられるのである。

また，PFI刑務所構想に関する国と民間企業との間の委託契約は，当然のことながら委託する業務内容について詳細な要求水準を定めるものの，その業務のための人員配置や人件費を提示するものではない。したがって，厳しい入札競争を予想すれば，企業がその提案に十分な人件費を組み込むことは難しく，また，落札後に可能な経費の削減も，もっぱら人件費を対象として実施される場合が少なくない。その結果，民間職員の雇用条件は国職員と比較すればはるかに劣悪なものとなる。

　本来，職員の雇用条件は，国職員か，民間職員かという雇用契約上の身分によってではなく，遂行する職務による客観的な職務評価を基礎とすべきものである。そうであれば，すでに指摘したとおり，PFI刑務所における業務の実質部分が民間側にスライドする場合であれ，民間職員が実質的に国職員の指示命令系統のなかで業務分担を迫られる場合であれ，民間職員の業務内容が国職員のそれにしだいに近づきうる以上，公務の公正性，客観性を維持するためには，PFI刑務所における民間職員の待遇水準も，いわゆる同一価値労働同一賃金の原則に配慮して検討されるべきはずのものである。そうでなければ，日本でのPFI刑務所構想においては，当初から官・民の対等関係が失われ，いわゆる「下請け」問題の発生によって，長期的には刑務所の公共性が損なわれる危険もある。

　周知のように，一般にPFI事業は，公共サービスの分野に民間の経営手法や資金を導入する新たな仕組みとして紹介されるのが通例である。公共部門か民間部門かという二者択一に基づき対象事業のすべてを民間に丸投げするのではなく，公共部門による一定の関与を前提に両者の「協働」を図る点にその特徴が認められる。

　イギリスにおいて，過度の民営化がもたらした弊害への反省から，近年になって経済性や効率性だけでなくサービスの質的向上をその関与の理由に掲げ，PPP (Public Private Partnership) と表現される公共部門と民間部門との相互の利益のための長期的な「協働」関係の構築が検討されている。PFI刑務所構想において，モデルとしたフランス語のà gestion mixteを直訳した官民の「混合運営」という表現が次第に「協働」に統一され，また，行刑改革会議において法務省関係者が民営化の弊害に対する懸念を否定する際に，計画中のPFI刑務所事業をPPPの範疇に位置づけ説明している点にはこのPPPに対する指向がみられる[30]。そうであれば，日本のPFI刑務所構想においても，イギリスでの「協働」論で強調されるように公共部分の政府支出を拡大し，公共部門においてもサービスの品質等に基準を設け，これを監視するといった方策が用意されるべきであろう。

一方で，行刑職員についても活発な労働組合活動が歴史的に是認され，他方で，同一価値労働同一賃金原則の考え方が比較的浸透しているフランスの場合，2006年の会計検査院の報告書によれば，現に官民協働運営施設の運営に要するコスト（受刑者1人あたりの1日の拘禁コスト）は，ほぼ同一の施設条件の場合においても1999年から2003年において8.48％から33.36％の幅で，国営施設より高価であることが確認されている[31]。そして，官民協働運営施設の方が国営施設より安価となることのないことは，計画の当初からフランスの行刑局自身によっても予想されていた点であり[32]，国営施設の方が高価となることに特に驚きをもつ関係者もいない。運営コストの削減を可能とするものが人件費以外にないのであれば，その水準を維持すればコストはそれだけ高くつく。逆に，運営コストの削減が可能だとする日本版PFI刑務所構想は，IT機器の導入による職員の絶対数の削減を別とすれば，公務員を民間職員に振り替えることで生じる人件費の削減を前提とするものに他ならない。なぜ，民間の創意がもたらす成果を，民間と同じ方法，同じコストで行うことが国には不可能なのかという冒頭に掲げた「第1の問い」に対する回答は，この辺りに存在することになる。

5．刑務所完結主義と日本版PFI刑務所における「社会との連携」

(1)　PFI刑務所構想を選択した第2の理由として，法務省が国民・地域との共生による行刑運営を掲げた意図を次に検討しよう。行刑改革会議のこの局面での関心は行刑運営の「透明性の確保」にあった。前述のごとく，刑務所はゴッフマンがいう「全制施設」の典型である。社会から遮断された閉鎖的で厳格に管理された擬似的なミクロ・コスモスのなかでの受刑者の日常は，本質的に自己完結的に構成されている。それ故，その運営については「透明性の確保」がなにより問題となる。

　この点で，行刑改革会議の提起した刑事施設視察委員会（第三者機関）の役割は重要な意味を持つ。それは，密行行刑と評される状況を前提とする際には，どれほど強調しても強調しすぎることはない。しかし，外部の第三者機関が施設の中に入って行う「透明性の確保」は，いわば刑務所完結主義を前提とした社会化の第1段階における発想でもある。この局面においては，こうした機関を何重にも多元的に用意することが今後の課題となろうが，同時に，受刑者の社会復帰と施設の社会化を，その第2段階において検討する観点からは，施設内の日常生活を規定する制度や装置が，外部社会のそれらと連絡関係をもち，外部の

一般法の基準にしたがって，そして，自治体職員や医師等の専門家，ボランティアや市民団体など，外部社会の制度や装置の運営に関わる人々が，塀のなかのそれらの運営に同じように関与することが「透明性の確保」の前提となる。

　この文脈で，名古屋刑務所事件への反省から，国民の信頼回復のために外部の目を意識する施策としてPFI刑務所の導入を唱導するとした，行刑運営に関する調査検討委員会での前述の大臣訓示の意味を検討する必要がある。確かに，PFI刑務所は，もっぱら矯正職員だけが関与してきた施設運営に民間の人的資源を導入する契機となるが，企業の参入によって「透明性の確保」が向上するとは考えにくい。なぜなら，委託契約によって規律され，前述のとおり個々の現場で国の職員の指揮命令下に配置される民間職員は，いわば施設運営において国と利害を同じくする局面が多く，言うまでもなく国側のコントロールをもっとも受けやすい立場にあるからである。

　むしろ，PFI刑務所構想導入の際の「透明性の確保」という主張は，行刑改革会議で指摘された日本の刑務所での異常に高い職員負担率と，そこから当然に導かれる国職員の増員という問題設定を政治的に回避しつつ，「フランス的」部分委託という委託形態のなかにあっても高い民間委託率を実現する点で有効に作用したとみることができる。要するに，国職員の増員という，それ自体は正当な要求を遮断し，日本版PFI刑務所を推進し，しかも，そこにおいて民間企業の排他的領分を確保する上で一定の意味を果たしたといえるのである。

　このことは，全制施設に入った民間企業が，業務委託をされた処遇の各場面で行刑に関わる既存の人的資源と連携し，また，そこに自らのイニシアティヴと経済効率性によって新しい民間の人的資源を導入し，施設の内外にそのネットワークを拡大することを意味している。しかし，この作業はそうしたネットワークが教誨師や篤志面接委員等にかぎられてきた日本においては容易ではない。この点，例えば，フランスにおいては，国営施設であると官民協働運営施設であるとに関わらず，前述の3種の国の専権事項以外の処遇全般について，塀の外の一般法に基づき国や自治体の職員，専門家，そして，NPO団体等の関与が積極的に推進されている。特に注目すべきは，85年以来，社会文化アソシエーション（市民団体）が各施設に設置されてきた点であった[33]。

⑵　この社会文化アソシエーションは，1901年のアソシエーション契約に関する法律を基礎とするものである[34]。それ故,刑事施設を舞台とするこのアソシエーションも，フランス国内に70万から80万あるといわれているアソシエーションのうち

のなかに位置づけられる[35]。このアソシエーションは「被収容者のための社会文化およびスポーツ活動の支援と推進」を目的に，各刑事施設に設置されなければならず（刑事訴訟法典 D.442 条），その設置は，基準モデルを参照して県知事が承認する。法律上，このアソシエーションには，施設長，刑罰適用裁判官（JAP），検事正，幹部職員，看守長がメンバーとして加わる。アソシエーションの運営評議会の同意を得て施設長に申請を行えば，すべての者が実際に活動を行うメンバーとなることができる。そして，被収容者は「利用者メンバー」となり，施設内でアソシエーションが組織する活動に参加する。理論的には，運営評議会とともに利用者代表委員会が設立され，活動の準備，運営，終了に関わる全決定について，この委員会の意見が求められるべきものとなる。

このアソシエーションは，「被収容者の表現手段，知識，能力の開発」を目的とした社会文化活動を組織し（同 D.440 条），「文化の諸部門をもっとも広範に表現する」プログラムの編成を行う（同 D.441 条）。施設長は，更生保護局（SPIP）および外部の指導者と協議の上，個々の活動を行う被収容者の名簿を作成する。他方，更生保護局は施設長と連絡をとりながら，文化プログラムの編成と組織を行い，一定の活動推進に資する外部の参加者を募る（同 441-1 条）。被収容者は，ソーシャル・ワーカーの監督の下で活動を組織し推進する。アソシエーションの活動の財源は，特に，被収容者へのテレビのリース貸し徴収金利益と，最低限は補助金によって，さらには（被収容者を含む）メンバーの支払う月会費によって賄われている[36]。

フランスでは，こうしたボランティアの全国的アソシエーションが，刑事施設の被収容者に対する社会文化活動を実施している。代表的なものを挙げれば，ANVP（全国刑事施設訪問者アソシエーション），CLIP（刑事施設情報クラブ），FNARS（社会的受容と再適応のためのアソシエーション全国連合），Auxilia（通信教育），FARAPEJ（内省・行動・刑事施設・裁判所アソシエーション連合），GENEPI（被拘禁者教育全国学生集団），フランス赤十字，カトリック救援団，ボヴェ通信（被収容者との通信），UFRAMA（旧 FRAMAFAD，全国被収容者家族近親者の家，地域連合協会）などがあり，被収容者の所内生活と社会復帰の支援を組織し，被収容者に具体的で多様な「社会との連携」の方途を与えているといえる。日本での宗教教誨師や篤志面接委員に匹敵する存在がこの他に存在していることはいうまでもない。フランスでは，営利を目的とする企業の参入は，こうした「社会との連携」を前提に，これと並行して構想されるに過ぎない。企業の参入が「透明性の確保」を促すという議論を筆者は寡聞にして知らない。

(3) 周知のごとく，今回の日本での監獄法改正において，法文中の「監獄」という語を「刑事施設」に変更するためだけの法改正は健康保険法，労災法，国家公務員法，国民健康保険法，国民年金法，老人保健法，介護保険法，公職選挙法等々，多数に及ぶ。そこには施設収容によって通常の市民生活の基盤を失う範囲が示されている。

本来，「社会との連携」とは，完結主義の範囲内で受刑者処遇に利する外部の資源を活用する点に留まるものではなく，完結主義によって奪われる生活基盤を，社会復帰後を睨んで回復させるための一貫した援助を行うことであるはずだ[37]。新法の刑事被拘禁者処遇法において，「社会との連携」については90条が「刑事施設の長は，受刑者の処遇にあたり必要があると認めるときは，受刑者の親族，民間の篤志家，関係行政機関その他のものに対し，協力を求めるものとする」（1項）と規定しているが，日本での行刑の社会化の現状を考えるとき，この規定の射程とその位置づけは必ずしも十分なものではない。

ここでは，上記の社会保険等の一切を断ち切られたところで構想される「社会との連携」とは何かを改めて問い返す必要があろう。いずれにせよ，業務委託を介して民間企業の人的資源とその創意を包摂することになったPFI刑務所が，その官民協働運営のなかでこの「社会との連携」規定をいかに積極的に活用するかは，この国での行刑完結主義の打破と社会化の進展を占う鍵となるものである。

前述の刑事被拘禁者処遇法90条に表れているように，日本で「社会との連携」を考える際，まず，受刑者の親族，民間の篤志家，関係行政機関が想定されることになる。民間の篤志家の範囲は限定的ではないが，ここでは篤志面接委員や保護司などが，また，関係行政機関としてはもっぱら保護観察官等が念頭に置かれる。しかし，関係行政機関として，その他の通常の自治体サービスが，また，民間の篤志家として，アソシエーションのような市民団体が，それぞれ受刑者の所内での生活支援やその矯正処遇と社会復帰に直接かつ多様に関わる伝統は日本には乏しい。その意味で，PFI刑務所構想において，民間企業がこれらの業務に関与する際に，地域社会とどのような関係形成を行うか，そこに自治体サービスや非営利の市民団体などの「社会との連携」の新しい芽が生まれるかが，その施設における処遇の質を左右するものとなる。

この点で注目すべきは，例えば，島根あさひの落札企業がPFI刑務所運営の基本方針として「地域との共生」，「人材の再生」を掲げ，特に後者において，受刑者の改善更生および円滑な社会復帰の促進を図るために，公私の人的社会

資源の活用に意を尽くしている点である[38]。例えば，施設に設置される特化ユニットに収容される精神障害受刑者，薬物事犯等受刑者に対する出所後のケアについて，民間医療機関と協働してこれを実現しようとする試みが計画され，そこでは，民間の作業療法士や精神保健福祉士，また，薬物離脱の自助グループ日本ダルク等の関与が予定されている。また，SPC（特別目的会社）が，就労支援のためのNPO（非営利）法人を組織し，ハローワークに加えて，構成企業，協力企業，その小会社や取引先等のネットワークを通じ求人情報を集約し，これらのグループ全社が企業のCSR（企業の社会的責任）活動の一環として，受刑者の就労支援と社会復帰に有用な作業・職業訓練の提供に取り組むための体制作りが企画されている。さらに，こうした指向は，民間にゆだねられた分類と教育を統合する「社会復帰促進部」を設置し，入所時・中間時・出所時の科学的リスク・アセスメント，処遇プログラムの企画運営，家族，地域社会，職場，関係機関等との連絡調整，スタッフの育成・指導などにも及ぶと聞く[39]。同様の変化は，美祢をはじめとする他のPFI刑務所においてもみられる。そこでは従来の行刑の組織編制に一定の変更が加えられ，作業，教育，分類を統括する更生支援企画官が新設され，また，播磨ではさらにその更生支援企画官の下に民間による「社会復帰促進部」が置かれ，多様なプログラムの組み合わせによる改善指導が展開されることになる。

(4) これらは，いずれも処遇の各場面に民間の人的資源を取り込む新しい試みとして高く評価されるべきものといえ，行刑への民間の関わりを多元化し，この分野での市民的活動の範囲を指し示すものといえる。特に，企業がCSRを踏まえて就労支援のためのNPO法人を組織化するのは，民間企業が市民的活動を介して社会復帰支援という公的サービスを現実化するひとつの斬新な試みであるといえる。

しかし，それは本来的に利潤の追求を目的とする企業でなければできないことであろうか。フランスにおいては，全人口の約39％が少なくとも一つのアソシエーションに加入し，また，不定期の参加者も同じく39％ほど存在するという。市民の大半がなんらかの社会的活動の一端を積極的に担おうとしており，前述の1901年法は定着し，市民の大半がなんらかの社会的活動の一端を積極的に担う伝統がある[40]。行刑に関わる多様なアソシエーションの登場と，これを契機とする行刑の社会化の進行は，そうした市民的基盤の上で成立している。日本とフランスのこの社会的基盤の相違を考えるとき，PFI刑務所構想による民間の人的資源の活用には克服すべき課題が少なくないことは明らかである。

日本では市民活動と一口に言っても，法制上の複雑さと相まって，それを定義することさえ簡単ではない。それも，教誨師や篤志面接委員以外，特段の活動実績のない行刑関連分野において構想することはきわめて困難な作業である。地元のボランティアをどのように確保し，育成するかは，上記の施策のいずれにとっても不可欠な契機である。そして，その育成と確保が刑務所完結主義を克服するための前提条件となっている。

　ところが，日本のPFI刑務所構想において，結果的に行刑への多様な市民的関与が構想されるとしても，それは，この分野での民間化，民営化という昨今の規制緩和，構造改革の流れのなかで現実化したものである。PFI刑務所構想を具体化する上での民間企業の創意と行動力を大としつつも，本来であれば，公役務として国が果たすべき行刑サービスを，利潤を追及する民間企業を介して，無償のボランティア団体に肩代わりさせるのは望ましい事態ではないとも評価できる。新自由主義と「自由化」の名の下に，福祉，教育，医療，保健などの公的サービスの削減が結果しているのであり，すでに検討したように規制緩和と構造改革こそがPFI刑務所構想の動因であるならば，その構想は行刑サービスにおいて人的民間資源を動員するための方途にほかならない。その意味で，繰り返しになるが，前述の職員負担率の過酷さを減ずるためには，公務の公正性を担保するに足る十分な身分保障を備えた職員の増員，その意味で，国職員の増員という指針を継続的に打ち出すことが肝要となる。

　民間の活力を強調した処遇プログラムの実施が民間でなければできないとする理由があるのかとの冒頭で言及した「第2の問い」については，およそ以上のような状況を踏まえて答える必要があろう。確かに，企業が就労支援のためのNPO法人を組織化して，受刑者の社会復帰を具体的に推進することの意味は大きく，この動きが刑務所完結主義を克服するための一つの契機となる可能性は大きい。刑務作業の提供企業が受刑者を自社の従業員として採用する就労支援は，国には真似をすることの困難な取り組みである。その意味では，現時点では民間にしかできない試みであるともいえる。失業や不安定雇用が深刻な社会問題となっている現在，行刑の劣等原則を打開する試みとしての意義も忘れてはなるまい。

　しかし，この民営化の動因が官製市場の民間開放にある以上，企業の利潤追求のなかで出所者の雇用や，その他の就労支援が，賃金面を含めて労働者としての彼らの権利を十分に保障する形で行われるかに関心を払う必要がある。企業による出所者に対する就労支援を成功させるためには，「社会との連携」が法的にも，制度的にも，人的にも不十分な日本においては，この点に十分な注意を行うこと

が不可欠である。

　すでに検討したように，名古屋刑務所事件を受けて「透明性の確保」を謳って政策化されたPFI刑務所構想は，国職員の増員という方策を遮断した局面での政策展開である。そして，民間企業が主導するそこでの社会復帰の支援策として，一般行政による関与とNPO団体による市民的活動が要請されている。それは，これまで日本の行刑に欠落している社会的モメントであり，完結主義を打開するための端緒を与えるものといえる。そうであれば，民間企業の創意によって奨励される社会復帰支援策に行政が積極的に関わり，また，民間企業が設立を促すNPO団体に対し，地域社会が支援体制を組み立てる必要も認められよう。ここでは，先のフランスのアソシエーションが，官民協働運営施設だけを念頭に置くものではなく，すべての刑事施設を対象とするものである点を想起する必要がある。

　しかし，PFI刑務所の導入が，国民・地域との共生による行刑運営のシンボルとして描かれているのであれば，例えば，美祢市において7億3千万から4千万円，浜田市において13億5千万円を超えると見積もられる経済効果の一端は，受刑者に対する自治体による社会復帰支援や福祉策の構築，そして，行刑に関与する地域NPOの育成など，行刑の自己完結主義を克服するために地域が主体的に取組むべき課題に充てられるべきであろう。地域社会がPFI刑務所の受益者としてのみ自己を位置づけ，国と企業にただ依存するのであれば，日本型PFI刑務所では行刑の完結主義が既存の施設におけるよりも劣等な条件下で厳格に維持されるものと予想されることになる。

　以上，冒頭に掲げた二つの素朴な「問い」を手がかりに，完結主義によって構成されてきた刑務所が民営化される際に，つまり，民間に委託される際に問題化される二つの論点，すなわち，職員論と「社会との連携」論について若干の検討を行った。民営刑務所は，少なくとも，この2点において従来の刑務所を変化させる危険性と可能性を内包する概念であるといえよう。

1　日本におけるPFI刑務所の第1号事案（美祢社会復帰促進センター）においては，国庫債務負担行為限度額として提示された金額が約565億円であるのに対して，契約（落札）金額は約517億円，第2号事案（島根あさひ社会復帰促進センター）においては，それぞれ約1026億円に対して約922億円と，国の事業として従来どおりに行う場合よりもそれぞれ約8.5％，約10.1％の経費の削減が行われている。これらの比較については，細川隆夫「刑務所PFI事業について」刑政118巻4号（2007年）24頁参照。

2　赤池一将「研究者の立場からみた受刑者処遇法の到達点と課題」刑法雑誌46巻3号（2007年）396頁。

3　D.J.Rothman, The Discovery of the Asylum: Social Order and Disorder in the New Republic, Little, Brown and Company, 1971; M.Foucault, Surveiller et punir: Naissance de la prison, Gallimard, 1975; M.Ignatieff, A Just Measure of Pain: The Penitentiary in the Industrial Revolution 1750-1850, University of British Columbia and King's College, 1978; D.Melossi and M.Pavarini, The Prison and the Factory: Origins of the Penitentiary System, Macmillan, 1981; D.Garland, Punishment and Welfare: A History of Penal Strategies, Aldershot, 1985 etc.

4　Madeleine AKRICH et al. "L'intrusion des entreprises privées dans le monde carcèral français : le Programme 13000", dans Philippe ARTIÈRES et al. (sous la direction de), Gouverner, enfermer : La prison, un modèle indépassable?, Presses de Sciences Po, 2004, p.308.

5　E・ゴッフマン『アサイラム：施設被収容者の日常世界』（誠信書房、1984年）。

6　G・ルッシユ、O・キルヒハイマー『刑罰と社会構造』法務資料306号（1949年）、G.Rusche, "Labor Market and Penal Sanction: Thoughts on the Sociology of Criminal Justice,"Crime and Social Justice no.10 (1978) p.2. (1933年発表論文の英訳)。

7　ミシェル・マッセ「ヨーロッパにおける被拘禁者の人権」自由と正義52巻2号（2001年）14頁。

8　例えば、西田博「PFI手法による刑務所の整備・運営事業」犯罪と非行144号（2005年）156頁。

9　行刑改革会議第3分科会第6回会議（2003年11月10日）議事録における法務省矯正局柴田元始官房参事官の発言。この計算の根拠は、過去3年間の伸び率の平均値からの推測とされる。なお、現実には2005年12月末日の行刑施設収容人員は79,055名であった。

10　行刑改革会議第3分科会第4回会議（2003年10月6日）議事録における法務省矯正局西田博企画官の発言。

11　浜井浩一「過剰収容の原因と背景にあるもの」刑法雑誌45巻3号（2006年）479頁、なお、同論文において浜井は、「仮に、他の要素を一定に保った状態で仮釈放者に対する刑の執行率を5%減らす、つまり、刑期を5%引きで釈放すると、1000人規模の刑務所を一つ作るのと同じ効果を生み出すことができる」と述べている。

12　「美祢社会復帰促進センター整備・運営事業　施設の整備，維持管理および運営に関する契約書（案）」の別紙11。

13　行刑改革会議第4回会議（2003年7月14日）議事資料「論点整理について」。

14　行刑運営に関する調査検討委員会第3回議事概要等，別紙資料「行刑運営に関する調査検討委員会における法務大臣訓示」（2003年3月5日），なお，法務大臣の訓示は2週間前の第1回会合の席上において行われていたが，そこでは「第三者である有識者による懇談会」設置の意向が示されるにとどまりPFIに関係する発言はなかった。

15　行刑改革会議第5回会議資料「第5回行刑改革会議法務大臣あいさつ」，矯正局林眞琴総務課長による報告「森山法務大臣米国行刑施設視察報告」，矯正局官房参事官柴田元始による報告「PFI手法による新設刑務所について」。なお，行刑改革会議と刑事施設民営化との関係については，本書第1章徳永論文を参照されたい。

16　行刑改革会議第3分科会第5回会議議事録における「イギリスの大学のホームページがありまして，そこで民営の刑務所についてのレポートを年に数回出しているのですけれども，それをみても，挙がっているのはイギリスの二つの事例だけで，あとは何も挙がっていません」との前出の西田企画官の発言参照。なお，民営刑務所に対する批判を掲載する資料は多数存在し容易に収集できる。例えば，代表的なものとして，Andrew Coyle et al., Capitalist Panishment: Prison Privatisation & Human Rights, (Clarity Press, Inc., Zed Books, 2003)（なお，本書の紹介として山口直也ほか「『刑事施設民営化と人権』の紹介(1)」山梨学院大学法科大学院ロー・ジャーナル創刊号〔2005年8月〕229頁以下）などがある。著者のコイル氏の著書のなかには矯正協会から翻訳が出版されたものもある(アンドリュー・コイル「国際準則から見た刑務所管理ハンドブック」財団法人矯正協会〔2004年〕)がある。

17　総合規制改革会議「規制改革の推進に関する第2次答申―経済活性化のために重点的に推進すべき規制改革―」（2002年12月12日）。

18　閣議決定「総合規制改革会議の「規制改革の推進に関する第2次答申―経済活性化のために重点的に推進すべき規制改革―」に関する対処方針について」（2002年12月17日）。

19　赤池一将「フランスにおける刑事施設民営化論：1986―1987　政治的ストラテジーと刑事政策論の位相」犯罪社会学研究第12号（1987年）105頁，同「フランスにおける官民協働刑事施設の提起する課題」龍谷大学矯正・保護研究センター研究年報第2号（2005年）41頁参照。

20　行刑改革会議第2回会議（2003年5月19日）柴田元始官房参事官の報告およびその議事資料「わが国および諸外国の行刑事情について」スライド6及び7。

21　Loi no. 87-432 du 22 juin 1987 relatif au service public pénitentiaire.
22　代表的なものとして、Ch.Lederman 議員の議会での質疑。J.O. Sénat, Déb.Parl., 20 décembre 1986, p.6423.
23　Voir Le Monde du 17 novembre 1987.
24　なお、この点で第 162 国会衆議院内閣委員会第 12 号（2005 年 6 月 8 日）における藤田一枝委員と横田尤孝政府参考人との質疑が注目される。
25　美祢社会復帰促進センター「施設案内」3 頁。なお、施設に対する要求水準は、委託する業務内容の水準を示すものであり、民間職員の定員数について言及してはいない。
26　フランス司法省行刑局による官民協働運営施設紹介用資料、Administration pénitentiaire, Ministère de la Justice, Présetntation de la géstion pubilique/privée, 2005 による。
27　法務省「美祢社会復帰促進センター整備・運営事業　運営業務要求水準表（案）」（2004 年 3 月 31 日）および同「島根あさひ社会復帰促進センター整備・運営事業　運営業務要求水準表（案）」23 頁（2005 年 7 月 8 日）の比較による。
28　法務省「喜連川社会復帰促進センター整備・運営事業　運営業務要求水準表（案）」（2006 年 9 月 6 日）35 頁および同「播磨社会復帰促進センター整備・運営事業　運営業務要求水準表（案）」（2006 年 9 月 6 日）36 頁。
29　この点で、最近、神戸刑務所が請負契約で派遣された事務員や栄養士らに対し、違法な業務指示や勤務管理をした疑いがあるとして、兵庫労働局が立ち入り調査をしていた件が注目される（毎日新聞神戸版 2007 年 10 月 25 日参照）。
30　例えば、第 3 分科会第 5 回会議における西田博企画官の説明。PPP については、岡田章宏『「日本型 PPP」―その意味と問題点』法と民主主義 406 号〔2006 年〕18 頁参照。なお、岡田は、イギリスでの経緯を踏まえ、「公共サービスの民間開放」として語られる日本型 PPP との相違に注意を喚起する。
31　Cour des comptes, Garde et réinsertion. La gestion des prisons, Rapport public thématique - janvier 2006, La documentation Française, p.173. フランスでは、1987 年の法律が事後的な政策評価を義務付けていたことから、会計検査院による政策評価が定期的に行われてきた。上記の報告書によれば、官民協働運営施設は、2004 年末の時点で施設数にして全体の 14.4%（27 施設）、被収容者数にして 25%（14,505 名）を占めるにいたっている。官民協働運営施設についての評価を集中的に扱った 2006 年の上記の会計検査院報告書『保安と社会復帰―刑事施設の運営』によれば、受刑者 1 人の 1 日の拘禁コストは次表のように報告されている。表の中段「『13,000 床（25 施設新設）計画』と同一企画で建設され、国が運営した 3 施設」とは、1987 年の「13,000 床計画」

において，コスト比較のために，官民協働運営にゆだねられる他の施設と同一企画で建設され，国が運営することになった4つの施設のうち，長期刑受刑者収容用の中央刑務所（中央刑務所は運営コストが他の施設と大きく異なるが，すべてが国営とされている）を除く3施設である。

32　O. Sara LIWERT, "Les prisons à gestion mixte: L'entreprise dans le service publi pénitentiaire", Archives de Politique Criminelle, no.21, 1999, pp.131-157 et voir aussi Philippe LAFARGE(sous la direction de), Établissements pénitenntiaires à gestion mixte, Éditions A. PEDONE, 1997.

33　Décret no 85-836 du 6 août 1985 modifiant certaines dispositions du Code de procédure pénale (3e partie : Décret).

	1999年	2000年	2001年	2002年	2003年
官民協働運営施設	54 €	60 €	未確定	56 €	53 €
「13,000床（25施設新設）計画」と同一企画で建設され、国が運営した3施設	44 €	45 €	未確定	52 €	46 €
国営刑務所（中央刑務所以外）	39 €	40 €	未確定	未確定	未確定

（上記資料より作成）

34　Loi du 1er juillet 1901 relative au contrat d'association.

35　フランスのアソシエーションについては，さしあたり大村敦志『フランスの社交と法』（有斐閣，2002年）参照。

36　2003年以来，(Lille市のような) 一定の行刑管区は，社会文化アソシエーションからテレビのリース管理を取り上げており，数多くのアソシエーションの消滅を招いているとの指摘もある。OIP, Le guide du prisonnier, La Découverte, 2004, p.145.

37　土井政和「刑事施設における社会的援助と市民参加」刑事立法研究会編『21世紀の刑事施設』（日本評論社，2003年）67頁以下。また，刑事立法研究会編『更生保護制度改革のゆくえ』（現代人文社，2007年）も参照。

38　これらの点については，本書第8章三島論文を参照されたい。

39　落札企業関係者からのインタヴューによる。

40　コリン・コバヤシ編著『市民のアソシエーション—フランスNPO法100年』（太田出版，2003年）3頁。

　　　　　　　　　　　　　　　　　（赤池一将／あかいけ・かずまさ）

第5章 施設の基本構想と処遇上の問題点

1．PFI刑事施設のスタート

　2007年5月に「美祢社会復帰促進センター」（以下,「美祢センター」とする）という名称の刑事施設が山口県美祢市に誕生した[1]。日本初の「民営」刑務所である。わが国においては，1999年にイギリスのPFI手法を参考にして民間資金等の活用による公共施設の整備等の促進に関する法律が制定され，「民間でできることは民間で」，「地方でできることは地方に」の発想のもと各種のPFI事業が展開されてきたことは周知である[2]。被収容者の急激な増加に悩む法務省，いや日本社会は，刑事施設の民営化の道を選択した。今や，美祢センターに加えて，「島根あさひ社会復帰促進センター」（以下,「島根センター」とする），「播磨社会復帰促進センター」（以下,「播磨センター」とする），「喜連川社会復帰促進センター」（以下,「喜連川センター」とする）といった刑事施設の民営化が急ピッチで進んでおり，わが国における刑務所民営化は本格化しつつある[3]。

　周知のとおり，諸外国の民営刑務所では，過剰収容の緩和，コスト削減に伴う経済効率化などは達成される成功例が報告されているものの，同時に処遇における人権侵害例も多数報告されている[4]。そこで，本小論では，民営刑事施設における処遇上の問題点に特に焦点をあてて検討することにしたい。

　以下では，まず，わが国のPFI刑事施設の基本構想を，特に英米諸国で問題視されている論点を中心に確認・検討し（**2．**），そのうえで，わが国における刑事施設民営化によって，受刑者処遇上の問題が生じないか否かを検討する（**3．**）。なお，その際，処遇の構想がすでに実施されている美祢センターを中心に，今後これに続く島根センター，播磨センター，喜連川センターにおいて予定されている処遇の内容を検討の対象にする[5]。

2. PFI 刑事施設の基本構想

(1) 概説

　すでに多くの論稿で紹介されているとおり，暴動，逃走，職員・被収容者に対する暴力，性的暴行，被収容者の死亡，処遇サービスの低質化，腐敗など，刑事施設民営化における被収容者の人権侵害，治安悪化等様々な問題が諸外国において明らかになっている[6]。もちろん，これらの問題は民営刑事施設のみにおいて起こっている問題ではない。特にアメリカにおいては，多くの公営刑事施設で同様の問題が起こっており，過剰収容による被収容者のストレスが原因になっていることが指摘されている。

　そのような状況のなかでも，特に民営刑事施設において人権侵害例が発生する傾向が高いとされる理由としては，①民間企業が営利追求のために施設運営・処遇上の手抜きをおこなってしまうこと，②民間企業による民営刑事施設の運営を官側が十分にチェックできていないことが指摘されており，興味深い。

　①については施設運営にかかるコストを削減するということにつきるが，その際にもっともコストを抑えることができるのが，人件費であることは言うまでもない。例えば，アメリカの平均的な施設構造の公営刑務所で公務員である矯正職員1名が受刑者10名を担当するのに比較して，民営刑務所の場合は，刑事施設の形状上の差異はあるにしても，矯正職員1名に対してより少ない人数で受刑者を管理することができる[7]。つまり，人件費を削減できるわけである。また，公務員は離職率が低く，就労年数とともに人件費支出が増加傾向にあるのに対して，民間職員の場合は，離職率が高く，多くの場合，若年層の矯正職員が補充されるので人件費支出が増加することはない。さらには，公務員の場合には，一定期間毎の職員研修が公的矯正アカデミーで行われることが義務づけられているので，その際の費用（旅費，宿泊費，研修費等）の支出も伴うが，公的矯正アカデミーでの研修が義務づけられていない民間職員の場合は，研修を実地研修（on-the-job-training）で済ませることで費用の支出を大きく抑えることができる。アメリカの矯正企業が大きな収益を確保する理由はこれらの点での支出のコントロールがうまくいっているからであるとされているが，それゆえに処遇の質の低下がすすみ，受刑者の人権侵害例が報告されているのもまた事実である。

　また，②については，初期の民営刑務所との「契約」のように，まったくの丸投げによってコストだけが抑えられればよいという状況のなかでは，一定の要求水準も明確ではなかった。そのような場合には，当然の帰結として，劣悪な処遇

が常態化し，暴動，暴力，逃走などが頻発したことが知られている。官側はまさに公的支出の削減と引き替えに，受刑者の人権を売り渡していたことになる。しかし現在では，さすがにそのような無責任な民営化は影を潜めている。多くの場合は，企業が官側によって提示される明確な「要求水準書」の水準を満たすことは当然の前提となっている。特に民営刑務所は，全米矯正協会（American Correctional Association, ACA）の認定（Accreditation）を受けることが条件とされている場合がほとんどであるので，施設の建築基準及び被収容者の処遇基準について，ACAの成人矯正施設基準（Standards for Adult Correctional Institutions）を満たした処遇が行われることになっている[8]。官側はこの内容を企業との合意文書（Agreement Paper）に盛り込み，この基準が日常的な運営において満たされているか否かを定期的にモニタリングして，違反があれば違約金の支払いを命じ，違反状態が改善されない場合には契約解除を行う場合がある。その意味では，契約事業者に対して契約違反条項がある場合には不利益を与えることを材料として「適正」に施設運営を行わせる，いわゆる「威嚇型モニタリング」を行っていると言ってよい。

もっとも，これらの問題は，処遇内容までを全面的に委託した英米型民営刑事施設に特有の問題に過ぎないとの批判はあり得よう。しかしながら，これが「英米型」民営刑事施設に特有なものなのか，それとも，そもそも「営利企業型」民営刑事施設に特有なものなのかは評価がわかれるところある。

以下では，まずわが国がとった「民営化」の形態について確認したうえで，民間と官のリスク負担の基本的な考え方，民間職員の地位，モニタリングの方法，そしてアカウンタビリティーについてそれぞれ検討する。

(2) 民営化の形態

わが国の場合，刑の執行は国家の排他的専権事項であって，その他の業務について民間委託する形態をとるので，いわゆる民営化による問題は生じにくいとするのが法務省の説明である。おそらく法務省が念頭においている民営化という概念は，いわゆる完全なる民間への権限委譲あるいはわが国が第3セクター方式で行ってきた「まる投げ型」の民間委託を指しているものと思われる。そして，わが国のPFI構想は，それとは違って「公共部門が民間のサービス水準を監視して，最終的な責任を負うものである」と説明する[9]。

しかしながら，刑事施設の民営化に関わって議論されている，いわゆる「民営化（Privatization）」の概念はそもそもそのように単純に限定された概念ではな

い。もっと広く，国家的・公共的任務を私人へ委譲することと捉えて，民間委託やPFIなども民営化の一部であるとするのが一般的である[10]。特にアメリカにおける刑事施設の民営化の形態に至っては，このような観点から実に様々な形態のものがあり，それぞれが共通の問題を抱えていることがわかっている[11]。わが国がとっている，いわゆるPFI型の施設運営においても問題は生じている。要は，完全なる民間委託によって政府の手を離れることによってのみ様々な問題が生じているのではなく，より根源的には，営利追求型の民間企業が刑事施設の運営に関わることによって，被収容者の人権侵害，処遇の質の低下等の問題が生じていると見るのが妥当であろう。

わが国が着手したPFI手法による刑事施設の建設・運営も，営利企業によって構成された特別目的会社（以下，SPCとする。なお，美祢センターの場合は『社会復帰サポート美祢（株）』〔以下，SRSとする〕）による営利追求型の「民営化」の一態様に他ならない。いかなる形であれ，営利企業が参入するということは，そこに利潤追求の目的が当然の前提となる。これは後に触れる企業の宿命である株主，融資先へのアカウンタビリティーの観点からも説明できる。結局のところ，営利を目的とした企業の運営は必然的に全体のコストカット，特に人件費の削減に結びつくことは否定できないし，安価な労働条件（単に賃金を意味するのではなく，過重な労働負担も含まれる）の下で被収容者に接する職員の労働意欲の低下，ひいては低質化が懸念されることになる[12]。

広い意味での民営化自体は，今回のPFI構想の目的にも掲げられているように，施設運営の透明化が進められ，それによって，国民に理解され，支えられる刑務所運営に繋がるし，地域との共生も達成できるのである。これ自体は否定されるべきではない。しかしそれが営利目的の民営化でなければ達成できないかというとそうではない。むしろ非営利団体が既存の公的な刑事施設運営に多分に関わることで施設運営の透明化が進み，地域住民の理解を得ることができ，それによってますます地域との交流が活発になり，ひいては処遇の質も向上するという例はいくつもある。アメリカにおいても，営利追求型の民営化にかえて非営利型の民営化をすすめるべきであると主張されるゆえんである[13]。わが国におけるPFI構想も処遇に関わる部分が営利追求型の民営化である必要はまったくないのである。

(3) リスク負担の基本的考え方

PFI刑事施設の運営においては，基本的に，権力業務に関わる部分については，従来通り国が携わり，その他の非権力業務の部分については，民間事業者

に任せるというスタンスがとられている。具体的には，「戒具の使用，武器の使用，逃走した在監者の逮捕，懲罰を科すこと，接見及び信書の発受の許否の処分等，収容の目的を達成するために，義務を課したり権利を制限する業務以外を幅広くPFI事業の対象とする」と説明されている[14]。そして，事業者が担当する業務に伴って発生するリスクについては，原則として事業者が責任を負うことになっている[15]。

しかしながら，非権力業務であれば，事業者の自己責任になると単純に割り切ることはできない。今回の事業でPFI事業者に任せられている事業内容の中には，警備，夜間収容棟における処遇，刑務作業における技術指導，職業訓練等が含まれているが，特に警備や処遇の局面では受刑者の逃走，自殺などの事故が起こることが考えられる。本事業においてはこれについて，基本的に国が主な負担を負うことになっているが，PFI事業者も従的な負担を負うものとされている。したがって，事故が生じた場合には，国から違約金を請求されることになっている。これは生じた実費を負担させるものではないと説明されてはいるが，PFI事業者としてはこれらの違約金を隠れコストとして計上して運営する必要性に迫られ，結果として処遇の質の低下につながることも十分に考えられるところである。また何よりも，責任を追及されることの効果として，PFI事業者の警備，処遇が過度に敏感に運営され，ひいては受刑者のプライバシー等を侵害する危険性が生じることも考えなければならない。

結局のところ，本事業におけるリスク負担は，非権力業務の中でも，受刑者の拘禁という，本来，国が追うべき責務に直結する部分もあるので，当該事象については，従的にではあれPFI事業者にリスク負担を負わせるのではなく，最終的に国が全面的にリスクを負担することを明示すべきではないだろうか。むしろ，そのような立場を国が明確にすることによって民間による自由で責任ある施設運営が可能になるものと思われる。

(4) 民間矯正職員の地位

法務省が提示する要求水準書によれば，民間矯正職員に求められているのは，契約書，仕様書，指示事項に基づいて業務を円滑にすすめること，業務上の秘密を守ること，業務の円滑な進行を妨害しないこと，関係法令，通達等を遵守することなどである[16]。その他に詳細な規定はないので，どのような民間矯正職員が想定されているのかは判然としないが，さしあたり，以下では，PFI矯正施設運営の中で極めて重要な位置を占める民間矯正職員の身分，職務権限，構成，待遇および研修について，美祢センターを例にとって検討しておこう。

まず民間矯正職員の身分については，民間矯正職員はあくまでもSRSの従業員であって国家公務員ではない。上司は民間企業である所属会社の上司であり，その命令に従って業務に従事する。もっとも，矯正施設という高度に公共性の高い特別の環境で働くこと，被収容者との間の接触に伴うトラブルが生じないとも限らないこと等の観点から，みなし公務員とされている。したがって当然に守秘義務を負う。また民間職員に対する被収容者の暴力行為については，刑法上の公務執行妨害罪が成立することが考えられるし，逆に民間職員による被収容者への暴力行為等については，特別公務員暴行陵虐罪等が成立することが考えられる。贈収賄罪が成立する余地もある。

　次に職員の構成についてであるが，これは特に要求水準書で細かく規定されているわけではない。どのような人材を確保するかはSRSの裁量に委ねられている。したがって，コストを低く抑えようと考えれば，比較的若年層の職員を採用することになるであろう。もっとも，要求水準書によれば，各業務に従事する者について，常駐警備の実務経験が1年以上あればよいことになっている。このプロジェクトが発表された当初は，例えば，収容監視業務に携わる者は，常駐警備の経験3年以上，常駐警備2級以上，消防庁の認定する救命技能認定者であることが必要とされていたが，実際には企業側の要望もあって，かなり要件が緩和されている。実務経験がいわゆるアルバイトとしての経験も含むのか否かははっきりしないが，SRS側からすれば若年で人件費が嵩まない人事構成が可能な要件であることは明らかである。

　さらに待遇であるが，国家公務員である刑務官は，一般の国家公務員に適用される「行政職俸給表(1)」に比べて12％程度給与水準の高い「公安職俸給表(1)」が適用され，各種手当が支給される[17]。また1週当たりの勤務時間は，40時間（週休2日制）であり，1日8時間の勤務を行う場合と交替制勤務を行う場合があり，年次休暇（年間20日間）のほかに病気休暇，特別休暇および介護休暇が保障される。宿舎の費用は原則として無料である。一方で民間企業の職員の待遇については明らかにされてはいないが，上記とほぼ同じ地理的環境で，美祢センターのSRSの親会社である警備会社の採用条件を見ると，公務員である刑務官との待遇にそれほど大きな開きがあるようには見えない[18]。仮にこの待遇が当てはまるとすれば，国家公務員との大きな差は生じないことになる。しかし，実際には，民間従業員の待遇は国家公務員の水準には満たないことが指摘されており，この待遇面の差によって施設運営の全体のコストを削減していることは明白である。

　最後に研修については，SRSは運用開始予定日までに国が実施する各種研修

および訓練に民間矯正職員を参加させなければならないとしている。この研修・訓練が各矯正研修支所で行われている初等科研修を意味しているのか否かは不明であるが、初期の要求水準書には記載されていなかった研修の義務づけがなされていることは積極的に評価すべきである。

結局のところ、アメリカの民営刑務所で問題になっている、公務員との明らかな賃金格差による民間矯正職員のインセンティブの低下、研修不足による処遇の質の低下の問題については一応の配慮がなされているように見える。もっとも実態は見えてこないので、これは以下に触れるアカウンタビリティーに関連して、今後、明らかにされるべきであろう。

(5) モニタリングの考え方

PFI 刑事施設に対するモニタリングの基本的な考え方は、官側が提示した要求水準を満たして運営されているか否かをチェックして、満たしていない場合には、事業費の減額（あるいは契約解除）を行うとする、いわゆる「威嚇型モニタリング」が前提になっており[19]、基本的には、国民一般に刑事施設における行刑の適正性を開示する「情報公開型モニタリング」を想定しているわけではない。したがって、官側が民間事業者を監視することがまさに目的となっており、①日常モニタリング（事業者による毎日のセルフモニタリング）、②定期モニタリング（官側による事業者月次報告書のモニタリング）、③随時モニタリング（官側による必要に応じたモニタリング）の各段階において、官側が要求する水準を官側がチェックするに過ぎず、そのチェック自体が妥当か否かをチェックする別の視点は介在しない[20]。もっとも、③については、第三者の意見を聴取して、官側のモニタリングの参考にできることになってはいるが、いかなる場合にいかなる基準で第三者チェックが行われるのか、そしてそれをどのように組み入れるのかは明らかではない。

モニタリングは、まさにその目的との関係で種類や方法が考えられなければならない。以下で触れる国および民間事業者のアカウンタビリティーという観点からモニタリングを捉えた場合には、その種類や方法も当然変わってくるはずである。今回の PFI 事業は公的資金を投下していることに変わりはなく、公営よりも経費が少なくて済むから、国民、自治体住民、受刑者はそれなりの期待をしておけばよいというものでもない。むしろ、本来、公権力によって行うべき行刑の一部を民間に委ねたのであるから、一般の公営刑務所よりも、厳しい目で施設運営、処遇内容、人権侵害の有無をチェックする必要がある。その意味からも、モニタリングは、国と民間事業者だけを当事者とする体制ではなく、多くの論者が指摘しているよう

に，それらのいずれからも独立した第三者機関による公正なチェックが必要になると言わざるを得ない[21]。わが国で予定されているモニタリングはその点への配慮が足りない。刑事施設民営化におけるモニタリングは，契約当事者間の問題ではなく，民営化という新しい事業が妥当か否かをチェックする納税者の視点を代理する第三者によって行われることで本来の意味を果たすことを認識しなければならない。

(6) アカウンタビリティーの考え方

PFI 刑事施設の運営が当初の目的，制度設計，運営計画に則って，財政および処遇に関してどのようなパフォーマンスを遂げたかについて説明を果たす責任（アカウンタビリティー）の主体として，業務を委託した国側，そして，矯正事業に参画した企業である民間事業者側の両者が考えられる。そしてそれぞれは，説明を果たす相手方，説明の内容を異にしている。

まず国側が果たすべきアカウンタビリティーについては，①国民に対するアカウンタビリティー，②自治体に対するアカウンタビリティー，③受刑者に対するアカウンタビリティーの三つの局面が考えられる。

①については，PFI 施設が当初の目的通りに，(a)過剰収容の緩和，(b)施設運営の透明化と地域との共生，(c)官製市場の開放による雇用創出・経済の活性化の三つを果たし，他の PFI 以外の公営刑事施設と遜色ない処遇内容を展開できていることを説明しなければならない。②については，民営刑事施設を受け入れた自治体が，地元での雇用創出と経済の活性化に大きな期待を寄せていることに鑑みて，国側は，これらの具体的内容（数値）を説明しなければならない。また，地元企業，地元人材を活用しない場合には，その点について，経済的観点から説得的に説明しなければならない。③については，今回の PFI 刑事施設運営がパイロットプロジェクトとしての位置づけであり，受刑者は一種の実験台になっているという観点から生じる。受刑者の多くが単独室に収容されたり，独歩が許されたりするなどのメリットを享受する一方で，居住地から離れた施設に収容されること，施設内では電子タグによってコンピューター監視されること，実験的処遇プログラムを受けなければならないこと等のデメリットもある。国は，受刑者が公営刑事施設では被ることのない「義務」について，受刑者に十分な事前情報を与えたうえで，その「成果」を事後に説明しなければならない。

一方で，民間事業者が果たすべきアカウンタビリティーとしては，④国に対するアカウンタビリティー，⑤自治体に対するアカウンタビリティー，⑥受刑者に対するアカウンタビリティー，⑦融資先に対するアカウンタビリティー，そして⑧株主に対

するアカウンタビリティーの5つの局面が考えられる。

④については，国とSPCとの間の契約内容の履行状況についての説明につきる。既述したモニタリングとの関連で言えば，日常の業務日誌，月次業務報告書を作成して，各業務において要求水準さえ満たしておけば，国に対するアカウンタビリティーは果たすことになる。⑤については，②と同様に，民間事業者も地元での雇用創出と経済の活性化という目的の一翼を担うことを前提に当該事業に参画したのであるから，自治体に対してこれらの目的達成のためにいかなる努力をして，進捗させているかについて説明しなければならない。⑥については，特に民間事業者が主体的に監視プログラム，試験的教育プログラム等を導入したのであるから，その直接的なユーザーから意見を聞いたうえで，利点，改善点について説明する責任を負うことになる。もっとも，営利企業による民営刑事施設運営における問題は，多くの場合，企業秘密として表面には出てこない⑦および⑧の中に潜んでいる。直接，間接を問わず，当該SPCの企業としての利潤に関心があるのは，融資先であり，株主である。これらの者は，SPCが赤字を生むことを許さないし，長い目で利益を得ればよいとの説明にも満足しない。安定的に利益をあげること以外に，SPCの事業を受け入れることはない。

結局のところ，①および④の間の表面的なアカウンタビリティーのみが「威嚇型モニタリング」との関係でクローズアップされていて，②，③，⑤および⑥の観点からのアカウンタビリティーは果たされようとはしていない。もし，⑦および⑧の観点から，本来享受すべき受刑者の利益および自治体の利益が損なわれているとするならば問題である。その意味でも，「情報公開型モニタリング」を念頭におくべきであろう。

(7) 小括

わが国のPFI刑事施設は，官民協働型の民営刑事施設であるが，営利企業が関わるという点において，アメリカで主流を占めている巨大企業による民営刑務所特有の問題が潜在していることをまず認識しなければならない。そして，民間事業者も実質的に権力業務の一端を担わざるを得ない局面があり，そのことが後にみるように受刑者の処遇にも影響を与えるということ，民間事業者が雇用する民間矯正職員の地位が公務員である刑務官と同等であるか否か不透明であり，そのことが受刑者の処遇に影響を与える可能性があること，国および民間事業者が負うアカウンタビリティーの観点から，現行のモニタリング計画には問題があることが確認できた。

3．PFI 刑事施設の処遇上の問題点

　では，上述したような問題を孕む日本型 PFI 刑事施設構想の中で，実際の被収容者処遇はどのようにデザインされているのだろうか。またそこには被収容者の人権を危うくするような問題点は含まれていないだろうか。以下では，処遇内容を広く捉えて，(1)総務業務，(2)収容関連サービス業務，(3)警備業務，(4)医療，(5)刑務作業，(6)職業訓練，(7)教育，(8)外部交通の各部門について具体的な内容を検討してみたい。

(1) 総務業務

　PFI 構想の中で民間事業者が担う範囲は広く，刑事施設における職員管理，経理等組織全体の運営に関する業務も含まれる。①庶務事務支援業務，②名籍事務支援業務，③各種統計支援業務，④経理事務支援業務，⑤領置事務支援業務，⑥情報システム管理業務，⑦運転業務，⑧備品・消耗品管理業務などがそれである。この中で，特に被収容者の処遇との関係で問題となりうる業務は，①の中の文書発受・管理業務，②の中の身分帳管理業務，⑥の中の処遇情報管理システムおよび位置情報把握システムの構築・管理であろう。以下，若干の検討を加える。

　①の中の文書発受・管理については，受刑者の郵便物等の管理に必要なシステムを構築・運営すること，訴訟関係書類など受刑者の権利利益に密接に関わる文書を迅速・適正に処理して本人に不利益を与えないことが要求されている。後者については，誰が，「受刑者の権利利益に密接に関わること」「受刑者本人に不利益を与えないこと」を判断するかは不明確なままである。美祢センター及び島根センターでは，この点，事業契約の範囲内でセンター長と SPC が協議の上策定する「運用基準」に従って適正に処理するとされているが，受刑者の権利利益に関わる重要な事柄が民間事業者の判断に馴染むのかは疑問が残る。

　②の中の身分帳管理業務は言うまでもなく受刑者の個人情報ファイル（被収容者身分帳簿）の管理を行う業務であるが，ファイル自体の作成は「被収容者身分帳簿及び名籍事務関係各帳簿の扱いについて」に基づいて行われる。ファイルは受刑者の出所後2部に分冊して，1部は10年間，もう1部は事業機関終了後国に引き継ぐまで保存しなければならないことになっている。問題は，ファイルの保存場所である。要求水準では，必要な場合に速やかに検索・入手できる場所

であればよいとして保存場所を施設内に限定していない。個人情報が漏洩しないような十分な措置を講じることを要求はしているものの，受刑者のプライバシー情報の管理場所を民間事業者の選定に任せる運用は個人情報の管理のあり方としては疑問が残る。管理場所は施設内に限定すべきではないだろうか。

　③の中の処遇情報管理システムは受刑者の処遇情報を管理できるデータベースを構築・管理する業務である。職員全員が必要に応じて，入力，閲覧できるシステムを前提としており，無線LANによる共有化も是認している。個人情報が漏洩しないように十分な対策を講じることが民間事業者に同時に求められているが，処遇を担当しない職員も無線LANで個人情報にアクセスできるようにすることには疑問が残る。もっとも，島根センターでは，情報の階層毎にアクセス制限を設けて権限のある職員のみがアクセスできるようにしているので，ある種のガイドラインを作成することが前提になっているものと思われる。

　同じく③の中の位置情報把握システムは，すべての受刑者及び保安区域内への入場者の位置情報を把握できるシステムを構築して，保守管理する業務である。護送中に受刑者の位置情報の把握も業務の対象となる。保安区域内については，瞬時に入退出情報が把握できるように無線LANを利用して受刑者が装着している無線タグをコンピューターで読み取る方法が用いられることになっている。記録は1ヶ月間以上保存される。これについては，以下の(3)でも触れるとおり，受刑者を物扱いし，かつそのプライバシーを侵害するおそれが高い点に大いに疑問が残る。

(2) 収容関連サービス業務

　収容関連サービスについて民間事業者は，①給食業務，②衣類・寝具の提供業務，③清掃業務，④購買・理容等の業務を担うことになる。

　①給食業務については，特に，島根センターでは人工透析を受ける被収容者を，喜連川センターでは高齢受刑者をそれぞれ収容するので，治療食の提供は健康管理のうえで重要な意味をもってくる。現状では，医師が食事箋を作成し，管理栄養士に献立を作成したうえで，治療食が調理されることになっている。この点は一般の医療機関と同等の措置を講じており積極的に評価できる。②衣類・寝具の提供義務については，清潔な衣類・寝具の提供が民間事業者に義務づけられており，身体に障害を持つ被収容者に配慮した衣料の提供も含めて，きめ細かい配慮がなされており積極的に評価できる。その他，③清掃業務については，収容棟及び職業訓練等以外のすべての敷地内の日常清掃及び定期清掃が民間事業

者の業務内容となっている。また，④購買業務については，民間事業者が，受刑者が購入する物品・新聞その他図書の発注・検収及び面会人が購入する差入れ品の仕入れ，販売を行う。同じく④理容業務については，同様に，全受刑者に対して最低3週間に1回以上調髪を行う。その際，危険な理容器具は使用しないことになっている。これらはいずれも受刑者の利便性に配慮している点で積極的に評価できる。

(3) 警備業務

　警備業務は，刑事施設内の規律・秩序を維持し，被収容者の拘禁を確保するとともに，その改善更生と社会復帰に向けた良好な処遇環境を維持することであり，施設運営上の重要な業務であることは疑いない。PFI構想の中で民間事業者は，①庁舎警備，②収容監視業務，③信書検査支援業務，④保安検査・護送支援業務，⑤運動・入浴等監視支援業務等を行うことが義務づけられているが，この中には受刑者の処遇に直接関係する業務も含まれている。

　なかでも，特に②については，被収容者の日常行動を監視する業務であり，受刑者の処遇上の観点からも若干の検討を必要とする。

　確かに，警備をハイテク化すれば，警備にかかる人件費がもっとも「合理化」できる。実際にアメリカの民営刑務所は多くのハイテク技術を用いることで経費を合理化していることで企業収益をあげていることが広く知られている[22]。しかしながら，中央監視システムに頼ることで，受刑者の集団生活の維持は可能となるだろうか。また，ハイテク監視によって，従来，矯正現場で重視されてきた刑務官と受刑者の人間的つながりの中での社会復帰処遇は維持できるのであろうか。いくつかの点に疑問が残る。

　現在，美祢センターで実施されている管理システムは，被収容者が着用する衣服の上に無線タグを取り付けて，所内での行動を無線LANを用いてコンピューターで監視するというものである。受刑者が少なくともどの区域にいるかは瞬時に把握できるし，事後もデータとして残されることになっている。これは職員についても同じである。

　確かにこのようなシステムが導入されれば，刑務所内を独歩で「自由に移動する」ことが可能となり，被収容者同士の交流も「活発になる」ことが考えられるのかもしれない。それによって被収容者自治的な考えが芽生える可能性も否定はできないであろう。また，治安の面では，被収容者の逃走防止に役立つであろうし，職員とのトラブル等もより早く察知することは可能になるかもしれない。戒具・武器

の無用な使用も事前に回避できるメリットがあるとも推測できる。職員にとっても自らの安全が守られていると実感することができるのであろう。

　しかしながら，被収容者に無線タグを強制的に装着させることで所内行動を「自由化」することは，物理的な行動の自由を一定程度認めることにはなっても，精神的な自由の拘束は従来にも増して厳しくなるとは考えられないだろうか。なぜなら，被収容者は日中の行動を常に監視されているのであるから，特定の被収容者と頻繁に行動をともにしたり，あるいは誰とも接することなく一人でいるといったような怪しまれる行動は控えるようになることが推測されるからである。もし怪しい行動パターンをとれば，そのことが本人の処遇評価に直結すると考えるからである。被収容者は「刑務官の見えない目」によって常に監視されているという精神的なプレッシャーを感じながら，バランスよく所内を行動することを余儀なくされるということにはならないだろうか。また，そのような弊害以前に，電子監視を実施するということは，人間を情の通った「人」としてではなく「物」として扱い，一種の「檻」の中に放っておくという点で，すでに人間的処遇を一部放棄していると批判されるべきである。さらには本人確認の手段として，指静脈認証方式による生体認証システムが併用されることで，この傾向をますます強くするもののように思われてならない。

　結局のところ，施設運営の経済的効率性のみを重視するハイテク管理による中央監視システムは，真の意味で被収容者の所内行動の自由を促進することにはつながらないものと考えられる。もっとも，被収容者の所内行動の自由を促進することは，社会復帰のための重要なプロセスの一つと考えられるので，それ自体は促進されるべきである。被収容者同士の人間的な触れあい，そして，被収容者と刑務官の人間的な触れあいを深めるための職員の「人的配備」を整えることが重要である。このことは，被収容者の人間性を尊重しつつ，社会復帰のためへの処遇を行い，国民に理解される刑事施設とするためには必要不可欠だと考える。

⑷　医療

　今回の刑事施設については現状の刑事施設における診療よりも格段に改善される可能性が高くなる。なぜなら，刑事施設が外部の医療機関と契約して（美祢市立病院へ管理委託される），健康診断の実施，土日を除く医師による診療を保障するからである。治療費は従来通り国家負担である。診療科目としては，内科，外科，婦人科，精神科，歯科の標準的診療が実施されることになっている。このうち婦人科は一般にも開放される。

アメリカの民営刑務所の場合，民営化の初期の段階で，契約内容の不明確性，あるいは州当局によるモニタリングの不十分さゆえに，いくつかの医療事故が発生して，十分な施設内医療が提供されなかったことが報告されている[23]。もっとも，現在では，民営刑務所の多くが全米矯正保険委員会（National Commission on Correctional Health Care）の基準を採用して，一定の医療水準を保持する運営に変わってきており，医療の質は改善されていると言ってよい。また，すべての受刑者に総合医療を提供することは，民営刑務所の財政を逼迫するとして契約を解除した例[24]もあり，どの範囲で民間委託するかは非常に重要な問題である。

今回のわが国の事業においては，美祢市立病院が通常の医療を被収容者に提供することが前提とされているので，アメリカの例のように一般的な医療水準に満たない医療が提供されるという心配はないと思われる。問題があるとすれば，むしろ，被収容者に医療を提供するまでのプロセスに依然として残っているのではないだろうか。たとえ医療スタッフが巡回して被収容者が症状を訴えたとしても，詐病か否かを確かめるための保安要請からぎりぎりまで我慢させ，詐病でないことを確認してはじめて受診させるような事態が生じるとすれば，国民に理解される刑事施設とはならない。特に夜間の急患について，夜間警備を担当する民間事業者が被収容者の訴えを聞いて医務課に連絡する前に何らかの保安要請がかかるということになれば，充実した医療体制は整ってはいるものの，簡単にアクセスできるものではないとの批判は避けられない。

一つの運営のあり方としては，外部医療機関が関与することを好機として，被収容者の訴えが詐病と疑われるような場合であっても，その判断は，外部の第三者である医師または看護師にまず任せるという明確な運用基準を確立することが，真の意味で施設医療の水準を高める第一歩になるものと考える[25]。

(5) 刑務作業

一般に民営刑務所がアメリカにおいて発展している要因としてあげられるのが，刑務所産業による企業収益にあるとされている。外部の一般労働者に比較すると低い賃金で被収容者の労働力を使って，様々な製品を生産して利潤をあげるというシステムが，多くの民営刑務所の中では当たり前のことになっている。消費者は一般企業と変わらない質の商品を廉価で手に入れることができるし，被収容者にしても，公立の刑務所での低賃金労働よりも，民営刑務所での労働の方が「高収入」を得ることができる。これらの事情が合わさって，刑務所産業を中心にした民営刑務所は全米の至る所に存在する。

今回の事業も，施設建設についてはPFI手法をとりいれるものの，実際に企業が参入して利潤を追求するとすれば，刑務所産業的な「生産」を行うのが当然であると考えられていた。いわばこのことは民営化のコアの部分であり，企業の側からすればここに手を入れない民営化は魅力にかけると推測されたからである。ところが，法務省は，当初，上記の意味での刑務作業を6時間行わせることを予定していたが，被収容者の数及び労働能力，周囲の労働機会等を懸念する企業の意見を入れて，企業自体に刑務作業を委託するのではなく「国が提供作業として実施するための作業の企画支援並びに作業に関する設備及び材料，完成品の管理」のみをPFI事業の対象としたと推測される[26]。もっとも，このことによって，図らずも，日弁連が懸念していた以下の点は回避できたかにも見える。すなわち，刑務作業から民間事業者が収益をあげることはILO第29号条約に違反して労働搾取にあたるという点，そして，刑務作業による利潤追求が被収容者に対する教育・カウンセリングの処遇目的を害するという点である[27]。

　確かに，今回の事業では，刑務作業は国の業務であるということを確認し，営利追求ではなく被収容者の処遇の一環としての位置づけられたと見ることもできる。しかしながら，国に対して作業を提供する企業を確保するという「事業」がPFI事業として利益性を生まないかというとそうとも言えない。PFI事業は慈善事業ではないので，何らかの経済的メリットがなければ参入する必然性はないからである。実際に，SRS（刑務作業支援については，セコム，新日鉄エンジニアリングが担当）の「紹介」によって国に対して作業を提供することになる企業や団体（作業提供企業等）は，センター長と作業契約を締結し，地域の最低賃金を支払うことで「安価な労働力」を確保することになる。SRS自体が直接的に利潤を得ることにはならないものの，一種の経済サイクルの中に受刑者が組み込まれることにならないだろうか。国に作業を提供する企業とPFI事業者との間での経済的取引のつけは，何らかの形で刑務作業における利潤追求に跳ね返ってくることは当然予測されよう。その意味で，今回の事業では，PFI事業者に間接的に刑務所産業化への門戸を開いたものと見ておくべきである。もし，刑務所産業化することを前提にしていないというのであれば，作業を提供する企業等の確保は非営利法人あるいは民間NGOに委託すれば必要かつ十分であるように思われる。

(6) **職業訓練**

　本事業では，全受刑者が平日には1時間（週5時間）以上の職業訓練が実施できるような体制が執られ，刑務作業と併せて7時間以上実施することが予定

されている[28]。ここでの職業訓練の内容はPFI事業者によって多種多様な科目の開発が行われることになろう。

　この点すでに美祢センターでは，SRS（職業訓練業務を担当するのは小学館プロダクション）が，①できるだけ多くの受刑者への定期的な職業訓練の機会の確保，②職業意識，社会貢献意識を啓発し，勤労意欲の育成を促す内容の提供，③基本的かつ汎用性の高い知識・技能の確実な習得，④労働需要に合わせた科目の柔軟な開発の4つの特徴を掲げて，職業訓練を行っている[29]。

　①については要求水準にあう形で受刑者のニーズを最大限に入れながら，できるかぎり均等な機会をユニット単位で確保する仕組みが講じられており，特殊な例外を除き，受刑者全員が受講の機会に接することができる。②については，手話，ボランティア啓発，点字などがカリキュラムに組み込まれているが，社会的に自立できるか否かも不安定な地位にある受刑者に，これらを学ばせることで社会貢献を「強制」することが社会復帰における職業訓練として有用であるかについては疑問が残る[30]。むしろ職業訓練を実質化するためには，PFI事業者によって開発される科目が現代的ニーズに直結していることのほうが重要である。その観点からすると，③④において，安全衛生・品質管理・環境配慮，PCスキル，ホームヘルパー2級，医療事務，マッサージ，テクニカルITなどの科目が置かれており，現代的ニーズに応える内容になっており，積極的評価に値する。

　もっとも，センターに収容される受刑者は初入で犯罪傾向の進んでいない比較的若年受刑者であるので，社会復帰後の有職者のスムーズな社会復帰をどのように実現するかが重要な課題になってくる。特に男子受刑者の場合には，安定した就労状況が維持されていることが入所の条件となっているので，職業訓練は，センター内で独自に身につけさせるものというよりも，むしろ対象受刑者本人の社会での就労状況に直結したものであることが前提にならなければならないように思われる。また女子受刑者に対しても，出所後の社会での就労の機会に結びつく職業訓練が必要であることは言うまでもない。全米矯正協会処遇基準に示されるように，「職業訓練プログラムは学術プログラムの中に統合されるとともに，被収容者のニーズと社会での就労の機会に関連したものであること」[31]が，受刑者が社会へスムーズに適応できるための重要な条件整備になる。特に受刑者が戻っていく地域社会との連携は必要不可欠である。PFI事業者はこのような観点から科目を選定し，帰住先（職場）との連携も含めてそのプログラムを実施していかなければならないのではないだろうか。

⑺ **教育**

　教育業務は，受刑者の改善更生を図り，再犯に陥らないための心構えを身につけさせるとともに，円滑な社会復帰を促進することを目的として行われる。業務内容は，①教育企画業務（播磨センター，喜連川センターは教育実施業務も含む），②図書管理業務，③その他教育支援業務からなっている。

　このうち①について特徴的なのは，処遇類型として特別のケアーを必要とする受刑者に対して，犯罪の責任を自覚させ，健康な心身を培わせ，社会生活に適応できるような知識や生活態度を習得させるための指導を，民間事業者が企画・立案・実施する点である。言うまでもなく，刑事施設被収容者処遇法によって改善指導・教科指導が義務化されるようになったが，受刑者の一般的な改善指導だけではなく，薬物依存者，性犯罪者，交通違反者，被害意識の薄い受刑者などに，それぞれの問題性に応じた処遇プログラムを立案して，グループワークなどを効率的に組み入れて処遇を行う責務を民間事業に負わせたのである。そのため施設内に，高齢者を含む身体障害を有する受刑者や精神・知的障害を有する受刑者の特性に応じた処遇を行う特化ユニットを設けて，その特性に応じた処遇が実施できるように専門スタッフを配置して，作業療法，社会生活技能訓練，個別カウンセリングなどの各種プログラムを実施することになっている。専門スタッフは，作業療法士，社会福祉士，臨床心理士などであるが，その選任についてはあらかじめセンター長の承認を受けなければならない。

　美祢センターにおいては，特化ユニットは設けられてはいないが，既存のプログラムに比べて特に新しく実施されているプログラムは，集団でのカウンセリング指導を組み込んだ(a)反犯罪性思考プログラム及び(b)アディクション・コントロールプログラム，修復的司法の観点から(c)被害者の視点を取り入れた教育，さらには(d)通信教育・教科指導などである[32]。特に，(a)は認知行動療法を応用した新しい試みであり，グループディスカッションやパワーポイントによるプレゼンテーションなどを取り入れたプログラムである。まったく新しい試みであるだけに，受刑者にとってもそれが効果的なのか，過重な負担を負わせるだけなのか未知数である。また，(b)も(a)同様に民間に委託して新たに開発されたプログラムであり，同様の問題がある。いずれにしても，受刑者は，否応なしに効果が確立していない教育プログラムの「実験台」にされることを甘受しなければならない理由はない。少なくとも，諸外国における実績を含めて事前の説明を行って受刑者の意向を確認した上でその参加を確保し，参加者については事後に参加の効果について説明する責任を民間事業者は負っていると考えられる。

⑻　外部交通

　今回の民営化による刑事施設での面会・信書の発受の扱いが，他の施設に比べて特段に変更されるわけではない。面会は原則として月1回30分間認められてその際には職員が立ち会って内容を聴取する（もっとも美祢センターでは無立会面会も予定されている）。発受する信書についても職員が検閲を行って，必要がある場合はその内容を書信表に記載している。本構想においても，これらの業務は国職員が行う業務としてそのまま残されている[33]。外部との通謀による逃走の企図，犯罪の指示等による事故を未然に防ぐためにも，面会や信書が厳しく制限されてきたことを考えると，まさにこれらは施設の安全を保持するとともに，受刑者に対する刑罰の執行そのものに関連する問題である。したがって，PFI事業者には任せることが不適当であると考えられたものと推測できる。

　この外部交通にかかわって，PFI事業者が担当できるとすれば，今回導入されることになっている，ホームページ及び電話を利用した「面会予約システム」の構築・運営，受刑者の郵便物の管理のレベルにとどまるということなのであろう[34]。これは単に，面会の受付，郵便物の送受のみを対象として内容に関わることはないので，被収容者の処遇面に影響を及ぼす業務ではないと考えられている。また，民間の事業者が電話応対をすることで国事業ではなし得ないやわらかい対応が可能になり，面会を申し込む者も気兼ねなく申し込めるというわけである。国民に親しみやすい刑事施設としては当然の心配りということにもなろう。

　もっとも外部交通に関して問題点がないわけではない。今回，被収容者が，各矯正管区を越えて山口県美祢市の矯正施設，あるいは島根県浜田市の矯正施設に収容される場合には，現状よりも家族面会等が不便になることは明らかである。物理的な距離の問題もさることながら，面会のための費用は一般国民にとっては加重負担になることは疑いがない。制度設計そのものが，実質的には，被収容者の面会の機会を制約する可能性を内包している点を認識すべきである。刑事施設被収容者処遇法によって面会の機会が親族以外にも広げられたり，一部，電話による通話も可能になるようになってはいるが，今回のセンターの場合には，絵に描いた餅に過ぎないのかもしれない。少なくとも，PFI刑事施設として強制的に遠隔地に収容された被収容者及びその家族に配慮して，通話料無料の電話による交通及びビデオリンクによる面会を原則とすべきではないだろうか。ビデオリンクによる面会は，広大な地域をカバーするアメリカの刑事施設では当たり前の設備であるが，わが国では未だ例がない。この導入こそまさに，民間事業参入の積極的

効果として期待できないであろうか。ビデオリンク方式で各都道府県のしかるべき施設間を結ぶことはそれほど技術的,経済的に困難な問題であるようには思われない。また,交通費の補助等の方策についても検討すべきである[35]。さらには,若・中年層の女子受刑者を収容するところから,親子の面会は原則としてその機会を物理的に保障すべきである[36]。受刑者の社会復帰のためには,家族とのつながりを維持することが重要であることは言うまでもない。

さらに外部交通に関連して,受刑者と地域社会との交流の問題が重視されるべきである。従来の刑事施設においても,レクリエーション,外部講師の指導,構外作業等において受刑者が地域社会と接触を持つ機会があったが,島根センターでは,加えてビジターセンター,子育て支援施設,コミュニティガーデンなどを配置して地域住民が刑事施設に足を向ける機会を提供している。行刑を透明化し,地域住民に安心して,矯正施設を受け入れてもらうためにも,受刑者とのふれあいの機会は拡充していくべきであろう。そのことは受刑者にとっても,スムーズに社会復帰できる貴重な機会になることは言うまでもない。民間事業者はそのような観点からも,各事業を地域密着型にしていくべきであろう。

4. むすびにかえて

最後に,本小論で明らかになったPFI刑事施設の積極的側面,PFI導入によって今後の行刑の改善が期待できる点およびPFI導入によってクローズアップされた点について整理して,むすびにかえておくことにしたい。

第1に,PFI刑事施設によって従来の刑事施設から大幅に改善された積極的側面については,過剰収容の緩和,特定のケアーを必要とする受刑者への配慮,医療があげられよう。基本的にPFI施設では単独室収容となるので,受刑者の自由度は増すとともにプライバシーも守られることなり,他施設に比べて受刑者のストレスは減ることが予想される。また,人工透析を受ける必要のある受刑者,介護が必要な高齢受刑者など特別のケアーを必要とする受刑者について,日常的ケアー,食事,医療が専門的スタッフによって行われることになり,従来の施設における処遇より格段の配慮がなされることになる。さらに医療全般についても,新設のPFI刑事施設では病院が併設されて医師が常駐することになるので,受刑者が医療サービスをうけやすくなる環境が整備されたことになる。

第2に,PFIにより民間のノウハウが入れられることによってさらなる行刑の改善が期待される点としては,外部社会とのつながりを意識した職業訓練プログラム

および教育プログラムの充実化，外部交通におけるハイテク技術の導入などが考えられよう。全国各地に関連会社を有する大企業が参画したPFI事業の特徴を活かして，受刑者の各帰住先の就職先を意識した職業訓練を展開することが期待できるのではないだろうか。またハイテク技術についても，施設内管理に活かすだけではなく，遠隔地とのビデオ面会について活かすことも真剣に考える必要がある。これらは受刑者のよりよい社会復帰のためには欠かせない点だからである。

第3に，PFI導入によって受刑者の利便性が増したがゆえにクローズアップされる点として金銭の問題が考えられる。受刑者は，教育面では自費で通信教育をうけることができるし，同じく医療面では歯科治療をうけることができる。また，収容されている施設と帰住先が離れている受刑者は家族等との面会が容易ではないので，上記のシステムが構築されるまでは，当面，電話面会を行ったり，家族への旅費の補助などを行う必要性が生じよう。さらに購買面でも利便性が増し，支出が増えることが予想される。これらの点を解決するためには，賃金労働制を導入することがよいのではないだろうか。このことによって受刑者の勤労精神も培われることになるだろう。

以上，PFI導入によってもたらされる積極的側面，建設的側面を指摘したが，これらが受刑者の処遇，社会復帰，さらには地域経済の活性化に寄与するか否かは，本文で指摘した意味でのアカウンタビリティーが果たされる否かにかかっている。その意味でも，独立の第三者機関によるモニタリングを徹底させることは，わが国のPFI事業の成功の鍵を握っているのではないだろうか。

1　本センターの詳細については，その構想段階の情報も含めて法務省のホームページ（http://www.moj.go.jp/KYOUSEI/PFI/index.html），吉野智「PFI手法による刑務所の整備・運営事業」『刑政』116巻8号（2005年）および「特集：新しい刑務所運営」『ジュリスト』1333号（2007年）所収の論稿を参照されたい。

2　わが国におけるPFI導入の背景と現状については，柏木昇監修『PFI実務のエッセンス』（有斐閣，2004年），照屋寛之「日本におけるPFI導入と公共サービス」『沖縄法学』32号（2003年）131頁以下等に詳しい。

3　島根県浜田市旭町の「旭拠点工業団地」にPFI方式で運営する刑務所を新設することをすでに決定している。ここでは2008年から犯罪傾向の進んでいない男性受刑者約2,000名の収容が開始される。警備，炊事，職業訓練などがPFI事業の対象とする。なお，播磨センターおよび喜連川センターについては，すでに2007年10月から開業している。

4　例えば，Andrew Coyle et al., Capitalist Punishment : Prison Privatization &

Human Rights, 2003（抄訳・紹介として，『山梨学院ロージャーナル』1号〔2005年〕，2号〔2007年〕所収論文），拙稿「矯正施設民営化の現状と課題——わが国はアメリカの現状から何を学ぶべきか」『矯正講座』25号〔2004年〕121頁以下等を参照されたい。

5 本稿で用いている「処遇」という文言は，総務業務，収容関連業務なども含めた広い意味で用いていることをあらかじめお断りしておきたい。

6 例えば，民間の調査機関である民営矯正研究所 (Private Corrections Institute) のホームページ上には主だった民間矯正企業のここ数年の出来事が集約されており，参考になる (http://www.privateci.org/rap.html)。また，Corrections USA, Prison Privatization Update 11: The Information the Private Prison Industry Hopes You'll Never See !, 2003 (http://www.pscoa.org/cusa/prison_privatization%20update%2011.htm) も参照されたい。

7 See e.g. Geoffrey F. Segal, The Extent, History, and Role of Private Companies in the Delivery of Correctional Services in the United States, 2002, at 19. なお，人件費に関する削減は，残業カット，事務部門の人員削減などによっても達成できるとされている。

8 American Correctional Association, Standards For Adult Correctional Institutions 4th Edition, 2003．(Hereinafter, ACA Standards)．

9 法務省『美祢社会復帰促進センター整備・運営事業：運営業務要求水準書』(2004年3月) 1頁 (以下，『美祢運営業務要求水準書』とする) (http://www.moj.co.jp/KYOUSEI/MINE/mine04.pdf)。

10 特に，民営化一般の概念については，松塚晋輔『民営化の責任論』(成文堂，2003年) 1頁以下を参照されたい。

11 拙稿・前掲注 (4) 112頁〜115頁。

12 See, e.g. Alex Friedmann, "Juvenile Crime Pays--But at What Cost?", Andrew Coyle et al., CAPITALIST PUNISHMENT, 2003, at 54.

13 See, e.g. Daniel L.Low, " Nonprofit Private Prisons : The Next Generation of Prison Management." New England Journal on Crime and Civil Confinement, Vol.29, 2003.

14 法務省『PFI手法による新設刑務所の整備・運営事業基本構想』(2004年3月) 5頁 (http://www.moj.co.jp/KYOUSEI/MINE/mine05.pdf)。

15 法務省『美祢社会復帰促進センター整備・運営事業方針』(2004年3月。以下，『整備運営方針』とする〔http://www.moj.go.jp/KYOUSEI/MINE/mine02.pdf〕) 14頁，法務省『島根あさひ社会復帰促進センター整備・運営事業実施方針』(2005年

6月）15頁（http://www.moj.go.jp/KYOUSEI/MINE/mine11.pdf)、同『播磨社会復帰促進センター等運営事業実施方針』（2006年9月）14頁（http://www.moj.go.jp/KYOUSEI/KITSURE-HARIMA/pfi-kh13.pdf)、同『喜連川社会復帰促進センター等運営事業実施方針』（2006年9月）14頁（http://www.moj.go.jp/KYOUSEI/KITSURE-HARIMA/pfi-kh01.pdf)。

16　『美祢運営業務要求水準書』前掲注（9）3～4頁。

17　法務省ホームページ参照（http://www.moj.go.jp/KYOUSEI/kyouse13.html)。

18　株式会社セコムホームページ参照（http://www.secom.co.jp/recruit/college/yoko1.html)。

19　法務省「美祢社会復帰促進センター整備・運営事業モニタリング及び改善要求措置要領」（2004年11月22日）（http://www.moj.go.jp/KYOUSEI/MINE/nyusatsu10-02.pdf)。島根センター、喜連川センター、播磨センターでも同様のモニタリング案が法務省ホームページ上に公表されている。

20　例えば、オーストラリアではポートフィリップ刑務所で起きた被収容者5名の死亡事案を契機に独立第三者委員会による調査が行われて原因が究明されている（See, Peter Kirby et al., Independent Investigation Into The Management And Operations Of Victoria's Private Prisons, 2000）が、このような独立第三者の視点が常時モニタリングの段階で介在することになれば、全体として行刑の透明性は高まることになるのではないだろうか。

21　例えば、本書第7章笹倉論文参照。

22　浜井浩一「矯正におけるハイテク警備機器」『刑政』110巻9号（1999年）36頁以下等参照。

23　拙稿・前掲注（4）123頁。

24　1997年にネバダ州ラスベガス市郊外に開設したネバダ女子刑務所は、アメリカ矯正会社（CCA）によって運営されていたが、医療費支出の増大による財政圧迫を理由に契約を解除し、2004年10月から州によって運営されている。See, Nevada Department of Corrections, NDOC Newsletter, 2004, pp.1-3.

25　この点、美祢センターにおいては、病院に所属する看護師が第1次的に診察が必要か否かを判断することになっている（本書・第3部参照）ようであり、積極的に評価すべきである。このことを好機として、従来の刑事施設での医療運営のあり方を再考すべきではなかろうか。

26　本庄武「PFI構想について」刑事立法研究会編『刑務所改革のゆくえ』（現代人文社、2005年）106頁。

27　日本弁護士連合会「PFI刑務所についての提言――PFI刑務所における労働をILO第29号条約に適合したものとするために」（2004年10月）(http://www.nichibenren.or.jp/jp/katsudo/sytyou/iken/04/2004_57.html)。
28　『美祢運営業務要求水準書』・前掲注（9）22頁。
29　美祢センターにおける職業訓練については，落合暢之「美祢社会復帰促進センターについて4――職業訓練の新たな試み」『ジュリスト』1333号（2007年）49頁以下を参照されたい。
30　本庄・前掲注（26）104頁。
31　ACA Standards, supra note 8 at 148.
32　喜田力「美祢社会復帰促進センターについて3――社会復帰をサポートする教育」『ジュリスト』1333号（2007年）44頁以下を参照されたい。
33　法務省『刑務所の業務（美祢社会復帰促進センター整備・運営事業参考資料）』(2004年3月) 10頁 (http://www.moj.co.jp/KYOUSEI/MINE/setumei02.pdf)。
34　『美祢運営業務要求水準書』・前掲注（9）5頁及び10頁。
35　ACA Standards, supra note 8 at 157. によれば，全米矯正協会の刑事施設基準は，最寄り駅から施設までの距離が遠くて費用が嵩むような場合には，施設側が移動手段を提供することも考えなければならないとしている。
36　Heidi Rosenberg, "COMMENT: California's Incarcerated Mothers: Legal Roadblocks to Reunification", Golden Gate University Law Review, Vo.30, 2000, at 327. によれば，アメリカのカリフォルニア州では，刑務所に収容されている母親とその子どもの面会のための旅費を，家族の再統合を促進する観点から立て替える場合がある。

［追記］本稿は，拙稿「刑事施設に関する日本版PFI構想の問題点」『龍谷大学矯正・保護研究センター研究年報2号』（2005年）に，その後の状況の変化を踏まえて大幅な修正を施したものであることをお断りしておきたい。

（山口直也/やまぐち・なおや）

第6章 電子タグによる監視と警備

1. はじめに

　2007年4月に開設された「美祢社会復帰促進センター」では、従来の施設では見られなかった画期的な施策が盛り込まれている。美祢の施設運営を担うSPCである社会復帰サポート美祢株式会社の責任者によれば、この施設は、コンクリート塀の代わりに、セキュリティベルトと名付けた多重のフェンスを張り巡らせること、窓に鉄格子の代わりに簡単に破壊できない強化ガラスを用いること、被収容者の大半は半開放ユニットに収容され、就寝時間など以外は収容棟内共用部を制限なく移動することができること、出役・還房、運動、医務、面会などのための被収容者の構内移動は、すべて独歩で行われる予定であることといった特色を備える[1]。このようにハード面・ソフト面で開放的施設化を積極的に進め、施設内での生活をできるだけ社会内に近づけるという発想が好ましいものとして評価され、また監獄法に代わった「刑事収容施設及び被収容者等の処遇に関する法律」（以下、刑事被収容者処遇法とする）が「人権を尊重しつつ、その者の状況に応じた適切な処遇を行うことを目的とする」（1条）と謳っているところにも合致することは言うまでもないであろう。

　他方で、構内での受刑者の位置を中央警備室で把握する位置情報把握システムや、ICカード等の照合装置、遠隔操作ができる電子錠、CCTVカメラの積極的な導入などにより業務の効率化を図ることも特徴の1つとされている[2]。このうち、位置情報把握システムに用いられる電子タグについては、刑事施設における警備のあり方に大きな影響を及ぼすと推測され、また法的にもその使用の是非について問題にする余地がありそうに思われる。そこで本稿では電子タグによる被収容者監視の法的許容性及び、電子タグを用いた警備システムが刑事政策的にどのような意味を有するのかについて検討する。

2．施設内独歩と電子タグ導入

　美祢に引き続く、第2号PFI事業である、島根あさひ社会復帰促進センターにおいては、施設内独歩が認められるなどの特徴を美祢と共有しつつ、新たに施設外作業の実施が予定され、処遇の開放化は更に拡大を見せている。しかしながら、同じPFI事業であっても、施設の建設を民間事業者に委ねず、国が建設した施設の運営のみを民間に委ねる方式を採用した第3号、第4号構想である喜連川・播磨両社会復帰促進センターでは、施設内独歩は予定されていない。この差は何に由来するのであろうか。

　言うまでもなく施設内独歩を許容できるかどうかは、収容対象としていかなる被収容者を想定するかに大きく依存する事柄である。確かに、従来開放的処遇が行われていたのは、交通事犯の被収容者を対象とした市原刑務所を除けば、いずれも厳しく対象を選別した施設であった[3]。今回、美祢社会復帰促進センターで開放的処遇を試みるのも、収容対象を①犯罪傾向が進んでおらず、初めて収容され、②年齢26歳以上おおむね55歳以下、③健康状態がおおむね良好で集団生活に順応できると思われる者で、④男子については安定した就労状況が維持されており、⑤身元引受人が定まっているなど帰住環境が良好である者[4]というスーパーA級[5]の被収容者を厳選するからこそであるという理屈であれば、理解できなくはない。しかし、島根あさひ及び喜連川・播磨の場合は、収容対象にこのような限定は付されておらず、単に「犯罪傾向が進んでいない者」とされているのみで、かえって①人工透析を受ける必要がある者、②身体障害を有する者で、養護的処遇を要する者、③精神疾患・知的障害を有する者で、社会適応のための訓練を要する者の収容が予定されている[6]。収容対象が同じであるにもかかわらず、施設内独歩を行う施設と行わない施設を予定するということは、収容対象以外のメルクマールによりその実施が決定されていることを示す。

　そのメルクマールとは何か。施設の構造は一つの大きなメルクマールであろう。しかしながら、同時期に新設する施設であるから、美祢の方向性を望ましいと評価するのであれば、全ての施設を独歩可能な施設にすることもできたはずである。建設の主体が国であるかどうかが影響する問題ではない。

　そこで、4つのPFI構想において予定されている警備のあり方というソフト面に注目してみたい。表1は各施設について提示されている「運営業務要求水準書」より作成したものである[7]。

表1 各PFI構想における警備体制

	収容者数	PFI事業の対象	施設内独歩	ICタグ使用	民間事業者の警備業務内容			
美祢	1,000名（男子500名、女子500名）	施設整備・運営	あり	保安区域内・護送中	庁舎警備 構内外巡回警備 その他警備支援（保安検査、護送支援、運動・入浴監視支援、保安事務支援、各種訓練）			中央監視システム 夜間休日の収容監視
島根あさひ	男子2,000名			保安区域内・護送中・施設外作業中				
喜連川	男子2,000名	運営	なし	なし		信書検査支援	新聞・図書検査支援（先行事業でも実施）	総合監視卓監視
播磨	男子1,000名							

　細部には差異が存在するものの、一致して民間事業者に委託される業務としては、①庁舎警備（来訪者及び職員の入退出管理等）、②構内外巡回警備、③保安検査（保安区域内等の施設の検査及び受刑者の着衣及び所持品の検査）、④護送支援、⑤運動・入浴等監視支援、⑥保安事務支援（保安に関する報告文書作成等[8]）、⑦各種訓練（国の職員に対する護身術訓練等）がある。また島根あさひ以降新たな業務として[9]、⑧信書検査支援（発受信書の許否の処分をするために行う検査の補助[10]）が加わった。さらに喜連川・播磨では、⑨新聞・図書検査支援（書籍・新聞紙の閲覧の制限等の要否を検討するために行う検査の補助）が新たな業務として加わっているが、先行事業でも実施予定であったものを混乱のないように独立した業務として明記したものとされている[11]。
　次に、美祢・島根あさひでのみ委託される業務として⑩中央監視システム（施設内各所の監視カメラによる監視、事故発生時の映像録画、受刑者・保安区域内入場者の位置情報管理など）、⑪収容監視（夜間・休日の収容棟内の巡回）がある。逆に喜連川・播磨でのみ委託される業務として、⑫総合監視卓監視（施設内各所の監視カメラによる監視、事故発生時の映像録画など）がある。

なお、以上のうち喜連川・播磨において委託される業務は、④⑤⑦を除き、おおむね同様のものが、両施設と併せてPFI事業の対象とされる黒羽・加古川の両刑務所においても委託される。

　ここで注目されるのは、美祢・島根あさひでは、施設内独歩と引き替えに被収容者にICタグを装着し、位置情報を監視するというシステムが導入されるのに対して、喜連川・播磨ではこのようなシステムの導入は予定されていないことである。その理由は、「どちらのセンターにおいても、面会や医務診察などの際に、職員が付き添わずに受刑者を単独で用務に赴かせる（独歩）運用は想定しておらず、独歩を前提とした位置情報把握システムの構築も求めていません。したがって、先行事業とは異なり、モニターによる監視や録画などの記録、国の職員への連絡などが業務の中心となります」と説明されている。また美祢・島根あさひでは夜間休日の収容監視業務が民間事業者の業務とされているが、喜連川・播磨では、「検討の結果、今回の事業にこの業務は含めないこととしました」と説明されている[12]。いかなる検討がなされたかは定かではないが、電子タグによる位置情報把握システムが存在しないところで、刑務官が不在の場面で民間職員と被収容者が接触することを回避したのではないかとも推測される。そうだとすると、結局のところ電子タグの導入の有無が、被収容者の施設内での行動の自由度だけでなく民間職員の業務の範囲までも決めているということになるが、ではなぜ喜連川・播磨で電子タグを導入しなかったのかという疑問が生じる。

　ともかく、PFI構想では、従来は開放的処遇の対象とはされてこなかった被収容者層を対象に新たに施設内独歩を認めるのであるから、電子タグによる監視システムを導入することで不測の事態に備えようとしているようにも思えることを確認しておく。

3．位置情報把握システム及び生体認証システムの内容

　次に、公表された資料等から分かる範囲で、位置情報把握システムの具体的な内容を確認しておきたい。美祢に関する運営業務要求水準書では、すべての受刑者及び保安区域内への入場者の位置情報を把握できるシステム及び護送中の受刑者の位置情報を把握できるシステムの構築が求められている。要求水準としては、保安区域内では、入口、管理棟、収容棟等の区画毎に入退出情報を一覧表形式で参照可能なこと、受刑者等が、現在保安区域内のどの区域にいるか、一覧表形式で参照が可能なこと、特定の受刑者又は入場者の一定区域の

入退出制限が直ちにかつ確実にできること、過去1か月以上の入退出情報を保安区域入口、管理棟、収容棟等の区画毎に一覧表で参照が可能なことなどとなっている。また護送中にあっては、中央監視室において、護送職員及び受刑者の位置情報を地図形式で常時把握が可能なこと等となっている[13]。また島根あさひに関する運営業務要求水準書においては、以上に加えて、保安区域内に関して、受刑者同士のすり替え等により、受刑者と当該受刑者の位置情報に不一致が生ずることのないようにすること、各区域への出入りには多重のチェックを行うことが求められている。また護送中に関して通行証等を受刑者が容易に取り外せない構造とすることが求められている。さらに施設外における刑務作業又は職業訓練中は護送中と同様の要求水準に加え、現地で作業を監視する職員が受刑者の位置情報を地図形式で常時把握が可能なこと、通行証等が作業に支障を来さない構造であることという要求が盛り込まれている[14]。このうち保安区域内の本人確認の多重チェックについては、例えば指紋などの生体認証装置を用いることが念頭におかれている[15]。

被収容者等の位置情報は常に中央監視システムで把握される[16]。島根あさひでは、受刑者が施設内を移動する際（原則として独歩）には、位置情報把握システムだけに頼るのではなく、監視カメラ又は目視による監視を併用することが要求されている[17]。

以上は施設運営に参画するために民間企業が満たさなければならない最低限の要求水準である。以上の限度で、施設を運営する会社には警備業務について創意工夫を施す余地が残されていないのである。

このシステムを活用することの意義については、次のように述べられる。「出役・還房、運動、医務、面会などのための受刑者の構内移動は、すべて独歩で行われる。構内での受刑者の位置を中央警備室で把握する位置情報把握システムや、ICカード等の照合装置、遠隔操作ができる電気錠、CCTVカメラの積極的な導入などにより、ユニット交錯を起こさずに受刑者が独歩で移動できるようになる。日中の生活の拠点となる作業・教育・職業訓練棟では、指静脈を使用した生体情報照合装置を活用することで目視点検による本人確認の手間を省いている。（原文改行）独歩移動により、刑務官の受刑者移動に付き添い監視するという業務ボリュームはかなり少なくなる。民間ができる業務は民間が担当することにより、刑務官は受刑者の更生にかかわる仕事に専念することができるのである」[18]。

島根あさひの構想で念頭に置かれていた生体認証装置は、要求水準上は盛り込まれていなかった美祢においても用いられている。このことは、PFI施設におけ

る警備体制については、要求水準以外の点でも法務省の意向が強く働いていることを示唆するように思われる。

　また法務省では、本人識別のために身体検査をできる旨を規定した刑事被収容者処遇法34条を受けて、具体的な検査方法を定めた「刑事施設及び被収容者の処遇に関する規則」10条に、1号：顔写真の撮影、2号：身体の特徴の見分、3号：指紋の採取に加えて、4号として、「指静脈の電子計算機の用に供される画像情報の電磁的方法（電子的方法、磁気的方法その他人の知覚によっては認識することができない方法をいう。）による採取」を規定した。このように、生体認証装置により本人確認を行うのは、無線タグのすり替えや置き去り等が発生し、本人の位置を把握できない状況が起こり得るリスクが残っており、本人と無線タグを照合する手法が必要となってくるからである。出役時など、教育・職業訓練棟内の作業室に移動した場合は、作業室内の無線タグをシステム側で確認後、生体認証を実施する。また、作業室で作業等を実施して他のエリアに移動する場合にも、退場時に生体認証を実施することになる[19]。

　生体認証システムについては日本弁護士連合会が、「生体情報の取得について慎重さが求められるのは当然であるが、この新設については、国会でも、また、日弁連との協議においてもまったく問題提起されていない。このような規定をつくり、生体情報を収集・管理していくことによって、今後、国民全体の指静脈採取の突破口ともなる危惧があり、将来の撤廃可能性も含めた議論を行う必要がある」との意見を出している[20]。しかしながら、国民全体に波及すること以前に既決被収容者の生体情報を採取すること自体の当否が問題とされるべきではないかと思われる。また美祢のようなスーパーA級を収容する施設においてこのようなシステムが本当に必要なのかについて疑問を生じる。そこで、以下では既に位置情報把握システムによる施設内電子監視を導入しているアメリカの例を参照しつつ、生体認証装置をも含めこの種のシステムの法的許容性及び必要性について論じていくことにする。

4. アメリカ合衆国の実例

　アメリカ合衆国にて、施設内でのICタグの使用について視察等の調査を行った法務省矯正局の赤田美穂によれば、以下のような使用例があるとのことである[21]。

(1) 在所確認型 IC タグ

　IC タグには在所確認型 IC タグと位置追跡型 IC タグとがあり、それにより特に期待される効果が異なっている。

　在所確認型 IC タグは、被収容者の在所区域を定め、その区域の内と外の人員を把握することで、その区域からの逃走を防止することを主目的としている。このタイプの IC タグを導入しているカリフォルニア州ロサンゼルス郡立ピーター・ピッチェス拘置所では、被収容者の作業動線が広範囲にわたり、また建物の外と出入りすることも多い洗濯工場と炊場で作業を行う被収容者と、必要な場合に構外作業を行う被収容者に対してのみ、IC タグで監視を行っている。施設外周はフェンスしかなく、その周辺は山林であるため、逃走が多発する状況であったが、最近施設近隣まで住宅地が広がり、周辺住民から被収容者の逃走に対する懸念が高まってきていたので、2004 年から導入されたとのことである。

　逃走防止を主目的とする場合、発信機からの無線を受信するアンテナを施設全体ではなく、逃走が発生し易い場所のみに限定して取り付ければよいため、既存の施設にも導入し易くコストも少なくてすむ。電波受信アンテナは、アンテナ間での情報交換ができるが、複数のアンテナで発信位置を割り出す機能はないので、発信機の所在する区域は明らかにできるが、動きの位置追跡はできない。指定された区域で発信がない場合及び立入制限区域に立ち入った場合には、異常事態として、コントロールコンピュータ上の施設図で警報が鳴るとととともに、異常のあった発信機番号、それを着用している被収容者名、及び最後に電波を受信した場所が示される。また、発信機を取り外そうとした場合や破壊しようとした場合、発信機にまったく動きがなくなった場合も同様に警報が鳴る。職員は、専用のポケットベルを装着しており、コンピュータ上で警報が鳴ると、自動的にその工場エリア内にいる職員のポケットベルにも警報が鳴り、現場に急行できる。どの被収容者が、いつ、どのアンテナの近くの区域に所在していたかの情報は保存されているので、被収容者暴行などの取調べのため、後日その情報を確認することも可能である。

(2) 位置追跡型 IC タグ

　位置追跡型 IC タグは、被収容者及び職員等に発信機を着用させ、その動きをリアルタイム（2 秒ごと）で追跡・記録するものである。連続的な受刑者の人員確認・個人識別・所在場所の特定や、要注意受刑者の情報の検索・管理、作業・教育等の出席管理、敵対派閥受刑者の等の接近禁止の設定、懲罰・訴訟手続のための証拠作成の容易化などにより、受刑者や職員の安全の増加、受刑

者の行状の改善、職員の勤務効率の向上とそれに伴う職員数の減少、施設運営費の削減などが期待されている。このタイプを導入しているイリノイ州ローガン矯正施設では、効率性の観点から厳正独居収容の者も含め、収容者人員にICタグ発信機を着用させ、全構内で使用している。職員関係予算が削られたことが導入に影響したのではないかとのことだが、職員及び被収容者の安全の向上、事務の合理化等が期待されたとのことである。

　発信機からの無線を受信するアンテナは施設全体の各所に取り付けられ、2秒ごとに発信された電波が複数のアンテナに届くまでの距離に基づく計算により、動いている被収容者の位置を常時コンピュータ上の施設図中に表示・記録することができる。受刑者の着用する発信機の電波が受信されない場合、取り外そうとした場合、破壊しようとした場合は、コントロールコンピュータ上の施設図中で警報が鳴り、着用している受刑者の名前、及び最後に電波を受信した位置が示される。警報が鳴った場合、その時点から2秒ごとに追跡されたすべての位置の記録が、通常と別の色の点ですべて録画される。これにより、何らかの事故事件の検証及びそれに伴う懲罰手続や訴訟手続に必要な時間を大幅に節約することが可能となる。また、受刑者は、そのような形で継続的に監視されていることを理解しているので、隠れた違反行為を減らすことが期待されている。

　さらに、特定の被収容者同士が接近しすぎることを禁止するプログラムの設定ができるため、敵対する被収容者同士が接近した場合、警報を鳴らすことができる。また、立入り制限区域を設定してそこに立ち入った場合に警報が鳴るプログラムの設定もできるため、各被収容者の1日のスケジュールにあわせて所在予定場所を5分間隔で登録しておけば、被収容者には各自で各プログラムの場所に移動等させて、職員は電子監視によって被収容者を管理することができる。なお、被収容者が許可を得て施設外に外出する場合、予定どおり帰所しなかった場合にはコンピュータに警報が表れる。ただし、現在は施設外にGPS等によるアンテナがないため、施設外に出た後は本人の位置は追跡できない。

　一方、職員・面会者等が着用する発信機は、電波が受信されないときに警報が鳴るほか、非常ボタンが押された時、60度以上水平に倒された時、又は無理やり取り外された時に、発信機上で10秒間警報音が鳴った後、コンピュータ上で警報が鳴る仕組みとなっている。職員自らが非常ボタンを押すことができなくても、体が倒れ発信機が傾くことで、コンピュータ上でその場所の表示と警報が鳴る。しかし発信機上で10秒間警報音が鳴っている間に元の姿勢に戻れば、コンピュータ上で警報音が鳴ることはない[22]。

(3) 電子タグ導入の効果

　在所確認型ICタグを導入したピーター・ピッチェス拘置所では、導入後逃走件数が0件であり、位置追跡型ICタグを導入したローガン矯正施設では導入前後を通じて逃走の発生がない。後者では窃盗の件数減少も見られるそうである。位置追跡型を導入した別の施設では、暴行が大きく減少し、逃走も企図段階で取り押さえることができたという実績がある。その他、在所確認型を導入した別の施設では職員数を削減することができた。

　ピーター・ピッチェス拘置所及びローガン矯正施設では、ICタグの着用は被収容者の同意に基づいて行われており、拒否する場合、前者ではより自由度の低い作業に配置されたり、一日中房内で生活することとなり、後者ではより警備度の高い施設に移送されることになる。使用を拒否した者は、導入直後の数人しかおらず、現在否定的な反応はないとされる。さらに、ICタグ導入は人権上の問題に懸念を生じさせないとされる。理由は、被収容者は拘禁に伴い、既に施設内で多くの自由を剥奪されているためだとのことである。また、「そもそも刑務所内電子監視は、住居内での監視というプライバシー侵害を伴う社会内における電子監視と比べても、憲法上の懸念を生じさせることはないと考えられている。刑務所内では、既に受刑者のプライバシーは問題とならず、職員の目視による監視か機械による監視かを問わず、監視を受けること自体は『拘禁』の概念に含まれていると考えられているため、法的措置の必要性について特段疑問を生じていないようである。なお、刑務所内におけるICタグの着用は、理論上は、被収容者に強制することもできると考えられている」[23]と指摘されている。

　むしろ位置追跡型が職員に対しても位置追跡を行い、職員が職務配置に付いていたか、どこでどのような時間を過ごしていたかもすべて記録されることが問題とされている。職員労働組合との間で、ICタグで得られた情報を職員懲戒や職員に関する訴訟の証拠として使用しないことで合意がなされているそうである。

5. 電子タグによる被収容者監視の法的許容性

(1) 電子タグのプライヴァシー侵害性

　先に引用した赤田論文に紹介された議論を参照しつつ、施設内で電子タグを用いることが法的に問題を生じさせないかどうかを検討する。

　位置追跡型ICタグで用いられているRFID（Radio Frequency

Identification) という技術は、対象物にタグを取り付け、個体識別を行うものであり、物品の流通管理や図書館の貸出などでの活用が期待されている。この技術は使い方によってはプライヴァシーの点で問題を生じることがあり、日本でも既に総務省及び経済産業省が2004年6月に「電子タグに関するプライバシー保護ガイドライン」[24]を公表するに至っている。

アメリカ合衆国においてはRFIDによるプライヴァシー侵害の問題はより深刻化している。カリフォルニア州では、2005年サクラメント近郊のサッター郡（Sutter County）にある小学校が、生徒及び親に対する事前の告知なしに、RFIDチップを内蔵した写真付きのIDカード（badge）を首から提げることを義務づけ、教室のドアをくぐる際に読み取ることで出席を管理し始めたことをきっかけに、プライヴァシー侵害であるとの大きな反対運動が起こった（この方針は後に撤回された）。その結果、州議会で2005年本人確認情報保護法案（Identity Information Protection Act of 2005, Senate Bill 682)、通称RFID法案が提出・可決されるに至った。提出当初、法案の内容は、RFIDを使用することに止むに止まれぬ州の利益の存在、及び他のより侵害的でない技術の使用が不適当であることが証明されない限り、生徒カード、免許証、メディカルカード、州の職員カードなどの政府のID文書に、RFIDチップを用いることを禁止するというものであった。その後、審議の過程で制限をより緩やかにする方向で修正され議会を通過したものの、シュワルツネッガー州知事が拒否権を行使したことにより、成立するに至らなかった。翌年には、改ざん防止機能・認証手続の履践・本人への文書による告知など一定の要件を満たしたRFIDのみ使用できるとした2006年法案（Senate Bill 768）が提出され、議会を通過したものの再び知事が拒否権を行使し、成立にいたっていない。いずれにせよ、全米で大きな議論を呼ぶ問題となっている。

このような日米の動向からは、電子タグの使用が深刻なプライヴァシー侵害を引き起こしかねないという懸念は広く共有されていることが分かる。

(2) **アメリカにおける被収容者のプライヴァシー権享有主体性**

ここで注目すべきことは、カリフォルニア州の2005年法案は、RFID使用禁止の一般的例外とは別に個別的に除外されるものとして、橋・道路の通行料金の支払に用いられる場合、政府が運営する医療施設のケアを受ける4歳以下の子どもに用いられる場合と並んで、裁判所の命令で、犯罪による告発後に刑事施設に拘禁されまたは精神保健施設に収容され、あるいは電子監視を受けている者に用いられる場合、を掲げていたことである。また2006年法案においても、RFID使用

のための要件を免除されるものとして、刑事施設被収容者が掲げられていた。被収容者についても、登録された情報が誤っている場合深刻な問題が生じることが予想されるが[25]、そのことは考慮されていない。ここには、電子タグの使用自体には問題があるが、被収容者にはプライヴァシーの利益ないし権利は存在していないため、保護に値しないという発想が窺える。これは、赤田論文の紹介する議論と同様の基盤に立ったものであろう。

　しかし、被収容者にプライヴァシーの権利が認められないという発想は自明のことであろうか。これを検討するために、アメリカの判例を見てみたい。

　刑罰として拘禁された者のプライヴァシーの権利享有主体性に関するリーディングケースは、連邦最高裁のハドソン判決[26]である。事案は、刑事施設に収容されているパーマーのロッカー及び居室に対して、禁制品の徹底捜索("shakedown" search）が行われ、その結果居室内のゴミ箱から引き裂かれた枕カバーが発見され、備品の損壊のかどでパーマーに懲罰が課されたというものであった。パーマーは、職員が専ら嫌がらせ目的で徹底捜索をし、偽りの嫌疑をかけた等と主張して施設職員を訴えた。控訴裁判所は、個々の被収容者は居室内で「限定されたプライヴァシー権」を有しており、専ら嫌がらせや辱め目的で行われる捜索から保護されるに値するとし、また特定の被収容者の所持品に対する徹底捜索が許されるのは、禁制品所持を抑止し発見するために合理的に策定され確立された居室の無作為捜索計画に基づくか、特定の被収容者が禁制品を所持していると信じる合理的理由に基づく場合に限られる、と判示した[27]。

　これに対して連邦最高裁は、社会は被収容者が居室内に有するプライヴァシーの主観的期待を正当なものとして承認するに至っていない。従って、修正４条の不合理な捜索禁止は、刑事施設の居室内には適用されない。個々の居室内での被収容者のプライヴァシー権の承認は、拘禁概念及び刑事施設の必要性ないし目的と両立し得ない、と判示し、パーマーの訴えを認めなかったのである。その理由としては、暴力事件の発生しやすい刑事施設という環境で、職員・訪問者・被収容者の安全を守り、薬物等禁制品や不法な武器の流入を警戒し、それらが用いられ得る逃走計画を未然に阻止しつつ、同時に衛生的な環境を維持しなければなければならない刑事施設において、被収容者に居室内のプライヴァシー権を認めるならば、これらの目的を達成することは文字通り不可能になる、ということが挙げられている。「伝統的な修正４条にいうプライヴァシー権は、施設の安全と秩序を維持するために必要な被収容者と居室の周到で継続的な監視と根本的に相容れない。被収容者のプライヴァシーの期待は施設内の安全という至上の利

益に常に劣後すべきとの社会の主張は納得できるものである。社会は、選択の自由とプライヴァシーの喪失は拘禁という出来事に内在しているということを受容していると我々は信ずる」[28]というのである。

この最後に引用した判示は、裁判所が被収容者から修正4条のプライヴァシー権一般を剥奪することを意図していることを示唆するものである[29]。この発想が赤田論文の紹介するような議論を導いているものと考えられる。

しかしながら、ハドソン判決を厳密に読むならば、この判決は居室内についての被収容者のプライヴァシー権を扱ったものであり、被収容者のプライヴァシー一般についても否定している部分は傍論である。現に、「施設空間に関するハドソン判決の明確な教示には同意するものの、被収容者が身体についての限定されたプライヴァシー権を保持することを承認することで、施設の安全の維持に不適切な負担を負わせることにはならないと思われる。刑事施設の文脈においてさえ身体についての限定されたプライヴァシー権の保持を合理的なものと承認する用意が社会にあることは、ほとんど疑いがない」と述べる下級審裁判例も存在しているのである[30]。また、ハドソン判決後も、下級審の大部分は被収容者に限定的な修正4条の保護を与える傾向にあるとの指摘もある[31]。確かに被収容者のプライヴァシーは非常に限定されているものの、アメリカでもなお認められているのである。被収容者が施設内の一定の範囲を自由に移動することが認められている場合に、どのように移動をしているかについての位置情報について、プライヴァシー権が認められるかどうかはなお定かではないという評価が妥当ではないかと思われる。

そして仮に、被収容者の移動の自由について、限定されたものであれプライヴァシー権が認められるとするならば、ハドソン控訴審判決のいうように専ら嫌がらせ目的での被収容者監視などは許されず、監視の必要性を示す何らかの正当な理由が必要となってくるであろう。この正当な理由の程度については、対立するプライヴァシーの利益の大きさにより左右されると思われる。この点で、施設内の移動の自由に存するプライヴァシーの利益は、確かに被収容者以外の者が社会内で有する利益よりかなり小さく、また施設内でのプライヴァシーの利益としても、体腔検査やHIV検査などの人間の尊厳や人格権に関わる場合に比較すれば小さいことは否めないであろう。しかしここで明確にしておく必要があるのは、特段の必要性もなく、被収容者を監視することは認められないということである。その意味で、ピーター・ピッチェス拘置所で逃走が多発するため、逃走が容易な区画に出入りする被収容者だけに電子タグを導入したというのは一定の正当化理由になる可能性がある。それに対してローガン矯正施設で効率性の観点から厳正独居拘禁者

を含めて、被収容者全員電子タグを導入したというのは、少なくとも一部の被収容者についてはその正当性を十分に提示し得ていない疑いが残る。

他方、両施設が被収容者の同意を得ることを要件としていることは、それによりプライヴァシーの権利が侵害されることを前提に、権利侵害性を解除しようという姿勢の現れと見ることができる。もちろん、同意しない場合はより拘禁度の高い環境に送られるという場合に同意に有効性が認められるかは別問題である。

最後に特段の法的措置がとられていない点については、アメリカが元来判例法国であり、法定主義の要請がそれほど厳格ではないことを考慮する必要があると思われる。

(3) 日本における被収容者のプライヴァシー権享有主体性

それでは日本においてこの問題はどのように扱われるべきだろうか。既決被収容者の法的地位に関して、被収容者は刑事施設という国家営造物の利用者として施設の制定する規律を媒介とした包括的な支配服従関係に入るため、市民に補償されている憲法上の権利、法律の留保、司法的救済は一律に排除されるという、伝統的な特別権力関係論は既に放棄されている。代わって、学説上は、自由刑の本質としての苦痛は身柄の拘禁に尽きるとする自由刑の純化論が有力に主張されている[32]。自由刑純化論の立場からは、拘禁されているからといって直ちに施設内でのプライヴァシーの権利が全面的に剥奪されることにはならない。もちろん刑事施設に拘禁されている以上、逃走により拘禁関係を離脱することを防止するために必要な限りで被収容者は監視を受け、その結果プライヴァシーが制限されることは認められるが、あくまで必要性が認められる限度においてである。従来被収容者のプライヴァシーを自由刑純化論の立場から基礎づける主張はあまりなかったと思われるが、それは拘禁による内在的制約として行動の自由が制限されるに伴って必然的にプライヴァシーを観念できる場面が少なかったからに過ぎない。両者が分離する場面では、残余のプライヴァシーの利益は被収容者に留保されるというのが自由刑純化論の帰結であろう。

もっとも新しい刑事被収容者処遇法において、懲罰を用いて矯正処遇が強制されていることからも分かるように、現行法が自由刑の純化論を、少なくともそのままの形で採用しているとは言い難い[33]。

そこで判例を見てみると、刑事施設被収容者のプライヴァシー侵害が争われたものとして、東京地判平8・3・15[34]がある。事案は死刑確定者が外部交通の制限・図書閲読の制限など種々の処遇の違法を争ったものであるが、その一部と

して、自殺のおそれを理由に特殊房と呼ばれる、天井に被収容者を常時監視するためのテレビカメラを設置し、窓には穴明き鉄板を貼るなどした独居房に収容され、通風性・採光性の悪さ故の劣悪な環境、眺望の阻害や房の暗さ等による閉塞感、天井のテレビカメラによる圧迫感・緊張感に苦しめられたことに対する慰謝料の請求がなされた。原告側は、死刑確定者の拘禁目的は身柄の確保のみにあると解すべきであり、死刑確定者もプライバシー権を有するのであるから、監房内での死刑確定者に対する監獄当局の監視は、本人の身柄を確保しまたは施設の規律秩序を維持するために必要かつ合理的と認められる限度を超えることはできない、また、右特殊房での拘禁は憲法が予定する通常の拘禁をはるかに上回る自由の侵害その他の不利益を死刑確定者に課すものであるから、所長が死刑確定者を右特殊房に拘禁するためには、そのことについて所長の権限及び運用基準を明定した法令の規定が必要である、などと主張した。

　これに対して裁判所は、「拘禁にあたっては、被拘禁者の監視が必要であることはいうまでもなく、その限りにおいて被拘禁者のプライバシーも制限を受けることになることも許容していると認めることができる。また、テレビカメラの設置も、監獄職員による巡回視察を補完するものとして合理的な手段と認められるとともに、特段これを禁止する規定はないから、テレビカメラによる監視も法が許容するものと認めることができ、テレビカメラで監視すること自体をもって直ちにこれを憲法31条に違反すると認めることはできない」と述べて、所長の判断が合理的裁量の範囲を逸脱し違法に原告のプライバシー権を含めた権利を侵害するものとまで認めることはできないとした。

　この裁判所の判断が示唆するのは、裁判所も「監視を受けることは拘禁の概念に含まれている」とは考えておらず、被収容者であってもプライヴァシーの権利を一切剥奪されることにはならず、被収容者にもプライヴァシー権は存在するものの、拘禁関係を維持するために必要な限度でそれが制限されると考えているということである。プライヴァシーの制限が許されるためには、個別にその必要性が審査されなければならず、その意味で日本の判例は、ハドソン判決により居室内のプライヴァシーを一律に否定するアメリカの判例よりも広い範囲で被収容者のプライヴァシーを認めているということができる。

　そして刑事被収容者処遇法75条も、身体・着衣・所持品・居室の検査といったプライヴァシーを侵害する措置を無制限に許容するのではなく、規律及び秩序を維持するため必要がある場合に限っている。日本では、被収容者にもプライヴァシー権の享有主体性は原則として認められているのである。

(4) 電子タグによるプライヴァシー制限の法的許容性

以上を踏まえて、PFI構想で想定されているような、電子タグによる監視について検討する。美祢及び島根あさひの両施設では施設内独歩が原則とされる。ということは、両施設が開放的施設（刑事被収容者処遇法88条2項）に指定されるかどうかにかかわらず[35]、開放的施設における収容対象に類似した被収容者が収容されるものと思われる。開放的施設の収容対象とは、第1種の制限区分に指定されている者であり（刑事被収容者処遇規則50条）、すなわち改善更生の意欲の喚起及び社会生活に適応する能力の育成を図ることのできる見込みが特に高い（受刑者の生活及び行動の制限の緩和に関する訓令3条1号）と判定された者である。さらに、(1)釈放後の保護の状況が良好であること、(2)高齢その他の理由により就業することが困難なものと認められないこと、(3)生活態度が良好な状況が継続し、かつ、継続する見込みがあること、(4)過去に逃走や自殺を企てたことがないこと、(5)施設近隣の居住歴や土地勘などを考慮し、当該施設において開放的処遇を実施する上での特段の支障がないことという5つの要件のいずれをも満たしていなければならない（同訓令9条2項）。美祢の被収容者、とりわけ男子については、改善更生の意欲の喚起・社会生活適応能力育成の特に高い見込みについてはともかく、それ以外は概ねこれらの基準を満たしていると言えるのではなかろうか。島根あさひの場合は、電子タグ導入と引き替えにもう少し緩やかな基準で収容対象が選別される可能性もあるが、施設外作業が予定されていることもあり、それでも一般のA級受刑者に比べずっと社会復帰の見込みの高い者が選ばれるであろう。

このような収容対象を想定した場合、果たして電子タグを導入する必要性がどの程度あるのか疑問に思えてくる。その理由として考えられるのは、逃走の防止、施設内の安全の増加、職員の仕事の業務といったものであろう。このうち、前2者については、収容対象を見ると電子タグを用いずとも、十分に達成できるように思われる。釈放後に円滑な社会復帰ができる可能性の高い被収容者は、規律違反行為を行ったり、逃走後に連れ戻されたりして、より拘禁度の高い施設に移送されたり収容期間が長期化したりするリスクを冒すより、早期に仮釈放を獲得することの方を望むのではないだろうか。また、美祢には全国から被収容者が集められていること、交通の便がよい立地条件とは言いがたいため、単に施設を脱出したとしても逃げおおせる確率が低いことといった地理的条件も逃走のインセンティブを下げることに寄与すると思われる。

また従来開放的処遇を行っていた施設で逃走の事例はほとんど聞かれなかったことも電子タグの必要性に疑問を差し挟む要素となる。とりわけ長い開放的処遇の歴史を有する市原刑務所においては、開設時に禁錮受刑者が中心であったのが、次第に懲役受刑者が多数を占めるようになり、道交法違反受刑者の増加、平均刑期の長期化、少年院歴や罰金以上の刑事処分歴のある者、文身のある者、反社会的行動規範の傾向がある者が収容されるようになり、受刑者の多様化が進んでいる結果、その他の刑務所に収容される受刑者との差異は少なくなっている傾向があるが、開放的指導の原則を維持し円滑な管理が行われている、と指摘されているのである[36]。美祢や島根あさひの被収容者は交通事犯者ではないため、市原での経験がそのまま当てはまるものではないとの指摘も想定されうるが、被収容者特性が一般の被収容者に近づきつつあるとされながら開放的処遇が堅持されているということは、電子タグがなくとも開放的施設の運営は十分に可能であることを示唆していないだろうか。
　このような指摘に対しては、電子タグを用いる施設では従来よりも警備要員を減らし、それを代替するために電子タグが必要であるとの反論が考えられる。しかし、既存の開放的処遇を実施している施設においても、被収容者がその気になれば容易に逃走できるような環境で円滑な運営がなされていることから、この反論はあまり説得力がないように思われる。なお警備体制のあり方については、さらに後述する。
　美祢及び島根あさひにおいて、プライヴァシー侵害を甘受させるに足る電子タグ導入の必要性が示されているかは疑わしいと言わざるを得ない。少なくとも一律に導入するのではなく、個別に導入の必要性が示される必要があると思われる[37]。

(5) 明文規定の必要性

　次に電子タグ導入は格別の法的措置なしに行われようとしている点が問題となる。日本では、行政の一般原則として法律の留保の原則が妥当すると考えられている。そのためプライヴァシー侵害を伴う電子タグ導入には明文の規定が必要とならないだろうか。この点、従来プライヴァシー侵害を伴う施設内での設備や措置が明文の根拠なく行われてきたこととの関係が問題となる。前述した裁判例においても、居室内へのテレビカメラ設置は、巡回視察を補完する合理的な手段であり、特段これを禁止する規定はないから、法が許容するものであり、憲法31条違反は生じないとしているところである。
　しかしこの裁判例は監獄法下のものであることに注意しなければならない。受

刑者の権利・義務に関係する規定が不十分な監獄法の下で、裁判所は、強引とも思える救済的な判断をしてきた[38]。それが法解釈として正当化できるとはおよそ思われないが、監獄法改正作業が停滞する中での政治的配慮がなされたとも見られなくはない。しかし、刑事被収容者処遇法が成立したことにより、もはやそのような配慮は必要なくなったというべきであろう。被収容者の権利を制限する設備や措置は明文の規定なしには許されなくなったと解すべきではないか。そうすると、電子タグについても監視カメラについても、それが用いられるためには明文の規定を要すると解すべきであろう。

(6) その他の法的問題

まず前述のように、電子タグ使用施設では、生体認証のため被収容者から指静脈情報を取得することが予定されている。これは少なくとも差し当たっては電子タグ使用施設でのみ採取される情報であろう。指静脈情報は使い方次第では従来から用いられてきた指紋等以上にプライヴァシーを侵害する可能性を秘めている。そうすると、社会復帰の見込みが高いとして美祢や島根あさひに送られた被収容者は、そうでない被収容者に比べてプライヴァシー侵害性の高い情報を国に取得されることになる。より高い自由度を手に入れるためにプライヴァシーを差し出さなければならないとすれば、一種の背理ではなかろうか。なお、そもそも指静脈情報を取得するに当たっては、規則事項にとどめるのではなく法律事項として規定し、情報の管理についても明確に規定しておくことが必要ではないかという問題もある。

次に、電子タグを用いない施設の被収容者との関係で、電子タグ使用が合理性を維持しうるかという問題が生じる。

美祢及び島根あさひにおいては、護送中も電子タグを使用して位置情報を地図形式で常時把握できることが要求されている[39]。しかし護送については、一般の場合と同様に「矯正施設の被収容者等の護送について（通達）」が適用されるのであろうから、護送を担当する職員の員数は同通達により、電子タグが用いられない場合と同様となるはずである。そうすると、美祢や島根あさひに収容される逃走のおそれが類型的に低い被収容者が、それ以外の施設の被収容者には義務づけられない電子タグを身に付けることを要求されるという不合理な事態となる。なお、美祢及び島根あさひでは、民間事業者には護送支援業務として、1回の護送につき、2名以上の職員を配置することが要求されている関係で[40]、刑務官たる護送職員の数が減少するためそれを補うために電子タグを用いるのであるという

理由付けは難しいと思われる。なぜなら、電子タグを用いない喜連川及び播磨においても、同様に民間事業者が護送支援業務として、1回の護送につき、原則として2名以上の職員を配置することが要求されているからである[41]。

同様の問題は、施設外作業においても生じ得る。島根あさひでは、施設外で刑務作業又は職業訓練を行うことが予定されており、その際にも電子タグを使用して位置情報を地図形式で常時把握できることが要求されている[42]。施設外作業を行う被収容者は、刑事被収容者処遇法87条、同規則49条3項に基づき、第1種又は第2種の制限区分に指定され、処遇上適当であると認められなければならない。仮に島根あさひにおいて施設外作業を実施する被収容者が、美祢を含む[43]他の施設において施設外作業を実施する被収容者と同様の基準により選定されるとするならば、島根あさひの被収容者だけが電子タグ装着を義務づけられることが合理的に説明できるかどうか疑わしいことになろう。電子タグ装着が正当化できる余地があるのは、他の施設であれば施設外処遇適格者と判定されない被収容者が電子タグを用いることにより施設外処遇の機会を持つ場合だけであろう[44]。

以上のように、PFI構想で示された電子タグの使用には法的に問題が残っているように思われる。

6. PFI施設における警備体制

(1) 人的警備のあり方

表2　各施設における国の職員のみで運営した場合とPFI事業の場合における想定職員数

施設名	電子タグ	職員総数 国の職員のみ	職員総数 PFI事業	処遇部門の職員 国の職員のみ	処遇部門の職員 PFI事業
美祢	使用	249	133	147	88
島根あさひ	使用	378	204	238	154
喜連川	使用せず	358	251	229	202
播磨	使用せず	225	153	132	109

表2は、法務省が公表している、国の職員のみで運営した場合とPFI事業により運営を実施した場合の想定職員数の比較資料から、職員総数と処遇部門の職員の分を抜き出して作成したものである[45]。処遇部門とは、1993年の行刑施

設における専門官制の導入に際して、従来の保安部門が名称を改めたものであり、保安警備業務を担っている部門である[46]。処遇部門の職員が職員総数の6割前後と大きな割合を占めるのは、日本の行刑施設の大きな特徴となっているところである。

　この表により、1,000人規模の施設である美祢と播磨、2,000人規模の施設である島根あさひと喜連川の職員総数をそれぞれ比べると、国の職員のみで運営する場合には、想定職員数にそれほど違いがないのに対して、PFI事業として実施した場合には、電子タグを用いる美祢・島根あさひの方が喜連川・播磨に比べて国の職員数が少なくて足りると想定されていることが分かる。そしてこの差の大部分は、処遇部門の必要職員数の差に起因している。処遇部門の職員の減少分は、民間職員による収容関連サービス業務及び警備業務により代替されることになる。さらに注目すべきことに、処遇部門の職員の業務のうち民間職員により代替される部分が、喜連川で27人分、播磨で23人分となっており、施設規模に倍の差があるにもかかわらず、代替可能な部分の業務ボリュームにはそれほど違いがない。このことは、PFI構想において民間職員に委託できると考えられる業務は限られており、人的警備要員としての刑務官が必要となっていることを示唆する。他方で、男女を収容するが故に特殊事情が存在する可能性のある美祢はひとまず措くとして、同じ男子のみの収容施設で施設規模が等しい島根あさひと喜連川の処遇部門必要職員数を比較すると、前者では84人、後者では27人の代替が可能と想定されている。ということは、大雑把にいうならば、人的警備を行う刑務官約50人分が、電子タグにより賄われることになる。すなわち電子タグ導入施設では、人的な警備が大幅に削減されると推測されるのである。

　しかし電子タグによる物的警備は人的警備を完全に代替することはできない。確かに、アメリカの例からすれば、暴行や逃走等の事案を防ぐ効果はあるかもしれない。もっとも既に述べたように、仮に美祢等でこれらの事案が発生しなかったとしても、電子タグを導入することで初めて防止できたのか、それとも電子タグがなくても発生しなかったのかは、なお検討すべき問題である。それはともかく、電子タグは適切な対象に対して適切に運用すれば、これらの効果を持ちうる可能性は否定できないであろう[47]。それに対して、職員数を削減する場合、電子監視では捕捉し得ない陰湿ないじめや、被収容者間にインフォーマルな関係の形成を見逃し易くなってしまう可能性が生じよう[48]。

　さらに、PFI施設では人的警備のあり方にも問題が生じる。美祢では民間警備員は被収容者と会話はおろか接触もしない範囲で活動することが予定されている。

様子のおかしい被収容者に声をかけるといった刑務官であれば当然に行えたことが、民間警備員にはできない。警備業務とは本来的に、担当者への信頼を前提としなければ委ねられない業務のはずである。にもかかわらず、このような活動のあり方は、民間職員に対する不信を前提として、本来機械的にはできない警備という業務を、人為的に機械的なものと構成しているとも評価できよう。職務内容が警備員としての誇りが抱けないようなものであれば、やりがいを感じられず、離職率が高まるなどして、職員の質が低下することも懸念される。だからこそ業務範囲を限定しているのかもしれないが、民間職員は被収容者の逃走時に接触することなく「立ちはだかり」をするという困難な業務を求められるのであり、誰でもよいというわけにはいかない。また、民間職員は被収容者と接触することは予定されていないといっても、夜間の居室警備の際など接触の「機会」がないわけではない。被収容者への不正な働きかけや被収容者による籠絡が絶対にあり得ないと言い切れるか疑問が残る。そして、人的接触が稀薄になる中で、被収容者間の人間関係や出所後の生活などについて悩みを抱える被収容者を察知して、適時に対応することが難しくなるおそれもある。自らカウンセリングを申し出てきたり、セルコールで積極的に対話を求めてくる被収容者だけをケアしていれば十分とは言えないだろう。

　これらの懸念を完全に払拭することは、どんな警備体制を敷いたとしても難しいだろうが、重要なのは、被収容者をケアできる能力と意欲を有した職員を十分な数配置し、被収容者との間で日頃から信頼関係を構築しておくことだと思われる。PFI 構想における警備体制はこれとは正反対の方向を志向していないだろうか。

(2) 行刑の社会化、開放的処遇の理念との関係

　近代行刑は、かつての劣悪な環境での処遇から脱して、被収容者の円滑な社会復帰を促進できるよう、拘禁状況という本質的制約の下でではあるが、処遇の改善を進めてきた。その際のキーワードが行刑の社会化である。行刑の社会化とは、被収容者を身柄の拘禁に伴う制約以外は一般市民と基本的に同等の権利を享受しうる主体と捉え、刑事施設にはそのための援助の提供が義務づけられるとする考え方である[49]。行刑の社会化の一側面に、拘禁の態様及び生活の環境を社会化するというものがある。これを具体化したのが、PFI 構想でも導入されようとしている、開放的施設における処遇であった。

　1955 年の国連第 1 回犯罪防止会議にて決議された「開放的施設に関する勧告」第 1 によれば、「開放的施設は、（障壁、錠、鉄格子、武装した看守その他の特別の職員などの）物質的または物理的な逃走防止措置の欠如ならびに、

自律および被収容者の集団生活に対する責任感に基づく制度によって特徴づけられる。この制度は、被収容者が自らに与えられた自由を乱用することなく行使することを促進する。開放的施設をそれ以外の施設から区別するのはこれらの特徴である。開放的施設以外にも、開放的施設と同じ原理に基づいて運営されているものがあるが、しかしこれらの特徴は完全には実現されていない。」と規定されている。この定義によれば、逃走防止措置の「欠如（absence）」[50]という厳格な要件を満たさなければ開放的施設とは称し得ないことになるが、「従来ただばくぜんと考えられてきた開放制の意義を、『開放施設』によって強く際立たせる以上の意味をもつものではないであろう。半開放施設における開放制を否定した趣旨ではない、とおもわれる」[51]と指摘されている。故に、美祢及び島根あさひも開放的施設、少なくともその方向性を目指した施設と言ってよいであろう。

しかし、美祢及び島根あさひにおいて「物質的または物理的な逃走防止措置の欠如」という要件が満たされているかは別にして、もう一つの要件である「自律及び被収容者の集団生活に対する責任感に基づく制度」という要件は満たされていないように思われる。電子タグが用いられるためである。開放的処遇の意義について考察を加えた長谷川永は、開放処遇の１つの大きな利点は行刑施設がもつ根本的矛盾を解消することであると述べる。すなわち、行刑施設は拘禁確保と社会復帰という２つの相反する使命を背負っており、職員は監視者であるとともに教育者でなければならない。拘禁確保のためには被収容者を完全に信用することは許されず、むしろ、すべての点でまず疑うことが基本とされるが、他方で社会復帰を目指す教育は職員と被収容者の相互の信頼なしには不可能である。閉鎖施設ではこの矛盾が表面に出るが、開放施設では、拘禁確保の努力は最小限にとどまり、収容者への信頼は最大限に高まるため、職員が被収容者の助言者であり、教育者であり、社会復帰への協力者であることが制度の上ではじめて可能になる、と言うのである[52]。

犯罪防止会議の定義に、逃走防止措置の欠如と並んで、自律・責任感に基づく制度であるとの要件が入っていることは、やはり意味があると考えるべきであろう。電子タグを導入することは、被収容者が自律的な活動を通じて社会復帰へ向けて励むということを信頼せずに、機械による監視を通じて常に逃走のおそれがないかを見張り続けることになる。被収容者のプライヴァシーを可能な限り尊重するという姿勢を放棄することは、行刑の社会化及び開放的施設の理念を変容させるという象徴的な意味合いを有しているのではないか。また「開放施設職員は、収容者の指導援護のために、日常の行動観察を綿密に行い、必要があれば進んで助言

指導に努め、つねに心情の安定を図るという面では一般施設職員よりも大きな責務を負っている」[53]との指摘に鑑みれば、処遇部門の職員数を大幅に減らすやり方についても、開放的施設の理念とは相容れないといわざるを得ない。

(3) 工場担当制との関係

開放的施設において重視される職員と被収容者の信頼関係は、実は日本の行刑施設における処遇一般においても語られてきた事柄である。具体的には工場担当制の文脈において語られている。

日本の行刑の特色は保安と処遇を一元的に行うことにある。そのため施設職員の半数以上が処遇部門に配置されていることは既に見た通りである。ここでいう保安とは、行刑実務では、逃走・自殺等の事故防止措置・規律違反摘発・検束・制圧・物的保安対策を意味する警備のほかに、職員と受刑者との間に日常の処遇の中で積み重ねられて成立する柔らかい人間関係を介在させての規律秩序の維持作用を含む広範な概念である。保安と処遇の一元化は、工場担当制、すなわち1人の一般職員が、工場単位で構成される基本的な受刑者集団を一元的に受け持ち、その集団に関する限り、身柄の確保、秩序維持といった保安はもとより日常生活条件の確保としての処遇にはじまり、作業、教育などの関係各課で企画立案された矯正処遇の実施、そして各人の成績評価までと、行刑の殆ど主要な基本業務が当該職員に包括的に委ねられる制度に結実する。「この制度の下で、担当は受持ちの受刑者集団1人1人との間に日常の触れ合いを通じながら信頼感を累積してゆき密度の濃い人間関係を作り挙げる。正に、信頼関係を基にした日本独自の人間関係重視の行刑運営方式である」と述べられているのである[54]。さらに、受刑者達から「おやじ」と呼ばれる工場担当は家父長的存在として受刑者達の面倒をみることが期待され、お互いに身分を超えた強い情緒的信頼関係ができあがる、とも言われる[55]。

担当制については、そのシステムとしての本質は、被収容者の権利や自由を制限し、全生活を相当に依存させることを前提とした家父長的支配服従関係の中で、擬似的信頼関係に基づいた面倒見を行うことによって最小限の職員で多数の受刑者を管理する運営体制であり、刑事施設における人権意識の欠落の原因となっている、という厳しい批判がされている[56]。

確かに家父長的な担当制の下での情緒的信頼関係とは、開放的施設の文脈で言われるのとは全く異なる擬似的なものであろう。信頼関係が成立する場合があるとすれば、被収容者の全生活をコントロール下においた上で、担当が広範な裁

量を行使し、恩恵を付与することによってであろう。このやり方の根本には、一旦すべての被収容者を不信の目で見るという姿勢があり、不信の上で成立する信頼とはまさに擬似的なものであろう。しかしながら、矯正実務において擬似的ではあっても、信頼関係が重視されてきたことは否定できないと思われる。

　ところが担当制は現在危機に瀕している。行刑改革会議提言は、受刑者の質的変化や過剰収容に伴い、担当制が有効に機能する前提である担当職員と受刑者との共同体意識が失われているのではないかとの指摘を踏まえつつも、担当制の基本的な形は維持し、その利点は生かしつつも、心理技官や民間ボランティアの積極的な処遇関与や担当職員の複数配置などの組織的対応を採ることを検討すべき、と提言し、担当制廃止には踏み込まなかった[57]。しかしながら、刑事被収容者処遇法成立により被収容者の権利保障が一定程度前進したことに加え、行刑改革会議が所内規則の見直しを提言したことを踏まえ、「かんかん踊り」の取りやめなど所内での行動規制の緩和が実施されている[58]。これらの改革は、家父長的支配従属関係の基盤を切り崩し、情緒的信頼関係の成立を難しくさせてしまっているのではないだろうか。このような状況で、現場の職員の中には無力感や不満が広がっているのではないかと推測される[59]。

　このように電子タグ導入と軌を一にするように、信頼関係重視の担当行刑もまた危機を迎えている。今後、更に警備機器が大幅に導入され、また、その精密化が進むとしても、それは人的戒護を補強する範ちゅうのことであり、日本行刑の基盤は変わらないと思われる[60]、と指摘されたのは1993年のことであるが、今まさに日本行刑の基盤は変容を遂げようとしている。この状況が進行し、人員を削減し、人的戒護を補うためとして電子タグが既存施設にも波及していくことになれば[61]、日本の行刑全体から信頼関係が失われることにもなりかねない。電子タグ導入が法務省主導で進められ、民間事業者が従来より効率的ではあるがタグを用いない警備のあり方を構想する余地はなかったという事情に鑑みれば、これは杞憂とは言えないのではないかと思われる。

(4) その他の問題

　第1に、電子タグは被収容者に装着されるだけでなく、職員も携帯することになる。被収容者を監視する必要性があまりないのだとすると、相対的に職員の位置情報もが把握されることの意味がクローズアップされる。アメリカで問題となったように、電子タグが職員管理のために用いられる懸念が存在するのである。しかし、職員組合のない日本において、アメリカのように職員管理のために位置情報を使用

しないという制度が構築される保障はない。電子タグは職員管理の道具としての機能を果たすかもしれないのである。

第2に、コストの問題がある。電子タグを導入することは、職員数の減少を補うためであると説明される。収容対象を厳選し、少ない職員数であっても十分であるかもしれない状況で、電子タグを用い、結果として無駄な投資をすることになってしまえば、業務の効率化による経費節減という本来の目的にも反することになる[62]。なお、開放的処遇のメリットとしては経費が節減できるということもよく挙げられている。電子タグの利用は、開放的処遇のこの点でのメリットを減殺する役割も果たす。

第3に、電子タグの使用は施設内だけにとどまらず護送中や施設外作業中にまで及ぶ。施設外作業において電子タグを用いるとすれば、実態としては社会内処遇として電子監視を行うのと大差ないことになる。社会内処遇としての電子監視については、更生保護のあり方を考える有識者会議提言の中で、中長期的課題の1つとして、諸外国の制度、関連するシステムの進展等についての調査研究等を引き続き進める必要がある、と言及されているところであり[63]、また現在、法制審議会・被収容人員適正化方策に関する部会では「刑事施設に収容しないで行う処遇等の在り方」が審議されているが、場合によっては電子監視も提案の1つとして答申される可能性もあると思われる。このように社会内処遇としての電子監視導入が従来に比べてより現実味を増している中で、今回施設外作業時に電子タグを身に付けることは、十分な議論を経ずに社会内電子監視を既成事実化することにもなりかねない。

7. おわりに

以上述べてきたように、電子タグによる被収容者監視は法的及び刑事政策的に多くの問題を孕んでいると思われる。

今求められるのは、電子タグを用いた機械による監視への傾斜でも厳格な規律の下での担当制への回帰でもなく、支配従属関係を媒介とせずに職員と被収容者の間で信頼関係を構築できるシステムの確立ではないか。元矯正職員の浜井浩一は次のように述べる。「最近刑務所の役割として、懲役刑の執行だけではなく、再犯防止が強く求められるようになった。しかし、刑罰と規律では人は更生しない。これを達成するためには、教育的な環境を刑務所内に構築する必要がある。従来の刑務所が、受刑者に対する不信感を基本とした保安の原則によって規律が維持されているとすれば、それを転換し、刑務官と受刑者の関係を信頼関係を基本と

したものにしていく必要がある。そのためには、少年院と同様に、施設規模を小さくし、刑務官を大幅に増員しながら個別処遇を充実させていく必要がある」[64]。職員体制について言えば、担当制を少年院型の処遇システムに転換するとともに[65]、多様な専門性を有した民間人に処遇に参画してもらう中で[66]、信頼関係を基本とした警備の在り方を考えていくべきであろう。

　このような体制を整えるためには、浜井も指摘するように職員の大幅な増員が必要となる。PFI 施設において、民間職員により多くの警備業務を代替させる方向でこれを実現するとすれば[67]、経験の浅い者が多くを占めると予想されるため問題である[68]。行刑改革会議提言も述べるように刑務官を増員した上で[69]、刑務官それぞれが専門性を身に付ける必要があると思われる。もちろん資質の高い民間職員を確保し、十分な研修を行う体制を整えることも重要である。機械による物的監視ではなく新しい人的警備体制の構築が今求められていると言えよう[70]。

1　太田幸充「美祢社会復帰促進センターについて」ジュリスト 1333 号（2007 年）35 頁以下参照。

2　太田・前掲注（1）36 頁参照。

3　沼田繕「開放的処遇の展開」刑政 101 巻 10 号（1990 年）62 頁。

4　「PFI 手法による新設刑務所の整備・運営事業基本構想」〈http://www.moj.go.jp/KYOUSEI/MINE/mine05.pdf〉1 頁以下。さらに、「殺人や強盗等、他人の生命、身体又は精神に回復困難な犯罪被害をじゃっ起した者を収容することは想定していません。また日本人又は日本人と同様の処遇を行うことが可能な者を収容することとしています」ともされている。「実施方針等に関する質問回答」〈http://www.moj.go.jp/KYOUSEI/MINE/mine07-01.pdf〉。

5　太田・前掲注（1）35 頁は、7 万を超える受刑者から厳選され、刑期も平均 18 カ月と比較的短い、"特 A" 級の被収容者が収容されると強調している。

6　法務省「島根あさひ社会復帰促進センター整備・運営事業実施方針」（2005 年）〈http://www.moj.go.jp/KYOUSEI/MINE/mine11.pdf〉5 頁、法務省「喜連川社会復帰促進センター等運営事業実施方針」（2006 年）〈http://www.moj.go.jp/KYOUSEI/KITSURE-HARIMA/pfi-kh01.pdf〉4 頁、法務省「播磨社会復帰促進センター等運営事業実施方針」（2006 年）〈http://www.moj.go.jp/KYOUSEI/KITSURE-HARIMA/pfi-kh13.pdf〉4 頁。なお、「島根あさひ社会復帰促進センター実施方針等に関する質問回答」〈http://www.moj.go.jp/KYOUSEI/MINE/pfi18.pdf〉4 頁では、収容対象が矯正施設に初めて収容される者に限られないこと、収容対象から除外される罪名は特にないこと、一定の就労経験を

有する者に限定されないこと、帰住環境が良好な者に限定されないことが改めて確認されている。

7 法務省「美祢社会復帰促進センター整備・運営事業運営業務要求水準書」（2004 年）〈http://www.moj.go.jp/KYOUSEI/MINE/nyusatsu02-01.pdf〉、法務省「島根あさひ社会復帰促進センター整備・運営事業運営業務要求水準書」（2006 年）〈http://www.moj.go.jp/KYOUSEI/MINE/pfi59.pdf〉、法務省「喜連川社会復帰促進センター等運営事業運営業務要求水準書」（2006 年）〈http://www.moj.go.jp/KYOUSEI/KITSURE-HARIMA/pfi-kh31.pdf〉、法務省「播磨社会復帰促進センター等運営事業運営業務要求水準書」（2006 年）〈http://www.moj.go.jp/KYOUSEI/KITSURE-HARIMA/pfi-kh36.pdf〉。

8 喜連川・播磨では、保安事務支援の業務内容に、「願せん処理事務の補助」が新たに加えられている。「喜連川要求水準書」・前掲注（7）38 頁、「播磨要求水準書」・前掲注（7）39 頁。これが新たな業務の追加であるのかは、管見の限り明らかではなく、業務内容も示されていない。仮に信書検査補助業務のように、民間事業者が願せんを事前にスクリーニングするのであれば、問題だと思われる。

9 「島根あさひ社会復帰促進センター整備・運営事業実施方針説明会議事概要」（2005 年）〈http://www.moj.go.jp/KYOUSEI/MINE/pfi10.pdf〉13 頁。

10 検査補助とはいうものの、要求水準としては、民間事業者は発受信書を検査して、制限の要件に該当する合理的な疑いが生じた場合に当該信書を国の職員に提出するとされているのであるから、第一次的判断権限は実質的には民間事業者に委ねられている。

11 「喜連川社会復帰促進センター等運営事業及び播磨社会復帰促進センター等運営事業実施方針説明会（議事概要）」（2006 年）〈http://www.moj.go.jp/KYOUSEI/KITSURE-HARIMA/pfi-kh20.pdf〉21 頁。

12 「喜連川・播磨説明会（議事概要）」・前掲注（11）20 頁。

13 「美祢要求水準書」・前掲注（7）12 頁以下。美祢で実際に導入されたシステムについては、竹島昌弘・掛川誠「美祢社会復帰促進センターについて ——最先端技術の刑務所運営への応用」ジュリスト 1333 号（2007 年）59 頁以下参照。

14 「島根あさひ要求水準書」・前掲注（7）12 頁以下。

15 「島根あさひ説明会議事概要」・前掲注（9）12 頁。

16 「美祢要求水準書」・前掲注（7）21 頁。

17 「島根あさひ要求水準書」・前掲注（7）22 頁以下。

18 太田・前掲注（1）36 頁。

19 竹島・掛川・前掲注（13）64 頁。

20　日本弁護士連合会「刑事施設及び受刑者の処遇等に関する法律施行規則（受刑者処遇法施行規則）に関する意見書」（2006年）〈http://www.nichibenren.or.jp/ja/opinion/report/data/060823.pdf〉3頁。

21　赤田美穂「アメリカにおける刑務所内電子監視——ICタグを用いた受刑者管理の実情」犯罪と非行146号（2005年）147頁以下。本来一次情報に基づいて紹介すべきであるが、この問題について同論文以上に詳細に書かれた一次資料を発見することができなかった。そのため、以下、特に断らない限り、合衆国の実例は同論文の紹介に依拠したものである。

22　なお、この技術を提供しているAlanco/TSI Prism社のホームページ〈http://www.tsiprism.com/product_demos.php〉にある紹介ビデオも参照。

23　赤田・前掲注（21）148頁以下。

24　〈http://www.soumu.go.jp/s-news/2004/pdf/040608_4_b.pdf〉。そこでは、個人情報保護法が適用されない場合でも、プライバシー保護が問題になりうることが指摘されている。

25　例えば、誤って施設からの逃走歴が個人情報として登録されれば、不当に高い拘禁環境に置かれかねないであろう。

26　Hudson v. Palmer, 468 U.S. 517 (1983).

27　Palmer v. Hudson, 697 F. 2d. 1220 (1983).

28　supra note 26, at 527.

29　Michael B. Mushlin, Rights of Prisoners, 3rd ed., vol. 2, 2002, at 10.

30　Covino v. Patrissi, 967 F. 2d 73, at 78 (1992).　この判決は未決拘禁者に関するものであるが、施設の安全が問題とされるこの場面では未決か既決かは重要な違いを生じさせることはないであろう。

31　Mushlin supra note 29, at 13.

32　福田雅章「受刑者の法的地位」澤登俊雄ほか（編）『新・刑事政策』（日本評論社、1993年）212頁。

33　自由刑純化論の立場からの批判として、土井政和「受刑者処遇法にみる行刑改革の到達点と課題」自由と正義56巻9号（2005年）22頁以下参照。

34　判例時報1591号69頁、判例タイムズ933号120頁。

35　「受刑者の生活及び行動の制限の緩和に関する訓令」では、美称は開放的施設には指定されていない。

36　山口昭夫「ミラクル・プリズン」刑政113巻5号（2002年）60頁。

37　筆者は2007年2月に、赤田論文で紹介されたピーター・ピッチェス拘置所イースト・

ファシリティを訪問する機会に恵まれた。同施設は、未決中心であることや刑務所の過剰収容のため移送待ちが発生していることもあり、様々な被収容者が収容されている。超過剰収容の状況の下、被収容者間での暴行事件が発生するなど極めて厳しい環境にあり、職員は安全確保のため非常時以外は居室ユニットに立ち入らずフェンスの外から監視を行う。被収容者と職員の安全を確保するために、施設全域でRFIDタグ（位置追跡型）の導入を決めたものの、予算不足で実現していないとのことであった。収容対象の美祢との相違は歴然としており、導入を求める背景も全く異なっているように思われる。

38 例えば、最判平18・3・23判時1929号37頁は、受刑者と親族以外の者との信書の発受は、特に必要があると認められる場合に限って認めるとする監獄法46条2項の規定を、具体的事情の下で、監獄内の規律・秩序の維持等に放置することのできない程度の障害が生ずる相当のがい然性があると認められる場合に、障害の発生防止のために必要かつ合理的な範囲においてのみ制限が許されることを定めたものと解するのが相当であるとする。文理解釈として、例外的許容規定を原則的許容規定と読むのが至難の業であるのは明らかであろう。

39 「美祢要求水準書」・前掲注（7）12頁、「島根あさひ要求水準書」・前掲注（7）13頁。

40 「美祢要求水準書」・前掲注（7）23頁、「島根あさひ要求水準書」・前掲注（7）25頁。

41 「喜連川要求水準書」・前掲注（7）37頁、「播磨要求水準書」・前掲注（7）38頁。

42 「島根あさひ要求水準書」・前掲注（7）13頁。

43 美祢においては、施設外作業時における電子タグによる位置情報把握は要求水準とされていない。そもそもPFI施設において要求水準とされていない施設外作業が実施されるかどうかという問題があるが、仮に実施されるとすると、電子タグは用いられない可能性が高いと思われる。

44 そして、この場合、さらに社会内における電子監視の是非について検討する必要がある。

45 「業務区分表」〈http://www.moj.go.jp/KYOUSEI/MINE/mine07-04-02.pdf〉、「島根あさひ社会復帰促進センター組織図」〈http://www.moj.go.jp/KYOUSEI/MINE/pfi20.pdf〉、「喜連川社会復帰促進センター組織図」〈http://www.moj.go.jp/KYOUSEI/KITSURE-HARIMA/pfi-kh11.pdf〉、「播磨社会復帰促進センター組織図」〈http://www.moj.go.jp/KYOUSEI/KITSURE-HARIMA/pfi-kh19.pdf〉。

46 室井誠一「行刑施設における専門官制の導入について」刑政104巻8号（1993年）65頁。

47 但し、受刑者に対する心理的な負担とならないかという懸念も指摘されている。只木誠「新しい刑務所運営の意義と課題」ジュリスト1333号（2007年）16頁。

48 市原刑務所においても、過去に開放寮が一部の刑期の長い者によって「支配」された

時期があった、とされる。山本善正「交通事犯受刑者の処遇の変遷」罪と罰 40 巻 3 号（2003年）18 頁。

49　福田雅章・前掲注（32）210 頁。

50　逃走防止設備が全くない場合を開放施設（処遇）、緩和された場合を開放的施設（処遇）と呼んで区別する用語例もあるが(例えば、後藤信雄「開放処遇」罪と罰 11 巻 1 号〔1973年〕35 頁)、いずれかの用語をいずれかあるいは両方の意味で用いる例も多い。本稿の目的にとって両者の厳密な区別は必ずしも必要ないと考えられるため、原則として開放的施設（処遇）と呼ぶことにするが、参照文献が開放施設（処遇）と称している場合はそちらを用いることもある。

51　朝倉京一「開放処遇論」刑政 76 巻 7 号（1965 年）14 頁。この定義が採択されるまでの議論については、長谷川永「開放施設の意義について」刑政 71 巻 5 号（1960 年）29 頁以下参照。

52　長谷川永「開放処遇について」『矯正論集』（矯正協会、1978 年）553 頁。

53　長谷川・前掲注（52）563 頁。

54　小野義秀「行刑施設の管理」『矯正協会百周年記念論文集第 2 巻』（矯正協会，1988 年）601 頁。

55　赤塚康「工場担当制論──その日本的処遇を吟味する」刑政 98 巻 12 号（1987 年）18 頁。

56　土井政和「行刑改革会議提言の意義」刑事立法研究会（編）『刑務所改革のゆくえ』（現代人文社、2005 年）6 頁。

57　『行刑改革会議提言』（2003 年）18 頁以下。

58　その他の例については、富山聡「行刑施設における規律及び秩序の維持について」刑政 116 巻 1 号（2005 年）27 頁以下で紹介されている。

59　富山・前掲注（58）20 頁は、論文の冒頭で、規律及び秩序の在り方の見直しに対する現場職員の疑問に答えるための論文であると述べている。また、坂井一郎「日本型行刑の特質と今後の方向性について」刑政 117 巻 12 号（2006 年）25 頁以下は、規律維持を蔑ろにすることは絶対に許されないとして、提言が見直すべきとした軍隊式行進について、必要性を吟味した上で結果的に軍隊方式に類似したものになったとしてもやむを得ない、として規律を引き締めることを現場に求めているように見受けられる。

60　伊地知寛「行刑施設における保安体制の現状と課題」刑政 104 巻 4 号（1993 年）21 頁。

61　竹島・掛川・前掲注（13）66 頁は、本システムを行刑施設におけるスタンダードモデルとし、他施設への導入拡大を望む、とし、更なる拡大へと意欲的である。

62　藤本哲也「社会内処遇の新たな試み」同『刑事政策の新動向』(青林書院、1991年) 58頁以下参照。社会内における電子監視が最初からプロベーションを認められるような者の監視を強化するためにのみ用いられるとすれば、結局、矯正の網が拡大され、何ら目立った効果も上がらないのに、経費ばかりがかさむことになってしまう、と指摘する。

63　更生保護のあり方を考える有識者会議「更生保護制度改革の提言――安心・安全の国づくり・地域づくりを目指して」(2006年)〈http://www.moj.go.jp/KANBOU/KOUSEIHOGO/houkoku02.pdf〉30頁。

64　浜井浩一『刑務所の風景』(日本評論社、2006年) 207頁。

65　刑事立法研究会では、少年院を1つのモデルとしたチーム制への転換を主張している(刑事拘禁法要綱案第3部「職員」)。刑事施設と少年院の執務体制の比較については、浜井・前掲注(64)189頁のほか、福田雅晴「矯正職員」『矯正協会百周年記念論文集第2巻』(矯正協会、1988年) 689頁以下を参照。

66　美祢では、民間の専門職員をも巻き込んだグループ担当制が採用されていると言われるが、工場担当への権限の集中という構造そのものは従来と変わっていないようにも思われる。刑事立法研究会では、処遇への市民参加を重要な柱とするコミュニティ・プリズン構想を打ち出している。なお本書第8章三島論文を参照。

67　構造改革特別区域法11条によれば、「被収容者の行動の監視及び施設の警備(被収容者の行動の制止その他の被収容者に対する有形力の行使を伴うものを除く。)」が民間に委託できる。この規定の下でも、更に警備業務の委託規模を拡大することは可能であろう。

68　本庄武「紹介・コメント『矯正サービスの欠如(ジュディス・グリーン)』」山梨学院ロージャーナル1号(2005年) 292頁以下参照。

69　なお行刑改革会議では人員増を求める根拠が問題だと指摘されているが、監獄法から刑事被収容者処遇法に変わり、今まで運用上の目標に過ぎなかった社会復帰に向けた処遇が、法律の理念となったのであるから、法の理念を実現するために必要な人員の配置を求めることは当然の要求ではないかと思われる。

70　アンドリュー・コイル『国際準則からみた刑務所管理ハンドブック』(矯正協会、2004年) 69頁は、現場職員が被収容者と接し、刑務所の中で何が起こっているのかをよく知り、被収容者が前向きに活動できるよう努める実践的警備(direct supervision)と呼ばれる警備手法を紹介している。アメリカではこの手法により、居室ユニットの外ではなく内部に警備担当者のデスクを置いて常駐し、人間的接触を密にすることで的確な動静把握を行うことが重要だと考えられ、多くの施設で導入されている。

(本庄　武／ほんじょう・たけし)

第7章 アカウンタビリティとモニタリング

1. はじめに

　行刑改革会議の提言[1]は、「国民に理解され、支えられる刑務所」をつくることを目指した。そして、被収容者及び刑務官のための諸改革と並び、それを支えるより重要な改革としてあげられたのが、「刑務所を国民に開かれた存在にするための諸改革」であった。

　提言は、従来行刑に対しては国民の関心が薄く、さらに職員も密行性を意識することで十分な情報発信をしてこなかったと指摘し、「行刑の改革が確実に行われ、受刑者の人間性が尊重され、真に改善更生と社会復帰に資する行刑運営を実現するためには、行刑施設が世間から孤立したものであってはなら」ないとして、「できる限り、国民に行刑施設内の情報を明らかにして、行刑運営に対する国民の理解を得るとともに、その運営の在り方などについて、社会の常識が十分に反映されることを確保」する必要があり、「国民に理解され、支えられる行刑施設を作るための諸方策を講ずること」を求めている。そうして、内部監査の充実・強化を行うとともに、処遇関連情報等の公表など、国民への情報公開を進めて透明性を確保し、さらに運営の在り方について社会常識が反映されるよう、刑事施設視察委員会を設置することで行刑への市民参加を行うべきであると提言した[2]。また、被収容者のための不服申立制度を、実効的な人権救済の制度として整備するための第三者機関設置について提言を行った[3]。2005年の監獄法改正においては、この提言の内容に基づき、刑事施設視察委員会が設置された[4]。

　このように、日本では、被収容者のプライヴァシー保護を主たる理由として、従来必ずしも求められてこなかった[5]刑事施設一般のアカウンタビリティ（説明責任）[6]が、今や必要とされるに至っていることは、明らかである[7]。

　それでは、日本ではじめて PFI の手法を用いた建設・運営が行われている美祢社会復帰促進センターでは、アカウンタビリティ・透明性の確保はどのように構想

されており，その達成のためにいかなる方策が採用されているのであろうか[8]。

　まず，美祢の施設においても，アカウンタビリティを果たす必要性が認識されていることを確認しておく必要がある。すなわち，副次的な目的と考えられるにせよ，PFI方式による官民協働の運営によって施設運営の透明性を向上させ，「国民に理解され，支えられる刑務所」を実現することが法務省の方針でも挙げられている[9]。PFI事業の導入により，多くの民間人が運営に携わるために施設内に入り，官側が彼らの目を意識するようになること，事業契約の前段階において，適正な事業契約を実現するために関連通達等の公表を行い，さらに事業者の選定段階において，外部有識者から構成される「事業者選定委員会」による審査が行われることによって透明性が確保される。また，PFI事業の運営段階においても，モニタリングが行われることによって，「外部の目」を常に意識した運営が行われることになり，「事業終了まで，システムの一つとして『行刑運営の透明化』が存在する」ともされている[10]。このように，美祢においては，一般市民や外部の専門家に対するアカウンタビリティの確保が意識されているようである。

　法務省が公表した「モニタリング及び改善要求措置要領」[11]によれば，モニタリングは，三つの方法により行われる。第1に，事業者による「日常モニタリング」である。各業務の遂行状況について毎日のモニタリングの結果を記した業務日誌の作成と，業務日誌に基づいた月次業務報告書の国への提出，その他特別の事態が生じた場合の国への報告から構成される。第2に，国による「定期モニタリング」である。事業者の月次業務報告書に基づいた施設利用確認状況及び維持管理・運営業務の水準の確認が行われるとともに，定期的な施設内の巡回等による業務の遂行状況の確認によって行われる。そうして，第3には，国による「随時モニタリング」である。事業者からの随時報告と，「必要に応じた」国の職員の巡回等による業務遂行状況の確認とで構成され，その際には第三者の意見の聴取が行われうる。さらに，長期的に適切な運営が行われているか，専門家等による外部評価の実施も行われうる。但し，これらの場合に「随時」がどれくらいの期間のことを指すのか，「第三者」とは誰のことを指すのかは明らかではない。第三者からの意見聴取及び専門家等による外部評価の実施も，必要的・義務的であるとはされていない。さらに，モニタリングの具体的な内容については，現在のところ詳細に決定されているかも不明である[12]。

　モニタリングの結果，事業者の提供するサービスが要求水準等の内容を満たしていないと国が判断した場合，違約の内容に応じてPFI事業費の一部が減額される。しかし，このモニタリング結果の公表の方法等の詳細も，いまだ明らかでは

ない。

　法務省の主張通り，官民協働の運営が実現されることによって直ちに刑事施設の運営のあり方が透明化されるかは定かではない。行刑改革会議の基本理念に沿った，「国民に理解され，支えられる刑務所」を作るためには，民間企業が運営に加わった施設において，これまでの刑事施設とアカウンタビリティ及び透明性確保の方法が異なるのか否か，また異なるとすれば，今後いかなる点に注目した制度を構築すべきかについて検討し，そこから，アカウンタビリティ及び透明性の確保のための方策のあり方を構想することが必要不可欠となってくる。そこで，本稿では，以下，民間企業が運営に加わった時の刑事施設のアカウンタビリティのあり方について，この問題に関する議論がすでに蓄積されているアメリカ[13]，イギリス[14]，およびオーストラリア[15]の状況を参照し[16]，どのような点が理論的・実務的に問題となっているかを概観した上で，考察を行う。

　なお，民営刑務所のアカウンタビリティは，三つの要素を持つといわれる[17]。第1には，財務上のアカウンタビリティである。民間企業が，公的な資金を正当な目的のために，また認められた予算に従って使ったのか，という点が問われる。第2には，その他の契約上のアカウンタビリティであり，契約上要求されている契約者のパフォーマンスをモニタリングし，査定することが必要となる。第3には，評価の問題である。当該民間企業との契約を行うことが正当か否かの評価が必要となる。本稿では，主として，第2のアカウンタビリティの要素について取り扱う。

2. 民営刑務所とアカウンタビリティ

(1) 公営施設との違い

　民営刑務所のアカウンタビリティに関して，諸外国では以前から議論が行われている[18]。

　そもそも，民営刑務所も厳格な説明責任を果たす必要があるということには，民営刑務所の推進派・批判派に一致が見られる[19]。刑務所は民営であると公営であるとを問わず，伝統的に閉鎖的な場所であること，また一般社会の側も刑務所内部の問題について忘れがちであることから，その運営のあり方については透明性が要求され，説明責任を積極的に果たすことが必要だからである[20]。

　問題は，民間企業が刑務所運営を行うことによって，刑務所の透明性・アカウンタビリティの確保がより促進されるのか，またはより後退するのか，という点である。一部の論者はこの点に関して，民営化によって，刑務所のアカウンタビリティ

はより向上する，と肯定的な評価を行う。

　例えば，Loganは，刑務所の民営化が当然にアカウンタビリティの向上をもたらすものではないことを認めつつ，それが拘禁の目的や拘禁者の責任を明確に定義づける機会を与えるとともに，以下の理由から，アカウンタビリティを向上し，透明性を確保する契機となりえ，さらには国の拘禁施設全体の透明性を促進する手段ともなりうる，と主張する[21]。第1に，国と民間企業とが契約を交わすプロセスにおいて，政府は民営施設のみならず，公営施設に関しても，拘禁の目的や，刑務所における責任の所在，パフォーマンスの基準などを再度見直す。そのことで，総体としての拘禁システムの透明性が増す。さらに，詳細な契約書が交わされれば，民間企業のパフォーマンスは義務づけられる[22]。第2に，民間企業による違法行為や権限の濫用に対しては，国から民事及び刑事訴訟を起こすことができ[23]，さらに契約の打ち切りや契約の不更新という手段によって，法的な責任を追及できる[24]。第3に，民間企業は政府のみならず，競争会社，保険会社，投資家に対しても経済的なアカウンタビリティを果たす必要に迫られる。競争が存在すれば，自社の優越性を示すために，情報公開が行われる。施設運営への信用は株価に影響を与えるため，運営はよりよく行われるはずである[25]。経済的なアカウンタビリティは，政治的・法的なアカウンタビリティを補充するものとなりうる[26]。第4に，民営刑務所は，行政的な権限を有する政府とは異なり，コミュニティに対しても，説得と利益の提供によって施設の受け入れを認めてもらう必要があるため，政府以上の説明責任を果たすこととなる[27]。第5に，民営刑務所に対しては社会的関心が高いため，報道機関による取材等がなされ，当然に施設の透明性も高まる[28]。最後に，政府は自らの利益を守るために情報を隠しがちであるが，民営刑務所においては情報源である民営会社と情報を統制する政府とが別の主体となっていることに加え，現場におけるモニタリングが運営主体と異なる主体によって行われる[29]。これらの諸点から，Loganは民営刑務所においては公営刑務所に比べ，施設の透明性・アカウンタビリティの確保が行われる契機が存在するのではないか，と主張する。

　もちろん，民営刑務所には公営刑務所と比べてアカウンタビリティが向上する契機があると主張するLoganのような論者も，民営化によってアカウンタビリティの向上が当然に達成され，運営の透明性が増すと考えているわけではない。例えば，Loganは，民営刑務所に関しても，その契約遵守のあり方とパフォーマンスについてモニタリングすることが重要かつ不可欠であることを正面から主張する[30]。別の論者も，一般に民営刑務所は公営刑務所に比べて低コストで良いサービスを提供するとしながらも，民営刑務所は情報の公開等に関して積極的でないという事実も

存在するため，司法・立法・行政上のモニタリング等による監視と情報の公開が不可欠であるという[31]。

他方で，民営化によってアカウンタビリティを果たすことは一層困難になるとの強い反論がある[32]。刑務所がそもそも公衆からアクセスできない場所であること，その運営が独占的な性格を有することに加え，民営刑務所においては利潤の追求が目的であるため，民間企業は刑務所の運営・処遇のあり方や効率性さえをも犠牲にする可能性が存在する。そして，このような状況にある民営刑務所では，アカウンタビリティの確保が困難になる以下のような条件が存在すると主張される。第1に，本質的に利潤を追求する民間企業の運営する民営刑務所では，コスト削減を行うインセンティブが高く，このことが様々な問題に直結する。例えば，施設運営のコストの80%を占めると言われる人件費の削減を行うことで，離職率は高まり，当然に経験の浅い職員が増加することから，被収容者への暴行，暴言等のトラブルが起こりやすくなることが指摘されている。しかし，これらのトラブルを開示すれば，企業の株価は直接影響を受け，下落する[33]。このような状況は，民間企業にとって不利益となる情報の非公開に結びつきやすい。第2に，一度国との契約を締結した企業は，そのまま固定化する可能性が高い。すなわち，刑務所産業においては競争が存在するとしても，ひとたび契約が結ばれれば，その後も同一の企業が同じ刑務所運営を行う方がコストも低いし，契約を打ち切って，被収容者を他の施設に移すことは困難である。契約を打ち切ることは，国の施策が間違っていたことを示す証拠にもなってしまう。従って，国の側も，契約打ち切りを避けようとするため，施設内の問題については明らかにしようとはしない可能性がある。そもそも刑務所の運営を行うことができるような企業は限られているため，代替企業を見つけられないというリスクを減らすためにも，現在業務を行っている企業の問題点は隠される可能性が高い[34]。そもそも，長い目で見た場合，刑務所産業の市場に競争が存在するかは不明であるし，国が契約を打ち切った場合においてさえ，上述のように代替の企業を見つけることは難しい可能性があるから，競争によってアカウンタビリティを果たすことが促進されるとは考えにくい。これらの理由から，民営刑務所においては公営刑務所に比較しても，アカウンタビリティの確保が困難になる契機がある，と主張される。

国によるモニタリングや訴訟の提起等を行ったとしても，アカウンタビリティの確保は十分できない可能性がある。第1に，アカウンタビリティと透明性の確保のための施策には，モニタリングのような事前の対策にせよ，事後的な民事及び刑事訴訟にせよ，コストがかかる。そもそもコスト削減が民営化の最も大きな利点のひ

とつと言われている以上，民営刑務所を導入した国側からみれば，このような施策にコストを費やすことは望ましくない[35]。契約上，十分なモニタリングコストを含めることを要求してしまうと，逆に施設の側では利益を生むことができない。第2に，当該民間企業を選定したのは国自身であるため，その企業に問題が生じた場合には国自身がその隠蔽を行う傾向が生じてしまう[36]。さらにすすんで，いわゆる「エージェンシー・キャプチャー (Agency Capture) 現象」(規制を行うべき行政機関が，その規制の対象となるべき客体の利益を擁護する側に回ってしまい，癒着が起きてしまうという現象のこと) の問題も存在する[37]。モニタリングを行う側が施設に密着して仕事を行うことになれば，規制をする側の人間と規制をされる側の人間との間に，人間的なつながりが生じてしまい，適正なモニタリングができない危険が生じうる[38]。さらに，以上の点が解決された場合にも，問題は残る。何か問題が生じた場合であっても，上述のように国はなるべく契約を継続しなければならない状況におちいるため，契約打切りにも消極的になる[39]。このような状況に鑑みると，今度は国の側も客観的な第三者としての監視を行わず，民間企業と同じ側に立って，透明性の確保に消極的になる可能性がある。

(2) 小括

いずれの立場からも，民間企業が関わる刑事施設においては，当然にアカウンタビリティと透明性の向上が見られるわけではなく，モニタリングなど，適切な監視システムを構築することが必要であることが明らかである。

さらに，その監視システムの構築に当たっては，民営刑務所の特色である利潤の追及と，それに伴うコストの削減がどのように影響するかという点を中心に据えて考察するべきであろう[40]。このような視点から出発すると，民営刑務所においてはアカウンタビリティの確保が困難になると主張する議論に説得力があり，かつそのような前提のもとで，アカウンタビリティと透明性確保のためのシステムの構築を行っていく必要があるのではなかろうか。

以上論じてきたような民営刑務所特有の状況に鑑みると，理論上は，従来の公営刑務所に対して行ってきた施策のみでは，質的にも量的にも，アカウンタビリティと透明性の確保は困難である可能性が高いと結論づけることができそうである[41]。

それでは，実際の施設運営におけるアカウンタビリティ確保に当たって，諸外国ではどのような問題が生じているのであろうか。以下で概観する。

3. 民営刑務所のアカウンタビリティ確保のための施策とその問題点

(1) アカウンタビリティ確保の必要性とその判断過程

　民間企業が十分なパフォーマンスを行っているかを判断する過程は，二つの段階に分けられる[42]。第1に，有効なモニタリングを行うためには，いかなるパフォーマンスを民間企業に要求するかの詳細な基準を設定し，その企業がその基準の達成をできるかどうかを精査する必要がある。第2に，運営中及び事後のモニタリングのような，透明性確保のための制度設計が重要となる。それぞれに関して，諸国ではいかなる問題点が指摘されているのか概観する[43]。

(2) 要求水準の設定

　民営刑務所の運営が適切に行われているかは，詳細かつ適切な契約書がなければ判断できない[44]。

　この点に関連して，イギリスで指摘されてきたのは，契約書類の公開の問題である。イギリスにおいては，契約の内容や，入札書類等が「商業秘密」の名の下に非公開とされてきたために[45]，民営刑務所の運営が適切に行われているか，また効率的に行われうるかを外部から評価することができないと指摘されてきた[46]。この問題が表面化したのは，イギリスで初めてPFI方式による運営が開始されたウォルズ（Wolds）拘置所に関して内務省自身が行った調査の過程においてさえ，契約及び競争部局（Contracts and Competition Group）が契約書類へのアクセスを認めなかったという事例であった。このような経験を経て，契約の詳細と個々の民営刑務所の運営コスト，職員人員に関する情報等が完全に一般に公開されるべきであることが，近年まで主張されてきた[47]。もっとも，この状況は，2005年1月にイギリスでも情報公開法が全面的に施行開始されたことによって変化する可能性もある[48]。

　オーストラリアについても同様の問題が存在した[49]。例えば，民間企業との刑務所運営に関する契約第一号であるクイーンズランド州バラロン刑務所に関する契約は，「商業秘密」の名の下に非公開とされた[50]。これに続いて運営を開始した数カ所の民営刑務所[51]においても，同様の理由で契約が全面的に非公開とされた。1995年に至って，クイーンズランド州矯正サービス委員長は，もはや「商業秘密」の名の下に情報を隠す必要はなくなったとして，以降の契約は公開すべきであると表明した[52]。しかし，ヴィクトリア州においては，その後も契約の公表

について，内容の一部を要約した形のみでの公表を行うにとどまっていた[53]。このような状況の下，情報公開法に基づいて契約の開示請求訴訟が提起され，ついに1999年，ヴィクトリア州民事行政審判所は，保安に関する事項と緊急時の計画とを除き，契約の内容を全面的に公開するよう命ずる判断を言い渡した[54]。審判の過程では，企業側よりもむしろ州政府側が契約内容の公開に消極的であった事実が明らかになった[55]。なお，ウェスターン・オーストラリア州においては，契約及び関連するすべての書類が全面的に開示されなければならないとの立法がなされている[56]。

これに対して，アメリカでは同様の問題はないとされている。ほぼ全ての州において，政府調達法により，契約に関する情報が全て公開されることが要求されており，さらに証券取引委員会規則は，上場会社の売買契約書は検査のために提出されなければならないこと，年1回の報告書を提出しなければならないとしている。民営刑務所に関わる会社は全て上場されているため，こうして契約の公開が保障されている[57]。

(3) モニタリング制度とその問題点

第2段階として，実際の運営のチェックのあり方をどのように設計するべきかが問題となる。米・英・豪では，以下のようなチェックが現実に行われているとともに，それぞれに関する問題が指摘されている[58]。

① アメリカにおけるモニタリングの問題点

アメリカではモニタリングは，書類審査，現場での査察と会計監査を行うことによってチェックするものであり[59]，公的部門と雇用関係にある監査人によって行われる。

但し，監査の形態や監査人の質は，州によって異なる[60]。1997年に行われた調査によれば，民営刑務所との契約を結んでいる28州のうち，20州が監査人を民営刑務所に送り込んでいたが，監査人となるための要件や研修はまちまちであった。監査人の役割を明文化している州もほとんどなかった[61]。

モニタリングの方法についても大きな差が存在する。91の民営刑務所契約のうち，46の契約については，日常的に監査人が現場に存在した。21の契約については，パート・タイムの監査人が存在し，そのうち5つについては週1回，16については月1回現場でのモニタリングが行われていた。10の契約が年4回の現場でのモニタリングを要求し，現場でのモニタリングを行わない契約も3つ存在し

た[62]。

　典型的には,テキサス州の方式とフロリダ州の方式があげられる。テキサス州は,州法でモニタリングに関する規定をおいていない[63]。契約においてはしばしば州司法省からの監査人を施設に派遣することが規定されているものの,義務とはされていない[64]。これに対してフロリダ州は,州法によって,契約の際に常任の監査人を任命することを州に義務づけている[65]。

　監査人に加えて,アメリカでは,アメリカ矯正協会（American Correctional Association〔ACA〕）による評価を通常3年以内に要求する,という条項を契約書に加えることが通常である[66]。ACAの評価は,刑務所の基準のあり方を統一するために創設され[67],ACAによって定められた基準を満たしているかの判断が行われる。公営刑務所に対してはACAの評価を要求しない州においても,民営刑務所ではACAの評価が要求される。

　しかし,これらのモニタリングのメカニズムには問題があるとの指摘がなされている。

　まず,州の監査人によるモニタリングについては,監査の方法や回数が州の大幅な裁量に委ねられていること,また監査人自身の資質が必ずしも好ましくない状況にあることから,実効性・客観性を欠くと批判される[68]。モニタリングの対象も,コスト・質の両面に関するモニタリングを要求する州は一部にとどまり,「コスト」や「質」が何を意味するかについても詳細に規定されていないことが通例であるため[69],モニタリング結果のデータは不十分なものとなっている。そもそも契約の文言があまりに厳格であれば,刑務所の日常的な運営に困難を来すために,契約はしばしば一般的な文言と内容にとどまっている[70]。

　ACAについても,3年に1度しか検査が行われない点,財源がその検査費用によってまかなわれており,独立性を欠くという点への批判がある。さらに,検査対象も,現場での実務運用状況ではなく,当該刑務所の目標や手続等の形式面を重視するため,実効性を欠くといわれる[71]。

　さらに,民営刑務所においては独立したオンブズマン制度がなく,施設側によって雇われること,被収容者が直接,第三者的なオンブズマンに対して,処遇に関する苦情・不服を申し立てるチャンスがないことも問題であるといわれる[72]。民営刑務所がどのような職員を雇用するのかについて,州側はほとんど発言権を有しないという批判もある[73]。

　情報公開のあり方についても指摘がある[74]。連邦の刑務所では,民営施設の運営に関わる情報の記録は公営施設と異なって,情報公開法の対象とならない[75]。

さらに，一般に民営刑務所は情報公開に消極的である。例えば，どのような被収容者を収容しているかに関する情報が刑務所側によって秘匿され，逃走事故が表面化して初めて明らかになることも珍しくない[76]。また，職員の給与等についても，情報の開示がなされていない現状にある[77]。

　他方，モニタリングの結果，パフォーマンスが好ましくない会社について，契約を打ち切ることが他国に比べて多いというのもアメリカの特色である[78]。また，個人的に，あるいはクラス・アクションという形で，民営刑務所に対する訴訟を提起することによって，被収容者自身がアカウンタビリティ確保の手段となっているという利点もあるといわれることもある[79]。公務員と異なり，民営刑務所の職員は限定的免責（qualified immunity）と第11修正による保護を受けない[80]。従って，被収容者は訴訟を提起することで民間職員の不適切な行為を規制できる。陪審員は伝統的に政府に対してよりも，大企業に不利な判断を下す傾向にあるとの指摘もある[81]。例えば，1999年4月には，ヤングスタウン刑務所における混乱で損害を受けたとして，Corrections Corporation of America 社は1,650万ドルの損害賠償を被収容者2,000名に対して支払った[82]。但し，訴訟には時間的・金銭的コストがかかること，既に生じた問題への対処しかできないため，予防効果がないこと等の問題があるため，裁判所による解決というアカウンタビリティ確保の手段には即効性・実効性の点で問題点がある[83]。

② イギリスにおける問題点

　イギリスでは米・豪の諸州よりもアカウンタビリティ・透明性確保のための制度設計が充実している[84]。民営刑務所においても，公営刑務所と同様，様々な監視手段が設けられており，これらには，査察官（Inspector）による査察，独立監視委員会（Independent Monitoring Boards）による定期的な施設の訪問，行政局・オンブズマン，裁判所や議員への被収容者のアクセス権の保障が含まれる。

　さらに，民営刑務所には，行政局の監視官（Controller）を常駐させ，常に施設内の監視を行わせている[85]。監視官は，施設の運営状況や，被収容者の不服申立の調査を行い，行刑局に対して報告する義務を負う。また，懲罰権の行使，被収容者の隔離，特別室への拘禁，戒具の使用についても，監視官が行う（刑事司法法85条）。

　このようなアカウンタビリティ確保の諸施策は，かなり功を奏しているとの評価もある。例えば，英・米・豪の3国の比較研究を行った Harding は，査察官の

査察が外部的かつ独立の監視を可能にするという意味でエージェンシー・キャプチャー現象が生じるという危険性も少なく，有効であると評価している[86]。しかし，問題は，査察官の報告書が勧告にとどまっており，何らの強制力も有していないことである。同様のことは，オンブズマンなど，他の第三者機関に対しても言える。

さらに問題であるのは，政府が，監視官の権限を縮小する方向に向かいつつあるということである[87]。2005年1月，内務省は監視官の懲罰権限を民間企業の被雇用者である民営刑務所所長に移すべきであるとの考えを明らかにした[88]。その背景には，刑務所の民営化が一定程度成功していると考えられており，いまや民間企業の権限を拡大させるべきであるという考えが存在するようである。イギリスの制度を特徴づけており，日常的な監視を可能としている現在の制度が変化することによって，今後民営刑務所におけるアカウンタビリティ・透明性のあり方が変化する可能性も存在する。

③ オーストラリアの状況

オーストラリアにおいても，アメリカと同様に，モニタリングのあり方は州によって異なっている。例えば，民営刑務所を初めて開設したクイーンズランド州においては，アメリカのテキサス州同様，州法で民営刑務所の設置を認めた際に，アカウンタビリティ確保のための施策について何らの規定もおかれなかった[89]。民営刑務所第1号であるバラロン刑務所の契約においては，矯正サービス委員会（Corrective Services Commission）からの監査人を置くことは認められたものの，それは義務的でもなく，法的根拠もなかった[90]。Hardingによれば，当初送り込まれた監査人は，運営開始直後の期間は日常的に施設に駐在し，被収容者からの苦情に対応したり，懲罰が行われる場合の監視を熱心に行ったりしたものの，時間が経つにつれて施設に滞在する時間は減少した[91]。運営開始から1年後には，施設滞在は週に1回に減少し，その他は書類等の精査を施設外で行うようになった[92]。Hardingはこのような状況を，エージェンシー・キャプチャー現象の典型例であると指摘する[93]。バラロン刑務所に関する大規模な実態調査を行ったMoyleも，監査人が経験不足であったために，契約が遵守されているか否かに関する調査を十分に行うことができず，パフォーマンス基準を充たしていたかに関しても検証されなかったと指摘する[94]。

これに対して，クイーンズランド州の2年後に民営刑務所設置を認める州法を制定したニューサウスウェールズ州[95]においては，州法によって監査人（monitor）の設置が必要的であるとされた[96]。監査人は年1回の報告書を提出することを要

求され，常に施設・記録・被収容者・職員への全面的なアクセスを保障される。しかし，州法で監査人の任命が義務的となっているにもかかわらず，州の矯正サービス委員会は当初からモニタリングに熱意を示していなかった。監査人としては経験の浅い職員が任命され，さらに設置当初は常に施設内にとどまっていた監査人も，開設の半年から1年後にはランダムな訪問を行い，契約が最低限遵守されているかに関して監視を行う役割にとどまっている[97]。

このように，監査人のモニタリングのあり方が，イギリスに比べて実効性に欠けることは問題である[98]。

なお，オーストラリアでは，州によって制度は異なるものの，刑務所一般のオンブズマン制度，独立施設訪問者制度などの制度も存在する。しかし，オンブズマンに対しては多くの苦情が被収容者から寄せられるにもかかわらず，実際に取り上げられる問題は制度的・構造的に重要な問題よりも些細な問題が多く，実効性に欠けるという指摘や，そもそも苦情が取り上げられることが少ないという指摘がなされている[99]。また，オーストラリアの施設訪問者制度は，イギリスの独立訪問者委員会のような委員会制をとらず，個人ボランティアを州が任命し，その者が個人で活動する制度である。従って，施設運営のあり方を大幅に変革できるものとはなっていないとの指摘もなされている。

4．アカウンタビリティ確保のための提案

以上のように，どの国においても，モニタリングのあり方には問題が存在する。それでは，その解決策としてはいかなるものが提案されているのであろうか[100]。

(1) モニタリングの改革

Hardingは，英・米・豪におけるモニタリングのあり方を検証し，新しいモニタリングのあり方を提唱する[101]。彼は，どの国においてもモニタリングが熱心に行われていないことを指摘し，契約の内容の設定からその遵守のモニタリングまでをすべて矯正に全責任を負っている公的機関が行うことがエージェンシー・キャプチャーの原因になるとして，サービスの購入者と提供者からモニタリングの機関を完全に分離することを主張する。すなわち，モニタリングを，民営化を促進する公的機関からも民間企業からも，完全に独立した第三者的機関に委ねるべきであるということである。ここでは，民営化の導入を提言・推進する組織と民営刑務所を監視する組織とを分離し，モニタリングに客観性をもたらすことが重要であると

指摘されている[102]。

(2) 情報公開の充実化と一般市民・専門家によるアクセス

　Gentry は，モニタリングと違約金にのみ基づくシステムでは不十分であるとして，一般市民（特に，メディア関係者）によるアクセスの導入を主張する[103]。特に有用であるのは，メディアに自由に（または，直前の申し入れによって）施設の隅から隅まで出入りを行うことを認め，被収容者に対して取材を行うことであるとされる。そうすることによって，国に対して支払われる違約金のシステムには反映されない被収容者への不適切な処遇についても捕捉可能となる。

　このようなアクセスの充実は，施設の物理的な範囲にとどまらない。施設の運営企業自身が独自に，懲戒手続，被収容者の暴力・医療に関する記録，出所後の職歴，再犯率についてデータを収集し，公開すべきであるともされる。

　Keating は，アメリカの民営刑務所に，専門家，メディア関係者やマイノリティグループの代表を含む，一般市民のボランティアによる訪問者委員会を組織することを契約によって義務づけ，施設の状況やプログラムの質等について定期的にチェックを行わせるべきであると主張する[104]。外部の目を入れることが民営刑務所には不可欠である，という。

　さらに，Casarez も，民営刑務所は少なくとも公営刑務所と同程度にアカウンタビリティ確保を行うべきであるとして，現在アメリカでは適用の対象となっていない情報公開法を連邦の民営刑務所に適用し，施設運営に関する記録を公開することを可能とする法制度にすべきであると主張する[105]。

　同様の指摘は，刑務所の民営化の促進を主張する論者からもなされる。そこでは，刑務所の運営状況に関する情報を公開することは，3つの効果を有するとされる。第1に，データを公表すると，運営主体はその向上に努めるようになること，第2に，情報公開のために情報を収集することは，その企業の内部的な規制を促進すること，第3に，情報は，規制主体，市場のアクター，コミュニティ，労働市場，そして顧客にとっても有用であるということである[106]。

(3) 被収容者によるモニタリング

　Gentry は，メディア関係者のアクセスに加え，被収容者によるモニタリングの必要性を主張する[107]。ここでモニタリングとは，メディア関係者に対してアクセスを行うという権利を認めること，さらに司法的な救済を積極的に行うという意味であり，自ら積極的に民営刑務所の「番人」として機能する，という意味である[108]。

Keatingも，独立した第三者的な機関への不服申し立ての機会を被収容者に与えることによって，施設での問題が生じた場合，適時に救済の機会を与えることがアカウンタビリティ確保の為に必要であると主張する[109]。

5．日本への提言——PFI事業とアカウンタビリティ

以上，米・英・豪3国の実務及び議論の状況を概観した。そこから，諸外国において，民営刑務所においてアカウンタビリティと透明性が確保されているのかについては，理論上も，実際の運営上も問題があることが明らかになった。また，そのためにどのような解決策が提案されているかも判明した。ここから日本が得られる示唆はあるだろうか。

まず検討しなければならないのは，これら3国が運営業務を包括的に委託する民営化方式をとっているという点である[110]。常に監査人が現場に存在するイギリスはおくとしても，米・豪のように，日常の運営を民間企業が行い，官側は時々訪れて監視を行うというシステムと，美祢のように混合運営方式を採用し，日常的に官が民の監視を行うことができるシステムとは状況が異なるのではないか，という指摘がなされるかもしれない。

しかし，美祢においては，警備・監視・居室等の検査を含む刑罰権の行使に直接かかわるような業務まで委託が予定されており[111]，日常的に受託業者の職員と被収容者が接触する機会があることが予想される。反面，官側の職員の人数はできる限り削減される可能性があり，施設内でおこるすべての事態を官側が常に把握できるとは限らない[112]。

従って，上記の諸外国に議論から示唆されるような民営刑務所の問題点は，美祢の施設にも当てはまりうる。

第1に，民間企業はコストを削減する。これ自体は，利潤を追求する営利企業においては当然の事理であるが，従来の日本の刑事施設と美祢との間の最大の違いはこの点である。美祢の施設でコスト削減は，おそらくIT化と人件費の削減という形で達成することが予定されているであろう。そうすると，そのことが処遇の質の悪化をもたらす可能性は否定できない[113]。このような状況から，トラブルが生じた場合には，諸外国と同様，株価の下落や社会的評価の低下の懸念があると予想され，そのことが情報の開示をためらうことにもつながりうる。さらに，民間企業が関わる以上，「商業的秘密」の名の下，一般的に十分な情報開示が行われない可能性もある。

第2に，国が客観的に適切なチェック体制を構築できるかも疑問である。諸外国においては，国が民営刑務所の運営のチェックにむしろ消極的であることが，理論上も現実にも指摘されてきた。PFI事業に問題が起これば，それに関わった民間企業の姿勢のみならず，十分な監督を行うことができなかった国側の責任が問われることとなる。従って，国としても監視を十分熱心に行わなかったり，問題が起こった場合の全面的な情報開示に消極的になったりする可能性が存在する。さらに，日常的に接する民間事業者との間の人間的な結びつきなどから，エージェンシー・キャプチャーが生じるおそれも存在する。

　第3に，裁判所による刑事施設運営の事後的なチェックにも，現在の日本においては，期待ができない可能性がある。もちろん，職員の暴行などの場合は裁判所によるチェックが働くことも考え得るが，そこまで到らないような事例については，問題が残る。

　これらの点から検討を進めると，美祢の施設では，従来の刑事施設に比べても，アカウンタビリティと透明性の確保が困難になる契機が存在すると結論づけざるを得ない。従って，少なくとも，美祢において採用されているアカウンタビリティ確保のための施策を，量的・質的な面から補強することは不可欠である。具体的には，以下の点について改めて考慮する必要がある。

　第1に，情報開示のあり方についてである。美祢の施設に関しては，法務省のホームページ上で落札までの経緯などに関する文書が公開されており，一般の刑事施設に比べて情報が開示されているという点では評価できる。しかし，事業者と国との間の契約書をはじめとして，PFI事業の詳細については未だ公表されていない。今後，施設運営に関する情報公開がどのように行われるかも定かではない。今回の事業が刑事施設の業務をこれまでよりも幅広い範囲で民間に委託するという全く新しい試みである点も考えれば，契約書の内容や，開設後のモニタリングの結果についてはもちろんのこと，業務遂行の状況や，その他にどのような問題が生じたか，違約があった場合は詳細な内容等，情報の開示は最大限に行われるべきである[114]。今回のPFI構想については，十分な議論が行われないまま進められたという経緯が存在する[115]。事後的な検証は最大限の情報を開示した上で，オープンかつ客観的に行われる必要性が特に高い[116]。

　これに関しては，PFI方式での運営ではないものの，市場化テストのモデル事業が行われた宮城・福島刑務所に関する情報開示のあり方について指摘しておく必要がある。

　日本では，2006年5月に「競争の導入による公共サービスの改革に関する法

律」[117]が成立し，2007年度からは，市場化テストの本格的な運用が開始された。2005年度には，市場化テストの本格的な運用を目指して，その対象として民間から119の提案がなされた後，3分野8事業が選定され，モデル事業が実施された。その一つとして宮城刑務所(本所)及び福島刑務所(本所及び福島刑務支所)における，施設の警備や被収容者の処遇に係わる補助事務がモデル事業の対象となった。

　刑務所におけるモデル事業の開始時には，被収容者数の増加，刑務官への加重負担や保安事故の増加という問題が生じていることから，市場化テストの理念に基づいて民間に開放する業務の範囲を拡大することにより，民間事業者等の創意工夫による業務の効率化，行刑施設の透明性の確保等，民間活力を活用した行刑施設の適正な運営を実現することができること，これらの理由から補助事務を包括的にモデル事業とすることとするとの趣旨説明がなされた[118]。2005年度には，この方針に基づき，5月12日に公告が行われ，モデル事業の対象として上記2施設及び支所における庁舎警備，構外巡回警備，保安事務，窓口受け付け等，施設の警備や処遇に係わる補助業務全25ポストが選定された。6月30日に開札が行われ，日本総合サービス株式会社[119]が落札者となり[120]，8月1日からモデル事業が開始された。

　2006年度も，2005年度に続き，2刑務所及び支所におけるモデル事業は継続された。2005年度と異なる点としては，各施設での信書の発受の取りまとめ整理，封かんが民間事業者の業務内容から外されたということが挙げられる。これが，前年度，なにか問題が起こったという理由によるものか，公権力の行使のひとつであるとして外されたのかは明らかではない。

　一連のモデル事業に関しては，情報の公開の不徹底という問題が浮かび上がってくる。

　2005年度の事業実施方針は，「落札者の選定に当たり，法務省内に『市場化テスト評価委員会』を設置し，同委員会により事業提案に対する評価を行う。また，議事の概要は公表する」とした。しかし，2005年度の市場化テスト評価委員会の議事は結局現在まで公表されておらず，さらに2006年度の実施方針には，議事公表の点に関する同様の記述がない。同様に，モニタリング結果の公表についても，2005年度分の結果公表は未だなされておらず[121]，さらに2006年度の実施方針からは，公表を行うとの記述もなくなっている。「モデル事業」の検証は十分になされたのか，また今後もなされる予定はあるのか，という点は全く不明である。

さらに，2006年度の入札過程を見てみると，何グループが入札に参加したかも明らかではない。法務省の公表した「事業者の選定について」には，昨年度分については4グループの入札が行われたことが記されていたが，今年度には，昨年度と同じ「日本総合サービス株式会社」の落札の事実のみが記されているに留まっている。公正な競争が行われたか，またなぜ他の入札者がいなかったかも不明なままである。刑務所における重要な施策のひとつとなる可能性もあった市場化テストのモデル事業についてさえ，情報公開のあり方は，このように不十分なものに留まった。このような状況では，理論的，実務的な検証を含めた，事後検証を行うこともできない。美祢においても，同様に情報公開が不十分なものに留まってしまわないように，注意する必要がある。

　第2に，運営の監視のあり方である。以上の議論から明らかになったとおり，美祢の施設においては，国からも事業者からも独立した，第三者によるモニタリングと監視が行われる必要が特に強い。この点に関して，「随時モニタリング」では，第三者の意見の聴取が行われ，第三者による外部評価も行われるとされているが，諸外国で指摘されているように，これらの監視機能を構成員・回数・内容の点で強化するべきである。それにはHardingらが主張するようなモニタリングのモデル，専門家を含む一般市民による第三者機関を組織することも考えられてよいだろう。具体的なモニタリングのあり方については，諸外国の制度や議論を参考にしつつ，今後より詳細に検討されなければならない。

　関連して，第三者機関としては，新しく設置された刑事施設視察委員会による監視を活用することも考えられうる[122]。しかし，すでに指摘されているように，本委員会の権限は不明確であり，その視察の回数や方法，意見の取扱いについても規定がなく，すべての施設において有効なものとなるかには疑問も存在する。本論文で述べてきたことからも明らかなとおり，美祢については特に，日常的なかつ網羅的な視察・監視が必要とされるべきではなかろうか。さらに選任過程や構成員についても明らかにされ，客観的な視察が行われるようにしなければならないし[123]，意見の公表も一層詳細に行われる必要性が高い[124]。

　第3に，不服申立てのあり方についてである。前述したとおり，これまで美祢の運営においては，主として，一般市民や外部有識者に対するアカウンタビリティの確保については限定されたものとはいえ想定されているが，それを超えて，被収容者に対するアカウンタビリティの確保までは想定されていなかった。日常的に施設での生活を送り，そこでの問題点を把握することができるのは，被収容者である。刑事施設での勤務経験のない職員が処遇に関わり，またこれまでと異なる

運営方式が採用されている美祢においては，他の施設と同様の不服申し立てのあり方で足りるのかについて，今後検討する必要がある。

　最後に指摘しておかなければならないのは，十分なアカウンタビリティ確保のためのスキームを作るためにはコストがかかることである。しかし，コストがかかるという理由によってといって十分なアカウンタビリティ確保をしないことは，事が被収容者の権利侵害という重大な問題に関わるがゆえに，許されない。コストがかかることを考慮しないでモニタリングを行うべきであるし，それにコストがかかりすぎると言うことであれば，PFI事業が本当に有効かという点自体を再考すべきである。

　以上，アカウンタビリティの確保が困難になることを示す外国の諸事例から，美祢におけるアカウンタビリティ施策の量的な充実化を中心とした提案を行った。十分な透明性が確保されないことが明らかになれば，行刑改革会議が提言した今後の新しい刑務所のあり方を目指す上でも，民間企業が大きく関わるPFI方式による刑務所運営はふさわしくないと結論づけざるを得ないのではなかろうか。逆にいうと，このような点に意識したシステムを作れば，まさに行刑改革会議の提言が目指した，国民に開かれた刑務所を，民間がかかわる施設から達成することに結びつく契機ともなりうる。

　本稿では積み残した問題も多い。特に，具体的な契約条項とパフォーマンス水準の設定の内容，モニタリングや不服申し立てなどの制度設計の具体的かつ詳細なあり方，事後的なパフォーマンスの査定のあり方などがどうあるべきかについては，今後，実際の施設において行われているモニタリングの検討を行い，その他のアカウンタビリティ確保の手段について考察することで，詳細に論じたい[125]。

1　「行刑改革会議提言：国民に理解され，支えられる刑務所へ」2003年12月22日。提言に関しては，刑事立法研究会編『刑務所改革のゆくえ』（現代人文社，2005年）を参照。
2　これらの改革案に関する検討として，桑山亜也「行刑運営の透明性の確保／人権救済のための制度の整備」前注書47頁以下。
3　土井政和「行刑改革会議提言の意義」前掲注（1）書3頁は，透明性の確保と行刑への市民参加という提言が「今回の提言の中で最も重要な改革案」であるとする。
4　本委員会については，土井政和「『刑事施設及び受刑者処遇等に関する法律案』について」法律時報77巻5号（2005年）1頁，富山聡「刑事施設視察委員会について」刑政116巻9号（2005年）116頁を参照。
5　本庄武「刑事施設のアカウンタビリティと第三者機関の役割」刑事立法研究会編『21世紀の刑事施設──グローバル・スタンダードと市民参加』（日本評論社，2003年）

236-237頁。本庄論文は，刑事施設内での被収容者に対する処分が行政不服審査法及び行政手続法の適用除外とされていること，情報公開法においても，刑事施設の情報は，開示義務が課される対象範囲から除外されていることを挙げ，「刑事施設は，行政機関一般には徐々に浸透しつつあるアカウンタビリティの思想から取り残されている」と指摘する。

6　市民の自由の剥奪を当然に伴う刑事施設の業務について，他の行政部門に比べても透明性を高める必要がより一層高いことは，以前から主張されてきた。柳本正春「刑罰執行の閉鎖性と透明性」亜細亜法学31巻1号（1996年）132頁，土井政和「イギリスにおける刑務所の透明性の確保について」龍谷大学矯正・保護研究センター研究年報1号（2004年）141頁，本庄・前注論文237頁。

7　本庄・前掲注（5）論文は，刑事施設は，被収容者の人権の擁護と処遇の適正化という二つの対象に関して，被収容者，外部専門家，市民の三者に対するアカウンタビリティを果たすことが必要であり，被収容者が不満・要望を訴えることのできる機関，被収容者の意見と直接関係なく外部の専門家が処遇について評価し意見を述べる機関，一般市民が処遇について評価し意見を述べる機関という三つの第三者機関が必要であるとする。

8　本書・第5章山口論文も，本稿と同様の問題意識からPFI施設のアカウンタビリティのあり方について分析している。本稿では触れられなかった民間事業者の説明責任に関する指摘は重要である。あわせて参照されたい。

9　法務省『美祢社会復帰促進センター整備・運営事業実施方針』（2004年3月31日）。

10　西田博「PFI手法による刑務所の整備・運営事業」犯罪と非行144号（2005年）167-168頁。

11　『モニタリング及び改善要求措置要領』（2004年11月22日。契約書（案）の別紙13）。

12　西田・前掲注（10）論文169-170頁も，「事業化し委託したものを，国において定期・随時・臨時にモニタリングすることは必要不可欠」であるとし，これまでとは異なった体制で，実効的なモニタリングを整備することが必要であると主張するが，それが現時点では「重要な課題」であると指摘するにとどめている。これは，法務省内においてもモニタリングのあり方の詳細が決定していなかったことを示唆する。管見の限りでも，現在まで，詳細なモニタリングのあり方については公表が行われていないままである。

13　アメリカの刑事施設民営化一般に関しては，山口直也「矯正施設民営化の現状と課題」矯正講座25号（2004年）109頁，藤本哲也「最近のアメリカ合衆国における刑務所の民営化の現状と課題」犯罪と非行134号（2002年）4頁，齋藤行博「米国における行刑施設民営化の動向」刑政113巻8号（2002年）36頁などを参照。

14　イギリスについては，拙稿「イギリスにおける民営刑務所の現状」龍谷大学矯正・保

護研究センター研究年報第1号（2004年）152頁とそこに引用の諸文献を参照。

15 オーストラリアの刑事施設民営化一般については，藤本哲也・西尾憲子「オーストラリアの民営刑務所と官営刑務所における死亡事故の比較研究」法学新報110巻7・8号（2003年）87頁を参照。

16 三国の民営刑務所一般の状況を日本語で概説したものとして，横山実「拘禁施設の民営化の社会的条件と民営化の問題点」『刑事法学の新動向：下村康正先生古稀祝賀・下巻』（成文堂，1995年）381頁，藤本哲也「アメリカ合衆国，イギリス，及びオーストラリアにおける刑務所の民営化」比較法雑誌31巻2号（1997年）51頁。山口直也ほか「アンドリュー・コイル他編『刑事施設民営化と人権』の紹介」（1）山梨学院ロー・ジャーナル創刊号（2005年）227頁以下・（2）同2号（2007年）107頁以下には，英米法系諸国の状況が紹介されている。

17 J. Michael Keating, Jr., Monitoring Private Prison Performance, in: Douglas C. McDonald ed., Private Prisons and the Public Interest (Rutgers University Press, 1990) p.133.

18 Richard Harding, Private Prisons and Public Accountability (Transaction, 1997) は，民営刑務所のアカウンタビリティの問題に関する英米豪の状況を詳細に比較・検討している。

19 Nicole B. Casarez, Furthering the Accountability Principle in Privatized Federal Corrections: The Need for Access to Private Prison Records, 28 U. Mich. J. L. Reform 249 (1995) pp.249-250, 257-264; Warren I. Cikins, Privatization of the American Prison System: An Idea Whose Time has Come?, 2 Notre Dame J. L. Ethics & Pub. Pol'y 445 (1986) pp.458-459; Sharon Dolovich, State Punishment and Private Prisons, 55 Duke Law Journal 437 (2005) p.480; Harding, supra note (18), p.194; Keating, supra note (17) p.130; Ira P. Robbins, The Legal Dimensions of Private Incarceration, 38 Am. U. L. Rev. 531 (1989) p.796.

20 David Shichor, Punishment for Profit: Private Prisons/ Public Concerns (Sage Publications, 1995) p.119 等も参照。

21 Charles H. Logan, Private Prisons: Cons and Pros (Oxford, 1990) p.195; Harding, Private Prisons, 28 Crime & Justice 265 (2001), p.309. Developments in the Law: The Law of Prisons, 115 Harv. L. Rev. 1868 (2002) p.1870 (Hereinafter Developments) ; Anne Van de Graaf, Privately Managed Prisons: Ensuring Better Standards or Reducing Government Control, in: Prison Reform

Trust, Privatisation and Market Testing in the Prison Service (London, 1994) p.39 も同旨。

22　Logan, supra note(21) p.195.

23　但し，民事・刑事の訴訟に関するこの議論は主としてアメリカにのみ当てはまる議論である。

24　Logan, supra note (21) pp.195-196.

25　Logan 同様，この点を強調するものとして，Harding, supra note (18), Ch. 7.

26　Logan, supra note (21) pp.197-199.

27　Ibid, pp.201-202.

28　Ibid, pp.202-203.

29　Ibid, pp.203-204.

30　Logan, supra note (21) p.204.

31　Developments,pp.1887-1888. See, also Robbins, supra note (19) pp.725-726.

32　Borna, Free Enterprise Goes to Prison, 26 British J. of Criminology, 312 (1986) p.322; Dolovich, supra note (19) p.500 ; Joseph E. Field, NOTE: Making Prisons Private: An Improper Delegation of a Governmental Power, 15 Hofstra L. Rev. 649 (1987) pp.671- 672; James Theodore Gentry, The Panopticon Revisited: The Problem of Monitoring Private Prisons, 96 Yale L. J. 353 (1986); Keating, supra note(17) p.131; Shichor, supra note (20) p.122.

33　Joshua Miller, Worker Rights in Private Prisons, in: Coyle et al., Capitalist Punishment: Prison Privatization & Human Rights, (Clarity Press, 2003) p.140. 例えば，Corrections Corporation of America 社の株価をみよ。徳永光「民営化の諸問題：苦境に立つ営利目的拘禁」山梨ロー・ジャーナル創刊号（2005 年）259 頁。

34　日本においても，美祢社会復帰促進センターの入札には3グループ，島根あさひ社会復帰促進センターの入札には2グループのみの参加にとどまった。このような少数のグループにとどまる入札実施によって，果たして質及び効率がより良い施設建設・運営ができるかについては検討する必要がある。

35　Dolovich, supra note (19) pp.492-493.

36　Gentry, supra note (32) p.359.

37　民営刑務所におけるエージェンシー・キャプチャー現象については，Harding, supra note (18) p.33; Shichor, supra note (20) pp.240-241; Casarez supra note (19) p.295 に詳しい。

38　Dolovich, supra note (19) p.493-494.

39　Dolovich, supra note (19) p. 495-500; Field, supra note (32) pp. 672-673.
40　なお，モニタリング等，アカウンタビリティと透明性を確保するための諸施策にはコストがかかるものであるから，民営刑務所のコスト試算にはそのコストを当然加味すべきであり，そのことが民営刑務所の運営の効率性を左右しうることは言うまでもない。
41　Gentry, supra note (32) p.358.
42　Keating, supra note (17) pp.134-135.
43　アメリカの状況を中心として，民営拘禁施設へのチェック体制について論じた日本での紹介として，横山・前掲注（16）論文 405-410 頁がある。なお，このほかに，民間企業が要求されたレベルのサービスを提供しているかに関し，事前の提案及び事後のパフォーマンスを査定するための評価基準の問題があるが，この問題については，別稿を期したい。パフォーマンスの評価基準について書かれたものとして，Gaes et al., Measuring Prison Performance (Walnut Creek, Lanham, New York, Oxford, 2004).
44　Harding, supra note (18), p.69 は，契約の内容が公開されることが必要である理由を，被収容者自身，議員，学者，メディア，そして人権擁護団体や受刑者支援団体等が，当該民間企業と，契約の遵守に関して責任を有する政府機関に対して働きかけを行うことが可能となるようにするためである，とする。
45　契約の内容を公開すれば，パフォーマンスの水準や契約上の義務が明らかになり，そのことが価格決定の内容を明らかにすることに結びつき，その結果将来の競争相手に対して情報を与えることとなって，適正な競争を阻害するのではないか，との危惧が存在した。
46　Keith Bottomley et al., Monitoring and Evaluation of Wolds Remand Prison (1997) p.57; Stephen Livingstone et al., Prison Law 3rd ed. (Oxford, 2003) p.34; David Pozen, Managing a Correctional Marketplace: Prison Privatization in the United States and the United Kingdom, 19 J. L. & Politics 253 (2003), p.279.
47　Bottomley et al. supra note (46) pp.57-58; Graaf, supra note (21) p.58; Harding, supra note (18), pp.69-70.　Graaf は，公衆には民間企業が契約違反を行っていないか，契約違反に対する罰則がいかなるものであるか，そして民間企業がどれくらいの収益を上げたかを知る権利があるとしている。
48　2000 年情報公開法の対象となる公的機関に民営刑務所が含まれるかは定かではないものの，ファルコナー卿（大法官・憲法国務大臣）は 2006 年 2 月に「情報公開法は，民間によって運営される刑務所にも及ぼされるべきであると考えている」と発言している。http://www.dca.gov.uk/speeches/2006/sp060211.htm (visited in October, 2007)。なお，イギリスの刑務所を統括する NOMS（National Offenders Management Service）は情報公開法の対象となるため，公的機関側が保持する民営刑務所の契約に関

する資料は，開示の対象となる。但し，情報公開法 43 条は「商業秘密」を開示拒否の理由として認めているため，同規定を理由として契約の内容が全面的に公開されない可能性もある。今後の運用に関して実務・判例の運用を見極める必要がある。

49　この問題については，Arie Freiberg, Commercial Confidentiality, Criminal Justice and the Public Interest, 9(2) Current Issues in Criminal Justice (1997) p.125 に詳しい。

50　Harding, supra note (18) p.69.

51　マウント・ギャンビエ，ヴィクトリアン，メルトン刑務所等である。

52　Harding, supra note (18) p.70. 但し，Moyle は，1999 年までに行った独自の調査の結果，民営刑務所の導入によって「商業秘密」による非公開が進んだ結果，クインズランド州の矯正システム全体の透明性が低下したと指摘する。Paul Moyle, Profiting from Punishment - Private Prisons in Australia: Reform or Regression? (Pluto Press, 2000) pp.322-323.

53　ヴィクトリア州政府は，民営刑務所運営契約の内容が，1982 年ヴィクトリア州情報公開法の公開除外規定に当たるとして，全面的な公開を認めてこなかった。

54　Coburg Brunswick Legal Service v. DOJ, Nos.96/49366, 97/57595 (1999).

55　Arie Freiberg, Commercial Confidentiality and Public Accountability for the Provision of Correctional Services, 11(2) Current Issues in Criminal Justice 119, pp.120-122.

56　Harding, supra note (21) pp.308-309.

57　Pozen supra note (46) p.279; Harding , supra note (18) p.69.

58　アカウンタビリティをめぐって，民営刑務所に対する支持者と批判者の立場をまとめたものとして，Logan, supra note (21) pp.44, 47.

59　Keating supra note (17) p.144.

60　そもそも，モニタリングを立法により要求している州は少ない。1998 年の段階で，立法により民営刑務所のモニタリングを要求しているのは，フロリダ州（フルタイムの監査人を要求。Fla. Stat. Ann. § 957.04(1)(g)），ケンタッキー州（頻繁なモニタリングを要求 Ky. Rev. Stat. Ann. § 197.510 (29))，ニュー・メキシコ州（契約遵守のモニタリングを要求。但し，年 2 回のみ。N.M. stat Ann. § 33-1-17(D)(7)）のみである。

61　Pozen, supra note (46) p. 277.

62　Douglas McDonald et al., Private Prisons in the United States: An Assessment of Current Practice (1998) pp.50-51.

63　Local Government Code, s.351.101; Government Code, s.495.001.

64　Harding , supra note (18) p.38.
65　Florida Statutes 1993, ch.957.04(1)(g).
66　Harding, supra note (21) pp.315-316; Keating, supra note (17) pp.146-147.
67　Harding, supra note (18) p.63; Harding, supra note (21) p.64.
68　Harding, supra note (18) p.39: Jeff Sinden, The Problem of Prison Privatization: The US Experience, in: Capitalist Punishment, supra note (33) p.44（本論文の日本語での紹介として，岡田悦典「民営刑務所の問題点」山梨学院大学ロー・ジャーナル創刊号〔2005年〕263頁がある）．
69　Developments, p.1874.
70　Id, p.1878.
71　Pozen, supra note (46) p.278.
72　Keating, supra note (19) p.149; Pozen, p.278; Developments, p.1890.
73　Pozen, p.280.
74　Developments, pp.1887-1888は，民営刑務所も情報公開法の対象とされるべきであることを提案する。
75　Casarez, supra note (19) は，連邦の民営刑務所についても情報公開法の適用対象とすべきことを主張する。
76　Joel Dyer, The Perpetual Prisoner Machine: How America Profits from Crime (2000) pp. 206-207には，具体例が紹介されている。
77　Joshua Miller, supra note (33) p.144.
78　Pozen, supra note (46) p.279. McDonald, supra note (62) P.53によれば，1990年代中旬までにキャンセルされた契約は5件あり，Harding, supra note (21) p.323によれば，1995-2000年のキャンセルは9件に上った。
79　Pozen, supra note (46) p.278; Developments, p.1870.
80　Richardson v. McKnight, 521 U.S. 399 (1997); Alabama v. Pugh, 438 U.S. 781 (1978). 第11修正は，被収容者が公務員に対して金銭的賠償を求めることを禁じているとの判断がなされた。
81　Developments, pp.1879-1880; Daniel Kahneman et al., Shared Outrage, Erratic Awards, in Punitive Damages: How Juries Decide (U. Chicago, 2002) p. 40.
82　Alphonse Gerhardstein, Private Prison Litigation: The "Youngstown" Case and Theories of Liability, 36 Crim. L. Bull. 183 (2000), p.198. 本事件の経過については，徳永光「行刑改革会議と民営化の議論」龍谷大学矯正・保護研究センター研究年報年報2号（2005年）16頁以下，同・前掲注（33）論文250頁以下にも紹介がある。

83　Gentry, supra note (32) p.355.

84　イギリスの刑務所におけるアカウンタビリティ確保のための諸施策については，土井・前掲注（6）141 頁，同「刑務所のアカウンタビリティ——イギリスの制度を中心にして——」『刑事実体法と裁判手続——法学博士井上正治先生追悼論集』（九州大学出版会，2003 年）303 頁に詳しい。

85　詳細は，拙稿・前掲注（14）論文 153-154 頁。

86　Harding, supra note (18) pp.159-160.

87　Prison Reform Trust, Private Punishment: Who Profits? (Jan. 2005) p.13.

88　Home Office, Management of Offenders and Sentencing Bill - Initial/Partial Race Equality Impact Assessment (2005). 但し，今までのところ，この点に関して刑事司法法の改正は行われていない。

89　Corrective Services (Administration) Act 1988, ss. 19(2)(f), 19(3) and 19(4). クイーンズランド州で初めての民営刑務所が運営を開始したのは，1990 年 1 月である。

90　Harding, supra note (18) p.39. クイーンズランド州における民営刑務所と公営刑務所の大規模な比較検討を行ったものとして，Moyle, supra note (52) を参照。

91　Harding, supra note (18) p.42.

92　Paul Moyle, Privatising Prisons: The Underlying Issues, Alternative Law Journal 17(3) (1992) p.14.

93　Harding, supra note (18) p.43.

94　Moyle supra note (52) p.329.

95　ニューサウスウェールズには，1 カ所の民営刑務所がある（ジャニー Junee 刑務所）。

96　Public Sector Management Act 1988 s.241(2).

97　Harding, supra note (18) p.45; Lenny Roth, Privatisation of Prisons - Background Paper, (obtainable at http://www.parliament.nsw.gov.au/prod/parlment/publications.nsf/key/ResearchBp200403 visited in October 2007) p.23.

98　Freiberg, supra note (55) p.129 も，同様の問題がヴィクトリア州に存在したことを明らかにしている。

99　Harding, supra note (18) p.58.

100　モニタリングを適正に行い，その他一般市民のアクセス手段を導入したとしても，民営刑務所においてアカウンタビリティを確保することはそもそも不可能であると論じる論者もいる。Shichor, supra note (20).

101　Harding, supra note (18) pp. 161-162. この提案に賛成するものとして，Developments, pp. 1890-1891; Freiberg, supra note (55) p.132.

102 イギリスでは，近年矯正局組織の改革が行われ，民営刑務所の入札から契約までを司るユニットと，運営の監視を行うユニットが分離された（NOMS）。

103 Gentry, supra note (32) pp.363-366.

104 Keating, supra note (17) p.152. Robbins supra note (19) p.727 も同旨。

105 Casarez, supra note (19).

106 Developments, p.1888.

107 Gentry, supra note (32) pp.366-367.

108 Ibid. Gentry 自身も，裁判所による救済は時間的・金銭的コストがかかり，問題は多いことは認識するが，それでもなお，モニタリングを有効たらしめるためには，被収容者が自ら積極的に救済を求めることが必要であるとする。但し，横山・前掲注（16）論文406-407 頁は，アメリカにおいて，裁判所が刑務所当局の裁量を広く認める限りは，民営刑務所における被収容者からの訴訟提起という手段によるチェック機能は大きな効果を上げないこと，訴訟には時間と費用がかかることから限界があることを指摘する。

109 Keating, supra note (17) p.151.

110 法務省もこの点を日本の PFI 刑事施設との違いとして強調する。法務省「実施方針説明会：議事概要」（2004 年 4 月）。

111 徳永・前掲注（82）論文「行刑改革会議と民営化の議論」19 頁，本庄武「ドイツにおける刑事施設民営化の法的許容性」龍谷大学矯正・保護研究センター研究年報 2 号（2005 年）64 頁，山口直也「刑事施設に関する日本版 PFI 構想の問題点」同 31 頁。

112 徳永・前掲注（82）論文「行刑改革会議と民営化の議論」15 頁は，美祢においては一部で拘禁の機能を民間に委託しており，大陸型の「混合運営方式」からは一歩踏み出していると評価する。

113 徳永・前掲注（82）論文「行刑改革会議と民営化の議論」19 頁，同・前掲注（33）論文 260 頁。

114 刑事施設に関する情報については情報公開法 5 条 4 号により，開示義務の対象から外されている。

115 徳永・前掲注（82）論文「行刑改革会議と民営化の議論」11 頁。

116 只木誠「新しい刑務所運営の意義と課題」ジュリスト 1333 号（2007 年）14 頁。

117 平成 18 年法律第 51 号。

118 「宮城刑務所及び福島刑務所における市場化テストモデル事業の実施に関する方針」（法務省，2005 年 5 月 12 日）　http://www.moj.go.jp/KYOUSEI/TESTMODEL/index_test.html

119 旧日本道路サービス社。本社は，東京都品川区にあり，運転手の派遣や有料道路

の料金収受業務を行う,道路公団のファミリー企業である。

120 入札金額は 4,658,000 円である(委託期間は 2005 年 8 月 1 日〜 2006 年 3 月 31 日)。なお,委託ポストに係わる人件費及び被服費について,公権力の行使が認められている国の職員が専属的に従事した場合の合計金額は,年間 124,921,000 円であるとされる。ただし,国の職員は,他にも公権力に関わる業務等,他の業務を行うため,金額の単純な比較を行うことはできない。

121 2006 年 12 月に,市場化テストモデル事業の担当を行う担当室に問い合わせたが,公表の予定はないとのことであった。市場化テスト全体を監督するワーキンググループの議事録等も,全部が公開されているわけではなく,刑務所にかかわるものについては,公表は全くされていない。http://www.kisei-kaikaku.go.jp/market/list.html#list5

122 只木・前掲注(116)論文 14 頁。

123 富山・前掲注(4)論文 118-119 頁も本委員会一般について同様に指摘する。

124 只木・前掲注(116)論文 14 頁も同旨。

125 Performance based contracts を主張する者として,Developments, p.1889; Pozen, supra note (46) p.282.

[追記] 本稿は,「刑事施設の民営化とアカウンタビリティ」龍谷大学矯正・保護研究センター研究年報 3 号(2006 年)101 頁に加除・修正を加えたものである。

(笹倉香奈／ささくら・かな)

第8章　コミュニティと PFI 刑務所

1．はじめに

　2007 年，美祢・喜連川・播磨の３つの PFI 刑務所が誕生し，翌 2008 年 10 月にはさらに島根あさひ社会復帰促進センターが業務を開始する。

　これらの PFI 刑務所の創設には，３つの狙いがあるとされている。第１は，国のきびしい財政状況のもとで，刑務所の過剰収容状態を速やかに緩和すること，第２は，官民協働による運営を実現させ，施設運営の透明性の向上を図りつつ，「国民に理解され，支えられる刑務所」という行刑改革会議提言の基本理念のもと，地域との共生を実現していくこと，第３は，刑務所という治安インフラの整備にも民間の資金，ノウハウ等を活用するとともに，官製市場の開放による雇用創出，経済効果をもたらすことである。

　第２の点に示されているように，PFI 刑務所は，通常の刑務所以上に外部のコミュニティと密接なつながりをもつことが予定されている。第１の過剰収容の緩和ないしは第３の民間資金・ノウハウの活用・官製市場の開放に PFI 刑務所創設の主眼があり[1]，第２の点は副次的なものにすぎないが，それでも，刑務所とコミュニティとのつながりの確保が当初の構想段階から創設の狙いのなかに組み入れられていることには留意する必要がある。

　ところで，刑務所とコミュニティとのつながりの確保という点に関連して，私たち刑事立法研究会は，刑務所運営の理念としてコミュニティ・プリズン構想を提唱してきた[2]。そこで，本稿では，このコミュニティ・プリズン構想と，地域とのつながりを一定程度考慮した日本の PFI 刑務所との関連性について検討してみたい。

　以下では，まず，私たちの提唱するコミュニティ・プリズン構想の内容を確認する。この点は，すでに『21 世紀の刑事施設』のなかで示したところではあるが，コミュニティ・プリズン構想が，たんに刑事施設と特定の地域との連携強化にとどまらず，従来の刑務所のあり方を抜本的に改革するものであることを改めて確認しておきたい。つぎに，コミュニティ・プリズン構想と日本の PFI 刑務所との基本的

な差異を示す。もっとも，両者にはいくつかの接点も認められることから，第3に，その接点を具体的に指摘する。そして最後に，両者の差異と接点を見据えながら，PFI刑務所をコミュニティ・プリズンに近づけるための方策について検討する。

なお，本稿執筆段階では，島根あさひはまだ開設されておらず，また，他の3施設においても開設はされたものの本格的な業務執行はこれからなので，個々のPFI刑務所における業務や地域との連携の具体的ありようを本稿に十分組み入れることができなかった。関係機関への電話聴取なども可能な範囲でおこなったが，基本的には，新聞記事や落札前の各種の文書をもとにした概括的な議論にとどまった。このことをあらかじめおことわりしておきたい。

2. コミュニティ・プリズン構想の意義

まず，私たち刑事立法研究会が提唱しているコミュニティ・プリズン構想の骨子を確認しよう。

一般に，刑事施設は，罪を犯した者や罪を犯したと疑われる者を「一般社会から隔離する場所」ととらえられている。いいかえれば，刑事施設は，閉鎖的で自己完結的な機関として，一般社会の枠の外に存在するかのようなイメージで受けとめられている。しかし実際には，刑事施設も社会のなかの一機関であり，そこで生活する受刑者も社会の一員である。そこで，私たちは，塀の中での生活も社会の一員にふさわしい生活でなければならない，できるかぎり塀の外の生活に近いものであって，塀の外の社会と自然につながっており，かつ，拘禁に伴う弊害を除去するために積極的な援助が与えられなければならない，と考えるのである（被収容者の生活のノーマライゼイション）。その理由を敷衍すれば，つぎのようになる。

第1に，受刑者といえども，幸福を追求する権利（憲法13条）をはじめとする基本的人権の享受主体である。したがって，施設に収容されている間も，他の一般市民と同様，他者と自由に意思疎通をはかったり，自己の生活のありようをみずから決定する自由が保障されなければならない。もちろん，施設に収容されている以上，場所的移動については制約を受けるが，刑事施設の側としては，できるだけ塀の外の生活に近づけ，受刑者が社会の一員として自己を発展させていくための環境を整備することが要請されるのである。

第2に，閉鎖的・自己完結的な塀の中の生活には，特別の重大な弊害がある。塀の外の社会から隔絶されるため，人格的発展が阻害され，被収容者は徐々に

社会性を失ってしまう。そのため，収容期間が長くなればなるほど，釈放後塀の外で生活するのがむずかしくなってしまうのである。このような弊害を除去するためには，施設をできるだけ風通しのよいものにして，被収容者が塀の外の社会と同じ環境・文化のなかで生活できるようにすることが必要である。またそれとともに，釈放後安定した生活が送れるように被収容者を積極的に援助していくことが要請される。このような要請に照らし，施設は社会のなかの一機関，被収容者は社会の一員として，塀の外の社会に関わるとともに，塀の外の社会の機関や市民も施設内の活動に積極的に関わり被収容者を援助する，というように，施設と塀の外の社会とが相互に交流しあうことが重要なのである。

私たちの提唱するコミュニティ・プリズン構想は，このように，刑事施設を社会のなかの一機関と位置づけて，被収容者の生活のノーマライゼイションを実現すべく刑務所を改革するというものである。

ここで，本構想について注意すべきことを3点指摘しておく。

一つは，コミュニティ・プリズンという概念は，1991年のイギリスのウルフ・レポート[3]ではじめて使われたものであるが，私たちのいう「コミュニティ・プリズン」は，ウルフ・レポートをはじめとするイギリスの公文書などで用いられる「コミュニティ・プリズン」よりもはるかに広範な内容を含んでいるということである。

イギリスの公文書などでは，一般に，この語を，被収容者の元の生活圏との関係でとらえ，被収容者とその生活圏との関係を密にし，被収容者をできるかぎりその生活圏の近くの施設に収容することを要請する概念として用いている[4]。

たしかに，収容中の精神的安定・人格的発展のためにも，釈放後の生活の安定のためにも，元の生活圏にいる家族や知人等とのつながりを維持することが重要であり，そのためには，被収容者を元の生活圏にできるだけ近い施設に収容するのが望ましい。それゆえ，この要請は，私たちのコミュニティ・プリズン構想にも含まれている。しかし，NGOであるNACROが1994年に出した報告書『コミュニティ・プリズンズ』のなかで述べているように[5]，被収容者の生活のノーマライゼイションにコミュニティ・プリズン構想の目的があるとすれば，刑事施設との連携の対象となる「コミュニティ」を，元の生活圏に限定する必要はないはずである。ことに過剰収容の状態にあっては，実際上，多くの者を元の生活圏から遠く離れた施設に収容せざるをえず，面会などにおいて施設が一定の便宜をはかるにせよ，元の生活圏とのつながりが薄れるのは否定しがたい。被収容者の生活のノーマライゼイションを実現するためには，塀の外の種々のコミュニティとのつながりを，さまざまな手段によって深めていくことが是非とも要請されるのである。

実は，ウルフ・レポートにおいても，塀の外の社会との関係につき，元の生活圏とのつながりのみに着目しているわけではない。面会者のいない被収容者のための面会ヴォランティア (prison visitors) や民間企業の刑務作業への参入などに関する箇所では，施設周辺のコミュニティなどとのつながりを強める提案がなされている[6]。私たちの構想は，NACRO の報告書の基本的な考え方に依拠しつつ，このようなさまざまなコミュニティとの連携をもコミュニティ・プリズンの範疇に含め，そのつながりの強化を要求するものなのである。

2つめの注意点としては，コミュニティ・プリズンの「コミュニティ」は，かならずしも一定の地理的な区域を示すものではないということである。とくに情報通信技術が高度に発達した現在においては，物理的な場所を越えて意思疎通ができるようになっており，それに応じてコミュニティ概念も拡張する必要がある。たとえば，構成員が全国に散らばっている NGO が郵便や電話等を通じて被収容者からの相談を受けて各地の相談員がこれに助言をする場合，その団体は特定の地理的な区域に属しているとはいいがたい。その場合には，その団体それじたい，あるいは，同種の援助組織全体を1つのコミュニティとみればよかろう。

3つめは，コミュニティ・プリズン構想においては，被収容者の自主性の尊重を基盤にしており，被収容者の自己決定が可能なかぎり尊重されなければならないということである。被収容者が社会の一員として人権の享有主体であることからすれば，このことはむしろ当然といえよう。また，釈放後の生活の安定の確保という点からみても，塀の外の社会では自分の行動を自分で律していかねばならないのであるから，その前段階である塀の中においても，できるかぎり自律性が確保される必要がある。ウルフ・レポートのなかでも，被収容者の処遇一般に関する箇所で，被収容者の自律性の確保，選択の自由の保障が非常に重要である旨述べられている[7]。

3. コミュニティ・プリズン構想と日本の PFI 刑務所との基本的差異

私たちは，『21 世紀の刑事施設』のなかで，コミュニティ・プリズン構想につき，「民間と官は，対等な存在としてパートナーシップ的な関係を築くことを前提とする」と述べた[8]。

1. で触れたように，日本の PFI 刑務所は，官民協働による運営を実現させ，施設運営の透明性の向上を図りつつ，「国民に理解され，支えられる刑務所」と

いう基本理念のもと，地域との共生を実現していくことを狙いとしており，表現のうえでは，コミュニティ・プリズンの上記の前提や**2.**の趣旨に適合するようにもみえる。だが実際は，基本的な部分で異なっている。以下，その基本的な差異を挙げてみよう。

　第1に，両者の間には，施設とコミュニティ（ないし地域）とのかかわり合いの目的に違いがみられる。

　コミュニティ・プリズン構想においては，施設とコミュニティとのつながりの確保は，あくまで，被収容者の利益の保障のためである。被収容者の生活を塀の外の生活に近づけ，拘禁による弊害を積極的に除去するためにこれが要請されるのである。コミュニティの利益増進にも役立てばそれにこしたことはないが，そのことじたいがコミュニティ・プリズン構想の目的なのではない。

　これに対して，PFI刑務所の場合には，被収容者の利益の保障とは異質の要素がからんでいる。PFI刑務所の創設の法的根拠となる構造改革特別区域法11条の1項本文では，官民協働による運営は「当該構造改革特別区域内における雇用機会の増大その他地域経済の活性化を図るため」と定められており，規定上は，被収容者の利益のためというよりも，コミュニティ固有の経済的利益のために，刑務所がコミュニティとつながりをもつことが求められているのである。

　実際にも，美祢や島根あさひの開放区域に外部者向けの診療所（美祢は婦人科，島根あさひは眼科）その他の施設を設けるのはまさに周辺住民のためであるし，また，島根あさひにおいて，処遇の一環として，人手不足の近隣農家への支援，荒廃した公有林等の管理事業が計画されているのも，地域自身の利益を重視しているからである。そもそも，従来典型的な迷惑施設とされてきた刑務所を，美祢市や島根県・旭町が誘致したのは，当該地域の振興を目論んでのことであった[9]。

　もちろん，地域振興の目的一辺倒ではない。刑事被収容者処遇法の基礎になった行刑改革会議提言では，刑務所全般において，受刑者の人間性を尊重し，真に改善更生と社会復帰に資する行刑運営実現のために，社会とのつながりを密にすることを要求している。そして，のちに触れるように，この理念を受けて，PFI刑務所の創設にあたって，法務省に，民間企業の新鮮な発想を活かして刑務所の閉鎖的・自己完結的なイメージを変え，受刑者にとって社会復帰しやすい施設をつくろうとする意図があるのも事実である。しかし，法文じたいの要求もあって，PFI刑務所とコミュニティとのつながりにおいては，地域の利益志向的な面をぬきに考えることはできない。

　第2に，第1点に密接に関連するが，PFI刑務所においては，被収容者の利

益の保障が十分ではない。

　家族との意思疎通を例にとろう。コミュニティ・プリズン構想においては，被収容者と家族とが意思疎通を十分に図れるような積極的な対応が当然に求められる。すなわち，刑務所を建設する際には，被収容者の家族の多くが住んでいそうな地域周辺に立地を求めること，家族の居住地に近い施設にできるだけ収容するようにすること，面会のための財政的援助や，面会に来た家族等への支援のための面会者センター（5.(2)参照）の設置，宿泊への配慮，電話やビデオリンクによる面会など，家族が被収容者と意思疎通をはかりやすい環境や条件を整備すること，などが要請される。しかし，播磨を除く3つのPFI刑務所は，大都市から遠く離れ，交通の便のかならずしもよくない場所に設置され，しかも，1,000名ないし2,000名もの受刑者をそれぞれ収容することになっている。大半の受刑者家族が，遠方から面会に来ざるをえず，そのことは彼らにとって大きな負担になろう。その負担を軽減する諸措置が求められるはずだが，すくなくとも調査した範囲では，執務時間外・閉庁日の面会の限定的実施が認められる程度で，それ以上の配慮はうかがえない[10]。「社会復帰促進センター」という名称にふさわしい一層の対策が講じられるべきであろう[11]。

　また，とくに美祢にあっては，受刑者が，民間の者と接触できる範囲や生活のなかでみずから選択できる事項が，きわめて限定されている。民間職員と受刑者とはできるだけ接触しないような運営方法になるとされ，構外での作業・職業訓練も否定されたうえ，作業技術指導で民間職員が受刑者とじかに接する場合でも，作業上必要のない会話をしてはならないとされている[12]。さらに，同所では，社会復帰の促進のために，落札企業が，NGOなどの組織が支援する教育機関を運営したり，施設内外で受刑者と地域の人たちとの交流する活動を企画したり，作業や教育に関して受刑者に自主性を与えることなども，本事業の対象外だとして，明確に否定されている[13]。

　このように，PFI刑務所において受刑者の利益保障がなお十分でないのは，従来の自己完結的・閉鎖的な刑務所の枠組みを基本的に維持しつつ，その部分的な修正にとどめようとしているためである。刑務所全体を抜本的に変革しようとする意思が法務省にないかぎり，従前の枠組みを大きく踏み越えるような試みは認められまい。

　第3に，PFI刑務所においては，1.の第1の狙いからうかがわれるように国の歳出削減という要請が働くため，民間企業がそのノウハウを活かしてコミュニティとのつながりを密にしようとしても，経済的に見合わないという理由で抑制されてしまう

危険がある。地域振興の脈絡においてではあるが，美祢では，単価が低くおさえられるために，地元の企業が建設の請負や食材供給などに満足に参入できず，地元では「地域との共生」になっていないとの不満の声があがっているといわれる[14]。

このように，PFI刑務所の創設には，地域固有の利益重視，従前の刑務所の枠組み維持，国の歳出削減といった事情を伴っている。これらの事情からみて，被収容者の利益保障のためのコミュニティ・プリズン構想とは，大きな隔たりがあるといわざるをえない。

4. コミュニティ・プリズン構想と日本のPFI刑務所との接点

しかしだからといって，現時点において，PFI刑務所の創設は，コミュニティ・プリズン構想の実現にまったく役立たない，と断定してしまうのは性急すぎよう。以下に述べるように，コミュニティ・プリズン構想とPFI刑務所には複数の接点があり，工夫しだいでは，PFI刑務所をコミュニティ・プリズンに一定程度近づけるのも不可能ではないと考えられるからである。

まず第1に，PFI刑務所において，民間人が職員として塀の中にはいることにより，塀の外の社会とのつながりをもった新たな文化の形成の可能性がある。行刑改革会議提言のなかで，国の職員の人権意識の改革が提言されているが[15]，人の意識は一朝一夕には変わらない。従前の閉鎖的で治安・管理中心の刑務所文化に慣れ親しんだ国の職員は，多かれ少なかれ，今後もその文化を引きずることになる。これに対して，民間職員はそのような文化に染まってはいない。それゆえ，民間職員の関わり方しだいでは，刑務所の中の文化が，塀の外の社会により近似したものになりうる。とくに，民間職員が，従前のしきたりにとらわれない新鮮な発想をもって刑務所運営に参与し，その発想を可能なかぎり活かすべく，保守的な国の職員に対して要求をし続けていけば，大きな変革につながる可能性もないわけではない。

第2に，PFI刑務所においては，刑務所や受刑者についての社会的な理解が深まることも期待される。塀の外の社会から受刑者へのさまざまな援助を実現するためには，まず，塀の外に住む人々が，刑務所や受刑者の実情について正確に理解する必要がある。民間人が職員として塀の中で勤務することにより，このような理解が深まる可能性がある。また，明文上，PFI刑務所につき周辺地域との密接な関わりがとくに要求されるのは，あくまで「地域経済の活性化を図るため」であるが，地域経済を活性化させることで，次第に刑務所への理解が深まり，消

極的ながら，刑務所を自分たちのコミュニティの一施設として受け容れる周辺住民が増えてくると思われる。それが受刑者への支援を得る契機にもなりうる。

　第3に，一般に，民間企業は，有用な社会的資源の発掘に長けている。従来，刑務所では，職業訓練や教育の処遇プログラムの担当者を，基本的に自前でまかなってきた。しかし，それでは，提供できる種類・内容等において，大きな限界がある。受刑者の釈放後の生活の安定を考えれば，塀の外の社会に戻ったときに役に立つ職種や科目の指導を，その分野の専門家に提供してもらうことが望ましい。そのような資源を塀の外の社会から発掘するのは，民間企業の方が国の施設職員よりも長じている。民間企業であれば，通常，塀の外にさまざまなネットワークをもっており，それを駆使して資源を発掘することが期待できる。

　そして第4に，3.で述べたような限界はあるにせよ，法務省は，行刑改革会議提言を受けて，民間企業の新鮮な発想をもとに，刑務所のイメージを変えて，受刑者にとって社会復帰しやすい施設をつくろうという意図をもって，PFIの新設刑務所の整備の仕事を進めてきた。たとえば，美祢や島根あさひでは，コンクリートの塀の代わりにフェンスを設置するなどして施設の閉鎖性を緩和するとともに，職員の付き添いなしに歩行すること（独歩）を認めている。また，各施設において，企業に対して，作業において出所した後の就労に直結する作業を多く採り入れることを要求しているだけでなく，職業訓練を指導した企業やその系列企業が，優秀な訓練生を出所後雇用するといった就労支援策も積極的に推進している[16]。島根あさひについては，これにくわえて，積極的に構外作業を実施することとしている。さらにまた，障害をもつ受刑者のための特化ユニットを設ける島根あさひ・喜連川・播磨では，作業療法士，社会福祉士，精神保健福祉士，臨床心理士などの専門スタッフを確保し，彼らによる専門的なプログラムを実施することになっている。これらのうち，独歩については，所在位置を把握できる電子タグの装着の義務づけを伴っている点に重大な問題があるが[17]，全般的にみれば，法務省は，従来の刑務所に比べて，閉鎖性・自己完結性を大幅に緩和し，塀の外の社会とのつながりをより意識した処遇をおこなおうとしているということができよう。

5．PFI刑務所をコミュニティ・プリズンに近づけるための方策

　以上，コミュニティ・プリズン構想とPFI刑務所には複数の接点があることを確認してきた。4.の冒頭で，工夫しだいでは，PFI刑務所をコミュニティ・プリズンに一定程度近づけるのも不可能ではないと述べたが，ではどのようにすれば，

PFI刑務所をコミュニティ・プリズンに近づけることができるのだろうか。以下では，概括的なものにすぎないが，現在進められているPFI刑務所の基本的な枠組みを踏まえつつ，その方策について検討してみたい。

(1) 地方公共団体の責務

　個別の方策を考えるまえに，まず，そのような方策を立案・実施すべき主体の点から話をはじめよう。

　この点に関しては，刑務所の運営に関わる国の職員や民間企業のみならず，施設の所在する地方公共団体も，施設内の受刑者の福利・厚生を図る責務を負っているとみるべきであろう。

　たしかに，受刑者の住民票は，服役前の住居地におかれたままになっており，通常は当該地方公共団体にはない。しかし，行政解釈によれば，入所前に単独で世帯を構成していた受刑者や，入所前に家族とともに居住していた受刑者のうち無期の懲役刑・禁錮刑に処された者は，刑務所の所在地に「住所」があるとされている（1971年3月31日自治振128号，1975年4月9日兵庫県地方課あて電話回答）。したがって，当該刑務所の所在する地方公共団体は，彼らに対し，「住民」としての行政サーヴィスを提供する責務があることになる（地方自治法10条）。これに対して，そのほかの受刑者については家族の居住地に「住所」が認められ（前記自治振128号），彼らは当該地方公共団体の「住民」ではないとされる。しかし，地方交付税との関係では，「住所」地のいかんをとわず，受刑者の数は，地方行政に要する経費の計算において施設の所在する地方公共団体の「人口」に含まれ，その分だけ当該地方公共団体に与えられる普通交付税も原則として増加する仕組みになっている（地方交付税法10～13条）。そこで，美祢市や島根あさひのある浜田市では，転入してくる施設職員・その家族の人数も含めて，刑務所の創設により，普通交付税がそれぞれ1億4,400万円，2億5,000万円も増加すると試算されている[18]。受刑者は，たとえ地方自治法上の「住民」には該当しないとしても，地方交付税の計算上は，行政サーヴィスの対象者としてその分の経費が加算され，それに応じた交付税が当該地方公共団体に与えられるのであるから，彼らにもそれに見合う行政サーヴィスが提供されてしかるべきであろう。

　以上からみて，地方公共団体も，当該地域の行政サーヴィスの提供者という観点から，受刑者の利益保障のために，PFI刑務所をコミュニティ・プリズンに近づける責務を負うというべきであろう。

⑵ 受刑者とその家族との意思疎通

　受刑者とその家族との十分な意思疎通の保障は，イギリスのコミュニティ・プリズン構想の核とされていたところであり，私たちの構想でも重要な事項である。この点については，さしあたり次のような条件を整備すべきである。

　まず，時間外や休日の面会を限定的な措置とせず，広く許容することである。職員の勤務体制の問題はあるが，事前に面会時間を調整したうえ，職員による個別の立会いをなくせば，さほどの負担にはならないのではないかと思われる。面会時の動作や会話をチェックする特段の必要がある場合には，録画・録音でほとんど対処できるはずである（刑事被収容者処遇法116条1項参照）。以上のような対応にすれば，大方の場合，遮蔽板のない家族面会室や集団面会室で支障はないものと思われる。

　つぎに，電話による通信（刑事被収容者処遇法146条）を積極的に活用することである。刑事施設処遇規則83条によれば，開放的施設で処遇を受けていること，第1種・第2種の制限区分に指定されていること，または，釈放前教育を受けていることがその要件とされている。美祢などの4つのPFI刑務所では，入所して若干の期間を経過すれば，「改善更生の意欲の喚起及び社会生活に適応する能力の育成を図ることができる見込みが高い」（2006年5月21日法務省矯正訓3321号）として第2種の制限区分に指定されてよい受刑者が多くなるのではないかと思われる。刑務所長は，これらの者をすみやかに第2種制限区分に指定したうえ，電話の利用をたんに許可するだけではなく，積極的に奨励すべきであろう。

　そのうえ，面会者の交通の便の悪さおよび面会者の経済的負担についても，可能なかぎりの手当てが求められる。まず，交通の便に関しては，施設と最寄駅との間の交通手段の確保が問題となろう。コミュニティ・バスを新たに走らせたり，増便させたりすることが考えられる。地方公共団体には多額の地方交付税が入ってくることから，コミュニティ・バスを地方公共団体が直接運営する場合はもちろん，地元の民間企業が経営する場合にも補助金の支給などにより対応が可能であろう。また，地域のヴォランティアを募ってその送迎を担当してもらうことも考えられる。この点につき，島根あさひでは，地域に住む高齢者が手軽に移動できるよう，ヴォランティアの協力を得て施設保有の車両を彼らの移動に利用するという構想を，落札企業がもっているようである。このような構想を若干拡大すれば，地域の高齢者のみならず，受刑者家族の交通の便に利用することも可能であろう。

すなわち，施設側が，受刑者の面会予約の際に，彼らにヴォランティアによる送迎を依頼するかどうかを尋ね，家族が送迎を希望する場合には，最寄り駅の来訪日時等を，市役所やヴォランティア団体を通じて，担当のヴォランティアに伝える。この連絡を受けて，当日，担当のヴォランティアが受刑者家族の送迎をおこなう，といった制度を設けるのである。島根あさひにおいては，広島市・浜田市間を走る高速バスの停留所がすぐ近くにありコミュニティ・バスを利用する必要はあまりないかもしれないが，他の施設については前向きに検討されてよい。

他方，面会者の経済的負担については，本来，PFI刑務所にかぎらず，刑事収容施設全般について，法務省として一定の対策を検討すべきところである[19]。しかし何らの予算措置も講じられていない現状では，個々のPFI刑務所が独自に面会者の経済的な損失を塡補するのは無理であろう。そこで考えられるのは，微々たるものでしかないが，施設と最寄駅までの交通費の免除措置であろう。すなわち，上でのべたコミュニティ・バスやヴォランティアによる送迎を，地方公共団体の負担で無料化することである。

面会に関しては，さらに，施設において緊張せずになごやかに面会できるような環境を整えることが必要である。遮蔽板のない家族面会室・集団面会室の設置は，意思疎通しやすくなる点で評価できるが，それだけではなお不十分である。緊張しながらやってくる面会者に対して，一層の援助がなされてしかるべきである。この点，イギリスの各刑務所には，面会者の援助をおこなう面会者センター (visitors' centre) が開放区域に設けられている。親しみやすい環境のなかで，面会や差入れに関する手続き，社会保障，援助提供機関などに関する情報提供や，軽食・飲食の提供，同伴してきた子どもの世話などをおこなうほか，面会者の相談内容に応じて外部機関の援助を要する場合にはその仲介も担当する[20]。日本には，このような施設がまったくない。島根あさひには，「ビジターセンター」というイギリスの面会者センターとよく似た名称の施設が開放区域にもうけられるが，これは施設の一般的な広報と地域住民の交流のための施設であって，面会者の援助を目的とした施設ではない。しかし，刑務所の閉鎖性を解消し，塀の内と外の段差をなくしていくためには，面会者センターで提供されているような援助が日本の刑務所でも是非必要である。

そこで，たとえば，島根あさひのビジターセンターを面会者の援助もおこなうよう運用していくことが考えられる。面会者が「ビジター」であることはまちがいないし，面会や差入れの手続き等に関する情報提供は，施設の広報そのものだといえよう。他方，受刑者の釈放後の生活に関する相談は，地元のコミュニティに現住してい

る者についての相談であるから，コミュニティの施設で対応すべきものである。また，他地域に住む受刑者家族に関する生活相談も，当該コミュニティの現住者の利害に密接に関わることから，広い意味では当該コミュニティに関わる事項ととらえることができよう。そして，遠隔地から面会のためにわざわざ訪問してくる家族のためには，市役所などではなく刑務所の敷地内のコミュニティ施設に相談窓口を設けることが必要だと考えられる。

　ところで，島根あさひのビジターセンターは，落札企業が附帯的事業としておこなうものなので，国の職員はこの業務には関与しない。どのような者に，面会者の援助を担当させるのが妥当かが問題となるが，受刑者家族の心情に配慮でき，施設の面会・差入れ手続きおよび地方公共団体の福祉行政について通じている者に担当させるのが適当であろう。さいわい，このビジターセンターには，地元の人たちの積極的な働きかけを牽引する「ボランティア活動室」を設けることになっている。この「ボランティア活動室」をうまく活用すれば，上記のような者をヴォランティアとして常駐させるのはさほどむずかしくないかもしれない。なお，受刑者やその家族の生活相談に関しては，地方公共団体の関係部署の積極的な協力・連携が重要であろう。

　島根あさひ以外の刑務所には，ビジターセンター設置の予定はない。そこで，情報提供や相談の場所として，エントランス・ホールの待合場所や，面会のための一般待合室，一般開放の食堂を利用することが考えられる。ただし，一般待合室では関係機関との電話連絡ができず，他方，エントランス・ホールの待合場所や食堂では，雑多な人が入ってくるので，落ち着かずプライヴァシーが十分確保できないなどの難点がある。

(3)　作業・職業訓練

　作業・職業訓練に関しては，まず，構外作業を積極的におこなうことがあげられる。島根あさひでは，定員2,000名のところ，100名が構外作業に出ることを予定している。当初，法務省は，入札する企業に対し，構外作業に出る受刑者のうちの30名を施設外の施設に宿泊させることを要求していたが，地元が難色を示したこともあって，入札公告の段階でこの要求を取り下げた[21]。塀の外で作業をおこなうこと，さらには，寝泊まりも塀の外でおこなうことが推進されてしかるべきである。法務省は，美祢については，構外作業をおこなうことを当初から想定していないが，同所は社会復帰がより容易とみられる受刑者が収容されており，刑務所運営が軌道に乗った段階で，地元の理解を得ながら，落札企業と交渉して

構外作業を実施するよう努力すべきであろう。また，喜連川や播磨でも，法務省が，入札企業に対して構外作業を要求せず，企業側の提案によっては構外作業も認めるという受け身的な姿勢をとったため[22]，落札業者は構外作業の提案をせず，結局構外作業は実施されないことになったが，ここでも，法務省としては，施設運営が安定した段階で構外作業が実施できるよう努めるべきである。

また，施設内部での作業技術指導や職業訓練についても，できるだけ，常勤の職員ではなく，外部で普段働いている専門家に担当させるべきである。同じ職業訓練をおこなうにせよ，これまで塀の外で指導等をおこなっている外部の専門家に習うのと塀の中で受刑者専門に指導する者に習うのとでは，その教育環境に違いが生じうるであろう。職業訓練に外部の専門家を関与させることは各施設でおこなわれるようであるが，このことじたいは積極的に推進されてよい。

ただし，外部の専門家，さらには民間職員を作業や職業訓練に関与させる際に留意すべきことがある。それは，施設側がこれらの民間人と受刑者との会話の内容を，原則として制限すべきではないということである。もちろん，技術指導や職業訓練において，雑談ばかりして指導をおろそかにすることは許されないが，そうでないかぎり，雑談をすることも指導者の裁量として許容すべきである。それが塀の外での一般的な扱いであり，塀の中だからといって特別に制限すべきではない。施設側が会話内容をきびしく制限すれば，たとえ民間人を塀の中の仕事に関与させても，結局従来型の閉鎖的で自己完結的な世界を再生産するだけであり，塀の内と外との文化・環境の差をなくすことにはつながらない。この点に関連し，**3.** で述べたように，各施設の要求水準書では，作業技術指導で民間職員が受刑者とじかに接する場合，作業上必要のない会話はおこなわないことが要求されているが，国側はこれをごく緩やかに解釈すべきであろう。同様のことは，民間職員以外の民間人が関与する場合や，作業技術指導以外の業務をおこなう場合についてもいえよう。

⑷ 就労支援や精神障害者の継続的ケアなど，釈放後を見据えた援助

施設内の処遇が釈放後の生活に役立ち，しかも施設内の生活から釈放後の生活に円滑に移行できるような援助の体制づくりが重要である。

美祢では，2007年10月，IT関連企業でセンターの出資企業である日本ユニシスが，自らの職業訓練で十分な技能を身につけた受刑者を，出所後系列会社の正社員として採用する制度を設けた[23]。この制度は，職業訓練がそのまま出所後の就労に直結するものとして大いに注目される。

もっとも，この制度によって就労が確保されるのは，施設に収容されている受刑者全体のほんの一握りの人にとどまるだろう。そこで，一般の受刑者に広く適用される就労支援策も検討される必要がある。この点に関して，島根あさひでは，落札企業から次のような提案がなされている。すなわち，落札企業がNPO法人Job Support Networkを設立し，自立支援センターふるさとの会（東京台東区）と協働の杜ワークスはまだ（浜田市）などのNPO法人と提携を図りながら，構成企業・協力企業，取引先などを通じて求人情報を集約し，受刑者の就職の援助をおこなったり，企業が求める教育と研修を施設内で実施したりする，というのである。提携を予定しているNPO法人のうち，自立支援センターふるさとの会は，ホームレスや要介護高齢者が地域の中で安定した生活を継続できるよう，就労支援や介護のサーヴィスをおこなっている組織で，受刑者についても，これまでの活動で培ってきたネットワークを活かして住居つきの就労を確保し自立できることを目指すという。

　一方，出所後のケアという点に関しては，同所の落札企業の提案によれば，薬物離脱のための自助グループ日本ダルクとその関連組織であるアジア太平洋地域アディクション研究所（アパリ）が，受刑者への薬物離脱のプログラムの策定や実施に関与するとされている。これらの組織が塀の中の処遇に積極的に関与するならば，薬物依存症の受刑者は，受刑中から釈放後まで継続した薬物離脱プログラムを受けることが可能になってこよう[24]。さらに，同所の提案では，広島市の瀬野川病院の作業療法士や精神保健福祉士などの専門スタッフが，精神に障害のある受刑者のための作業療法，生活技能訓練，集団精神療法等に携わることになっており，さらに，出所後一貫したケアが受けられるよう，同病院の敷地内に社会内処遇施設（ハーフウェイ・ハウス）を設けることになっている。

　これらの島根あさひの試みは大いに奨励されてしかるべきであり，提案されているとおりに実現することを強く望みたい。

　さらに，施設周辺のコミュニティでの就労・定住も前向きに検討されてしかるべきであろう。たとえば，島根あさひの地元では高齢化が進むとともに，後継者のいない稲作農家が多いといわれている。このような状況ならば，刑務作業・職業訓練として農作業に従事する受刑者を地元に定着させることも検討されてしかるべきではないかと思われる。地元では，罪を犯した者を隣人として受け入れることにかなりの抵抗があるだろうが，刑務所側が地元のコミュニティと密接に連携をとりながら施設運営をおこなっていけば，受刑者への偏見や受入れへの強い抵抗感は次第にやわらいでいくものと思われる。現に，島根あさひでは，地元住民が施

設のなかで，受刑者に石見神楽などの伝統芸能を伝えたり，彼らと定期的に語り合ったりする場を設けること，地元住民と受刑者とが一緒に河川の草刈りなどの作業を行うこと，高齢の住民と受刑者との間の文通を行うこと（「見守り文通プログラム」）など，地元住民と受刑者との交流を密にする種々の提案が，地元コミュニティの側から出され，落札企業との間で，実現に向けた協議が行われている。これらの提案が実現すれば，受刑者受入れへの抵抗感も薄れるであろうし，受刑者も当該コミュニティに愛着を感じてくるであろう。そして，(1)で述べたように，受刑者は，当該地方公共団体の「住民」ないしそれに準ずる者なのであるから，地方公共団体としても，釈放後自活できるよう，可能なかぎり地元での就労の仲立ちをすべきであろう。

当該地方公共団体としては，受刑者に対して，釈放後の自身の生活や受刑中の家族の生活に関する情報提供や出張相談を実施すべきであろう。塀の外で普通に生活をしていれば，地方公共団体の役所に出向いていって，自分や家族の生活についてさまざまな相談をすることができる。しかし，塀の中で生活していてはこれが不可能である。そこで，このような基本的な行政サーヴィスを，行政みずから塀の中に入っておこなうことが是非とも要請されよう。

さらにまた，受刑者が釈放され受刑者とその家族が再び同居するのにあたり，両者の間に入って関係調整なりカウンセリングなりが必要となる場合も少なくなかろう。面会のときの一時的な意思疎通と釈放後の継続的な同居との間には大きな差がある。面会のときにはなごやかに語り合うことができる家族関係であっても，再び同居する際に，相手にどのように接すればよいのかとまどうことが少なくない。そこで，受刑者や家族が望めば，釈放の直前に家族が面会に施設をおとずれた際に，施設ではたらく臨床心理士や地方公共団体が委託しているカウンセラーなどが，両者に面接して関係調整をはかったりカウンセリングをおこなえるようにすることも重要であろう。

⑸ **施設内の業務に関与する者の社会性の維持**

4.で述べたように，多数の民間人が塀の中の受刑者の生活に関与することにより，塀の中の自己完結性・閉鎖性がゆらぎ，塀の外の文化が中に流入して塀の内外の差が縮小することが期待される。だが，その期待どおりに進まない可能性も多分にある。というのは，民間人が，刑務所の業務に慣れて塀の中の閉鎖的な文化に染まってしまい，塀の中は従来の状況とさほど変わらないという事態も十分考えられるからである[25]。そこで，民間人が社会性を保持したまま，塀の中の

業務に臨むことできる環境を整備することが必要である。

　その方策としては，第1に，関与者の塀の中の行動規範を，塀の外の行動規範にできるだけ近づけることである。すなわち，彼らに，塀の中を，塀の外とは異なる別世界だと認識させないようなルールを確立してしまうことである。警備などにおいても，民間企業や官庁のビルなどを警備しているのと変わらないと思わせるような状況を作ることが求められる。

　第2に，とくに塀の中で常時勤務している民間企業の従業員については，塀の中に一時的に入ってきた他の民間人と意思疎通をはかる機会を多く作ることである。彼らは，刑務官や受刑者とたえず接しているので，自然と施設内の文化に染まってしまう。このような常勤の民間人の社会性を維持するためには，一時的に施設内に入ってくるNGOやヴォランティアの人たちと会話を交わし，彼らが持ち込んでくる「外気」に触れることがたいへん有益である。同様のことは，国の職員についてもいえよう。

　第3に，塀の中で常時勤務している民間の職員については，さらに，一定の期間ごとに塀の外の職場との間で配置転換（転勤）をおこなうことである。刑務所慣れを防ぐことが主たる目的であるが，のみならず，多くの民間人が塀の中の業務を体験することで，刑務所に対する社会の理解も深まるという利点もある。もっとも，現地採用の民間職員については，他の地域の職場への配置転換は困難であろう。

　そこで第4に，現地採用の民間職員や国の職員も含めて，塀の中で常時勤務している者につき，地方公共団体も協力して，その福祉関連の部署などに一定期間勤務し，その後元の職場に復帰できる制度を設けることである。当該職員の社会性の維持に資するだけでなく，刑務所で受刑者に社会復帰に関する助言や情報提供するうえでも大いに役立つであろう[26]。

(6) 地元ヴォランティアの確保

　PFI刑務所をコミュニティ・プリズンに近づけるためには，地元のヴォランティアの協力が不可欠である。そこで，地元のヴォランティアをどのように確保するのかがきわめて重要な問題となる。

　浜田市旭町のように，ヴォランティアの登録制度をもっている地域では，まずは，登録しているヴォランティアに協力を仰ぐことで対処することになろう。もっとも，その人数が十分でなかったり，また，登録ヴォランティアのなかに，当該活動に適する人材が少ない場合には，登録制度の活用だけでは不十分である。より多くの

市民がヴォランティア活動に関与してくれるような方策が必要になる。

　この点は筆者の手に余る問題だが，島根あさひを落札した企業のコンサルティング会社がまとめた地域通貨の構想が，ひとつのヒントになるように思われる。この構想の概略はつぎのとおりである。善意など一般の通貨では評価できないものも，地域通貨では評価し交換できるようにする。このことにより，近所の子どもの面倒をみるといった身近な援助や公園の除草作業などの奉仕活動にも，地域通貨が支払われることになる。その狙いは，地域通貨を媒介させることで，人々が他人への援助や奉仕活動に積極的になるよう仕向けるとともに，高齢者が他人から援助を受ける際の心理的負担を軽減しようとすることにある。地域通貨は，価値の交換を促進する媒体であり，貯めても価値が下がる。また，地域通貨は一般の通貨との直接交換はできない。したがって，取得した地域通貨を貯めておいても仕方がないので，これを他の住民からの援助を得ることに使うことになる。地方公共団体は，高齢者が援助を受けやすいように，65歳以上の住民に対して一律に一定量の地域通貨を配布する。

　提案会社は，このような地域通貨の導入により，地域住民の相互援助や社会参加が促進されるというのである。この構想には詰めなければならない点が多々あるように思われるが，これがもし実施に移されれば，被収容者やその家族の援助に関わる地元市民（地域通貨が支払われるので厳密には「地元『ヴォランティア』」とは呼べないかもしれないが）の確保も容易になるであろう。残念ながら，島根あさひの地元ではこの構想の実現に向けた動きはみられないが，この構想をヒントに，相互扶助や社会参加が促進される制度の設計が望まれるところである。

(7)　国の予算の制約

　最後に，国の予算の制約について言及しておこう。民間企業が施設の社会化に向けた新たな試みを実施しようと思っても，予算の制約が厳しければ不可能になってしまう。それでは，質の向上にはつながらない。逆に従来の刑務所よりも質が落ちる部分が生ずる可能性もある。ことは，それぞれの受刑者の人生を大きく左右する重大事である。受刑者の生活は，国の対応いかんにかかっており，国のきびしい財政状態によってその生活がむげに切りつめられてよいはずはない。したがって，民間の活力を刑務所の運営に十分活かせるだけの予算は確保されなければならない。入札手続きにおいて，価格よりもその処遇の質を重視すべきであるし，よい処遇を目指し，費用を上乗せしてでも途中で契約内容を変更していく必要があろう。

6. おわりに

5. において，PFI 刑務所をコミュニティ・プリズンに近づけるための方策について論じてきた。島根あさひの例などを挙げてこれに肯定的に評価したことから，PFI 刑務所が今後本格的に運営されていくことによって，コミュニティ・プリズン構想が実現に近づいていくとの楽観的な見通しを筆者がもっているような印象を与えたかもしれない。しかし実際は，けっして楽観視しているわけではない。

第1に，コミュニティ・プリズン構想は，被収容者の自主性の尊重を基礎にしている。強制ではなく説得と同意に基づき処遇を進めていくという考え方である。だが，3. で述べたように，PFI 刑務所ではこの点の配慮が十分でない。強制を基礎とする従来の刑務所の発想を依然として引きずっている。この点の発想の転換がないかぎり，PFI の刑務所とコミュニティ・プリズンの距離の縮小は一定の範囲にとどまり，それ以上の進展は望めない。さらなる発展のためには，既存の刑務所も含めて，刑事施設のあり方を抜本的に見直すことが不可欠である。

第2に，5. で挙げた島根あさひの例は，あくまで落札企業の入札段階での提案である。その提案は，企業が契約を勝ち取るためにまとめたものであるから，肯定的に描かれており，まさに提案どおりに実現できるのかどうかは定かではない。刑務所の業務の本格的実施にともなって，さまざまな問題が顕在化し，企業側は提案内容の一定の修正を迫られるかもしれない。そのため，PFI 刑務所の「目新しさ」が，今後薄まっていく可能性も否定できない。5. で島根あさひの試みについて肯定的に述べたのは，あくまで，提案どおりに実現されたらという条件つきのものにとどまる。

第3に，とくに PFI 刑務所においては，運営開始後に処遇内容等を変更し改善していくことに，企業側も国側も消極的になりやすいのではないかと思われる。企業は，たしかに，入札の段階では，落札できるようにと，被収容者の利益の増進に役立つような提案も積極的におこなう。しかし，あくまで利潤追求を目的とする組織であるから，一旦落札してしまうと，合意内容の維持には努めるものの，国から追加資金が提供されないかぎり，それ以上の役務を提供しようとはしないであろう。のみならず，その追加的役務は契約内容には含まれないのであるから，企業は，国から追加資金が提供されるからといってただちに実施しなければならないわけではない。国としては，企業と交渉してその合意を取り付けなければならない。既存の刑務所であれば，費用分の資金が確保さえされればただちに行動に

移すことができるが，PFI刑務所ではそうはいかない。民間職員主体の業務でなくても，民間職員が何らかの形で関与する業務であれば，交渉が必要になる。この点からみて，国の側も，契約期間の途中で処遇内容等を大幅に変更することには，消極的になりやすいのではないかと考えられる。

　以上の点に照らすと，本稿執筆時点（2007年11月）でPFI刑務所に一定の期待を抱くことはできても，暢気に楽観しているわけにはいかない。慎重な姿勢をとり，業務が開始されまた開始されようとしている4つのPFI刑務所が今後どのような方向に進むのかを冷静に見きわめ，問題点を指摘し改善案を提言していくことが非常に重要であろう。

1　この点については，本書第1章徳永論文および第4章赤池論文を参照。
2　刑事立法研究会編『21世紀の刑事施設』（日本評論社，2003年）。とくに中川孝博「コミュニティ・プリズン構想の提唱」同書29頁以下。
3　H Woolf and S Tumin, Prison Disturbances April 1990 (cm 1456, 1991) paras 11.49-11.68.
4　Ibid; Home Office, Custody, Care and Justice (cm 1647, 1991) paras 5.13-5.16 （紹介として，土井政和「ヨーロッパにおける行刑改革(4)」警研64巻3号78頁以下〔1993年〕）; HM Prison Service, Community Prisons: A Consultation Paper (1992); Charles Clarke, 'Where Next for Penal Policy?' (Speech to the Prison Reform Trust on 19 September 2005) <http://press.homeoffice.gov.uk/Speeches/09-05-sp-prison-reform> accessed 22 October 2007; Home Office, A Five Year Strategy for Protecting the Public and Reducing Re-offending (cm 6717, 2006) 30.
　なお，イギリスでは，1990年代半ば以降，刑事施設の収容人口の急増にともなって，元の生活圏との場所的近接性を主たる内容とするコミュニティ・プリズンの構想は現実性に乏しいとされてほとんど顧みられなくなるが，2005年9月，当時の内務大臣チャールズ・クラーク (Charles Clarke) によって再び提唱されるようになる。彼は，上記の演説，さらには翌2006年2月の内務省の上記文書で，この構想をとりあげ，実現に向けて努力する旨表明した。もっとも，2006年5月の内閣改造によって内務大臣がジョン・リード (John Reid) に替わり，この動きは具体化されないまま立ち消えになった。
5　NACRO, Community Prisons (1994) 13. See also ibid 6.
6　Woolf and Tumin (n 3) paras 12.182-12.184, 14.137-14.141.
7　Woolf and Tumin (n 3) paras 14.12-14.14.
8　中川・前掲注(2)32頁。

9 なお，この点に関連して，法務省矯正局国際企画官としてPFI刑務所の創設に途中まで関わった西田博は，「『構造改革特区制度』はその提案・申請といった手続きから，『迷惑施設』である刑務所の誘致を制度として位置づけるもの」と述べる。西田「PFI手法による刑務所の整備・運営事業」犯罪と非行144号164頁（2005年）。

10 法務省『PFI手法による新設刑務所の整備・運営事業基本構想』8頁（2004年），同『美祢社会復帰促進センター整備・運営事業 質問回答（案）』22頁質問417，418（2004年）〔第2回入札説明会配布資料〕。もっとも，面会室の構造に関しては，各施設に遮蔽板のない家族面会室が設置されている。美祢には，さらに，遮蔽板のない集団面会室も設けられており，島根あさひにも同様の集団面会室が設けられる予定である。法務省『島根あさひ社会復帰促進センター整備・運営事業 整備・維持管理業務要求水準書』29頁（2006年）参照。

11 本書第5章山口論文参照。

12 法務省『美祢社会復帰促進センター整備・運営事業 実施方針説明会 議事概要』22頁（2004年），同『美祢社会復帰促進センター整備・運営事業 実施方針等に関する質問回答』31頁質問事項638（2004年），同・前掲注（10）美祢質問回答（案）23頁質問442，同『美祢社会復帰促進センター整備・運営事業 運営業務要求水準書』24頁（2004年）。作業技術指導の際の作業上必要のない会話の禁止は，他の3つの刑務所でも同様に要求されている。各施設の運営業務要求水準書参照。実際上も，美祢では，警備担当の民間職員と受刑者との会話は厳に禁じられているようである（「社会復帰促進成果は？ 民間刑務所 開設半年 山口 全受刑者にＩＴ技能訓練」西日本新聞ウェッブ版2007年10月6日付け〈http://www.nishinippon.co.jp/nnp/local/yamaguchi/20071006/20071006_002.shtml〉参照）。この点は，施設によって対応に違いがあり，播磨などでは一切の会話が禁じられているわけではないようである。

13 同・前掲注（10）美祢質問回答（案）3頁質問44，53～55，26頁質問491。

14 「山口・美祢 刑務所誘致したけれど…… 『民営』効果期待外れ」朝日新聞西部本社版2006年10月18日付け夕刊1面。「地域振興，刑務所に期待」神戸新聞2007年9月12日付け朝刊27面では，美祢の総務部調査官が，食材の3～4割を市内で調達し，民間雇用分の9割を地元採用したと述べるのに対して，美祢市の課長補佐は，市内の中小業者では大手との価格競争に勝てず経済効果は結果をみてみないとわからないとしており，非常に慎重な姿勢をとっている。同様の問題は，播磨でも生じているようである。播磨では，2007年10月下旬になって，同年12月から米2トンをJA兵庫南から購入することに決まったが，野菜の売買についてのJA兵庫南との交渉はその後に持ち越されており，最終的にどれだけの食材を地元から購入するのかは，本稿執筆時点（2007年11月）では，なお不

確定である。この点については「地域振興　漂う不透明感」朝日新聞大阪本社版 2007 年 10 月 11 日付け夕刊 10 面参照。

15　行刑改革会議『行刑改革会議提言』44 〜 46 頁（2003 年）。

16　2006 年に，法務省矯正局総務課 PFI 推進班が，イギリスの就労支援策や関係団体等との協働に基づく処遇策につき，論稿や講演報告を刑政に発表している。吉野智「再犯防止はスクラムを組んで (1)(2)——英国における犯罪者処遇のパートナーシップ」刑政 117 巻 8 号 82 頁以下，10 号 52 頁以下（2006 年），堀内美奈子「メアリー・ハリス博士来日講演　英国に於ける受刑者就労支援プログラムについて」刑政 117 巻 10 号 118 頁以下（2006 年）。**5.(4)**で述べるように，美祢では，イギリスの就労支援策の調査を踏まえて，職業訓練の指導をおこなった企業が訓練生を出所後系列企業の従業員として受け入れる制度を創設した。このような就労支援の制度を今後どこまで発展・拡充していけるのか大いに注目されるところである。

17　この点の問題性については，本書第 6 章本庄論文参照。

18　「山口・美祢の刑務所誘致　交付税 1 億 4440 万円増」日本経済新聞 2002 年 9 月 13 日付け地方経済面中国 A，2007 年 10 月 19 日浜田市旭支所矯正施設整備対策課佐々木純氏からの電話聴取。ただし，刑務所創設によって地方交付税が増えるのは，次の国勢調査の翌年の 2011 年からである。

19　イギリスの面会費用援助制度に関しては，葛野尋之「刑事被拘禁者の法的・社会的コミュニケーション (2)」立命 296 号 30 〜 34 頁（2004 年）参照。なお，電話については，IP 電話の利用などにより，経済的負担を容易に軽減できるのであるから，すみやかに実現すべきであろう。

20　葛野・前掲注 (19)35 〜 70 頁参照。

21　法務省『島根あさひ社会復帰促進センター整備・運営事業　運営業務要求水準書（案）』27 頁（2005 年）および同『島根あさひ社会復帰促進センター整備・運営事業　運営業務要求水準書』27 〜 28 頁（2006 年）参照。

22　法務省『喜連川社会復帰促進センター等運営事業・播磨社会復帰促進センター等運営事業　実施方針等に関する質問回答』43 頁質問事項 172（2006 年）。

23　「民間刑務所の出所者採用　日本ユニシスが正規雇用」読売新聞東京本社版 2007 年 10 月 18 日付け夕刊 18 面。

24　なお，既存の施設でも，薬物離脱指導においてダルクなどの自助グループの協力を得ているところが増えている。2006 年 1 月時点で 38 庁にのぼるという。矯正局成人矯正課・少年矯正課「薬物事犯受刑者処遇研究会及び『被害者の視点を取り入れた教育』研究会報告会の概要報告」刑政 117 巻 8 号 66 頁（2006 年）。

25　刑事司法に関わる市民ヴォランティアが素人さを失い，刑事施設の管理者寄りの見解をもつようになることにつき，ロッド・モーガン（山田直子訳）「刑事司法における市民参加と被拘禁者のグローバル・スタンダード」刑事立法研究会・前掲注(2)48〜49頁参照。
26　NACRO (n 5) 29 でも同様の提案がなされている。

［追記］本稿執筆にあたっては，法務省矯正局総務課PFI推進班，各PFI施設，各地の市役所や商工会など，関係各機関の方々から情報提供を得た。とくに浜田市矯正施設整備対策課の佐々木純氏からは，再三にわたり貴重な助言をいただいた。協力してくださった方々に心から御礼申し上げたい。

（三島　聡／みしま・さとし）

第9章 刑務所PFI事業における矯正処遇の展開

1. はじめに

平成19年5月から収容を開始した我が国初のPFI方式による刑事施設である美祢社会復帰促進センターにおける，矯正処遇の実施状況をふまえ，PFI方式による施設運営上の課題と矯正処遇の展開上の課題等について概観することとしたい。

2. 美祢社会復帰促進センターで実施する矯正処遇について

(1) 新しい処遇環境

一般的に刑務所は，重苦しいというステレオタイプのイメージがあるが，明るく開放的な環境はモチベーション向上の一要因であるとの考え，また、よりよい環境が受刑者の更生につながるとし，美祢社会復帰促進センターにおいてはこれまでになかった開放的で明るい処遇環境を整備した。

具体的には，居室の構造が挙げられる。従来の刑務所では，収容区域においては一部の例外個所を除き窓には必ず鉄格子が付いているが，美祢社会復帰促進センターには，鉄格子が一切設置されていない。これが明るく開放的な環境を実現する大きな要因となっている。保安機能が低下しないような窓は強化ガラスになっており，また，窓の開放可能幅を12cmとし，逃走防止策を講じている。さらに，居室扉の内側にはドアノブが付いており，夜間就寝時を除いては，出入りが可能となっている。この他にも，遮蔽板のない面会室，明るい色調・デザインの被服など，生活環境が開放的で明るくなるような工夫を凝らしている。

このような環境は，美祢社会復帰促進センターに収容された受刑者（以下，「センター生」という）の前向きな気持ちや更生意欲を引き出すだけではなく，社会復帰に不可欠な自主性や自立性を涵養する効果も想定している。建物構造ばかり

が開放的であるというわけではなく，居室棟内には原則的に職員は立会せず，職員から指示されなくても，自分自身できちんと判断し，行動しなければならない環境になっている。言い方を替えれば，自主的に物事を判断し，自立心を持って行動しなければならない環境にあり，その中で，善き社会人として素養を身に付けられるようになっていると言える。

(2) 就労支援を意識した職業訓練

他の刑務所においても，従来から職業訓練は実施してきているが，その実施にあたっては予算の手当てから始まり，指導者の手配等，準備だけでも相応の時間を要するため，ともすれば時代のニーズをとらえきれなくなる傾向がある。PFI事業においては，最新の雇用ニーズに応じた職業訓練をいち早く取り入れることが可能であり，センター生の就労支援に大きな効果を発揮することが期待され，美祢社会復帰促進センターで実施する職業訓練は，「必修職業訓練」，「指定職業訓練」，「選択職業訓練」の3つに大別される。

① 必修職業訓練

この訓練は全センター生が受講するもので，職業人として身に付けておくべき知識・技能，また，良識のある社会人としての素養を養うことを目標としている。種目は，全部で3種目あり，①「安全衛生・品質管理・環境配慮科」では，仕事の基本となる「安全・品質・環境」への配慮の仕方を学ぶとともに，チームで仕事をする際の心構えや行動規範を身に付けさせ，②「手話基礎科」では，手話の役割と手話の基礎を学び，聴覚障害者に対する理解を深めさせ，③「ボランティア啓発科」では，ボランティア活動の理念や意義を学び，地域社会とのかかわりを理解させることを目的として設定されている。

② 指定職業訓練

この訓練は，指定された訓練室（従来の刑務所でいうところの「工場」）に所属するセンター生全員が受講するもので，全部で5種類あり，このうちの「ITスキル科」と「テクニカルIT科」は，いずれもIT関係の訓練で，センター生はこの2種類の訓練のいずれかを受講することになっており，パソコンの初心者には「ITスキル科」，ある程度パソコンの知識のある者には「テクニカルIT科」を受講させる。この他に，「DTP専攻科」（パソコン上で出版物を作成する作業），「点字専攻科」，「農園芸科」があり，いずれも職業訓練と関連のある刑務作業をセットで行わせ，職業訓練と関連のある刑務作業を実施させることによって，職業訓練で身に付け

た知識や技能の定着の促進を図っている。
③　選択職業訓練
　選択職業訓練は，希望と適性を考慮した上で，少人数のセンター生に対し，より専門的な知識・技能を付与することを目的としたもので，「医療事務科」，「ホームヘルパー2級科」，「プログラム・システム設計科」等，現時点では5種類となっている。
　このうち，「プログラム・システム設計科」については，イギリスで実際に行われている職業訓練をモデルにしており，出所後の就労支援をも視野に入れたものであり，日本ユニシス社により提供され，まず，6か月間にわたり職業訓練を受け，その後の6か月間は，刑務作業としてシステム開発に取り組むこととされている。訓練及び刑務作業のすべてが日本ユニシス社により計画・提供され，さらに，成績優秀な者については，出所後に同社の関連会社に就職させることを予定している。

(3)　**最新技法を取り入れた教育プログラム**
　従来の刑務所においても，改善更生を促すための各種教育プログラムを実施しているが，その内容は，職員が自前で作成し，実践を積み重ねてきたプログラムだったため，必ずしも，最新の理論や技法が反映されているとは限らなかったことから，美祢社会復帰促進センターでは，民間事業者を通じて，心理臨床の実践家や研究者を招へいし，独自のプログラムを開発し，その実施に当たっても，専門家の協力を仰いでいる。
①　反犯罪性思考プログラム
　このプログラムは，認知行動療法の理論や技術を取り入れたプログラムである。認知行動療法は，欧米では広く取り入れられている技法であり，諸外国の刑務所において数多く実践されている。この技法は，心の変容を求めるというよりも，認知のパターン，すなわち物事のとらえ方のパターンに気付かせ，その変容を促すことにより，誤った認知に基づく行動を変えていこうというものである。心の深層に働き掛けたり，人格の変容を促したりする技法，たとえば，精神分析などと比較すると，短期間で効果が表れやすいということが特徴であり，限られた期間で一定の処遇効果を求められる刑務所の教育にあっては，非常に適している方法であり，諸外国における先行研究においては，その有効性が指摘されている。今回，美祢社会復帰促進センターのために開発された「反犯罪性思考プログラム」は，「アンガーマネージメント」と「コネクション」で構成されている。「アンガーマネージメ

ント」では，人間の誰もが持っている「怒り」の感情について，どのような思考が「怒り」の感情につながり，行動につながっていくのか，そのメカニズムを理解させた上で，その「怒り」にどのように対処すればよいか，学ばせるものである。また，「コネクション」では，思考・感情・行動のつながりを十分に理解させた上で，人生において損をすることなく，よりよく生きるためのレパートリー（スキル）を身に付けさせていくものである。これらの手法を駆使して，犯罪行動につながる思考の誤り，認知の歪みを受講者自身に気付かせ，新しい対処法，すなわち，新しい行動様式を学ばせていくことにしている。

② アディクション・コントロール・プログラム

このプログラムは，薬物依存者の自助団体であるダルクのプログラムをベースにしており，美祢社会復帰促進センターのために開発されたものである。このプログラムは，覚せい剤，麻薬，大麻，有機溶剤等の薬物事犯者を対象としている。まず，薬物が自分の体，心，対人関係などに与えてきた影響について振り返り，受講者にその悪影響から抜け出す「回復」と呼ばれる状態への動機付けを持たせることから始まる。次に，今後，薬物を再び使用してしまうかもしれない危険な状況について想定させると同時に，自分のこれまでの人生を振り返らせ，薬物使用のきっかけになるトラウマについても自覚を促し，その上で，薬物使用につながるさまざまな誘惑に対処するためのスキルを，ロールプレイやグループワークを通じて学んでいく。最後には，出所後の具体的な生活と再発防止についてプランを立てさせ，必要に応じて，ダルクなどの自助団体を紹介する。このプログラムを通して，薬物を「やめ続ける」ためのスキルを養い，薬物から離脱できるよう指導することとしている。

③ フィジカル・エクササイズ・プログラム

このプログラムは，呼吸法とストレッチ運動から成っており，心身の健康を増進することを目的としている。具体的には，3段階のステップがある。まず，第1に，呼吸法を学び，自分自身でリラックス感を得られるようにする。第2に，自分の筋肉や呼吸を自分自身でコントロールできるようにし，自己効力感や自己統制感を得させ，自律的かつ前向きに生活できるよう促す。第3に，二人組の運動を通して，他者との適切なかかわり方，言葉のかけ方を学び，対人スキルを身に付けさせる。このように，精神的健康と身体的健康の両面を増進させていくことができるプログラム構成となっている。このプログラムは，全センター生を対象としている。講師から直接指導を受けられるのは，およそ2か月に1度の頻度であるが，全員にワークブックを配布しており，日頃から自主的に取り組むことができるように配慮されて

いる。

3. PFI 施設における施設運営上の課題

　官民協働による適正で効果的な施設運営を図るためには，第1に行政機関としての行政目的に関する理解とその目的達成に必要となる基本的な知識技能の共有，第2にはそれぞれ異なる立場にありながらも業務遂行に関して共通認識を保持できるような環境整備，第3にそれぞれが求められて業務を遂行しながらも官民それぞれがパートナーとして協働する体制を構築することが，特に重要と考えられる。以下に，美祢社会復帰促進センターにおける実務を通して，浮き彫りにされてきた幾つかの課題について概観する。

(1) 刑事施設としての行政目的の理解

　PFI 施設の大きな特色の一つは国の職員と民間の職員が混在しながら，行政業務を遂行することにある。通常の刑事施設に勤務する国の職員は行政職である一部の職員等を除いて，集合研修により基本法令等を含めた執務遂行に必要となる知識・技能を習得している。PFI 施設における民間職員に関しては，国の職員と同等の研修等は実施されていない現状にあり，OJT 又は職務の合間に座学による職務研修等を通じて，必要な知識技能を習得する必要がある。とりわけ，矯正処遇の中核を担う，作業，職業訓練，各種の改善指導等に従事する民間職員に関してはその必要性は高いものと考えている。

① 施設の設置目的と問題対応

　美祢社会復帰促進センターは行政組織上は施設等機関であり，さらに細分するなら刑事施設としての刑務所である。行政作用の側面から「刑務所」の目的を捉えると，①収容し②必要な処遇を行う施設であるということになる。この2つの機能を十分に認識して業務に従事する職員の意識を形成する必要がある。また，問題発生時には，収容の確保，処遇の実施を適正・効果的に実施するにはどのような支障が生じているのかを把握し，その解決のための実現可能な具体的な対策を検討することになるが，その対応にあたっては，原理原則が何であるかその確認・認識が不可欠となる。刑事施設としては，瞬時に判断をする必要に迫られる場面もあるが，そのような事案発生時には，基本に立ち返って「その結果」がどのようになるのかを想定することが必要である。

② 矯正処遇の目的

刑事施設で展開される矯正処遇は単に身柄を確保するだけでなく，意図的・計画的な矯正処遇を展開することにより，社会に適応できる人材を育成する「再社会化」が至上の目的である。つまり「社会復帰促進」とは「更生」・「再社会化」と同意語であり，「再犯しない人材の育成」が施設運営の使命であり，その使命に向けて日々の一つひとつの業務が有機的に機能する必要があり，日々，積み上げられるそれぞれの業務が，この使命にどのように関与するのかという意識を保持させることが重要である。

③　矯正処遇の主体の明確化

　「再犯しない人材の育成」のためには，もろもろの活動が有機的に組み合わされることが大切となるが，それらの活動が「誰のためのもの」なのか，その視点を明確化し・意識して対応する必要がある。ともすると，業務の効率や職員やスタッフの配置を優先しがちになるが（これらのことがないがしろにされるべきではないが），処遇の主体は「社会復帰に向かう人」であり，社会復帰という一つ目のゴールに向かって，施設内において戦略的にプログラムが構築される必要がある。換言すると，収容される受刑者は，施設が準備する各種のプログラムに対応可能な資質が必要とされ，PFI事業という特質からも収容者の資質については一定の基準が示されることとなり，それぞれの「主体の必要」にあった，処遇プログラムを実施することとなる。

⑵　相互理解を促進する共通認識の確保

　公務員という共通意識を背景とした組織内の情報伝達や意思決定がなされていくという，従来の組織運営とは異なり，利益追求が根底にあり，かつ，それぞれ異なる経営理念を持つ民間企業を構成メンバーとして，施設運営を協働していく場面においては，ある種の異文化交流的な要素があることは否めない。このような状況下においては，相互の違いをまず理解し，共通の意識や共通のタームを構築することは業務遂行の大前提となる。

①　法令に基づく確認と具体的対応の検討

　問題発生に際しての対応については，「本来どうあるべきかを法令等に準拠して把握し，実際の状況下においては，本来あるべき状況にどこまで近づけるか具体的な方策を検討する」という趣旨の徹底を図っている。担当する業務がすべて法令に根拠があり，問題・疑問が生じた際には，まず，根拠法令を確認し，その規定に基づいた議論・検討が実施されなければ，根拠に依存しない試論をいくら積み上げても結論には達しないことを理解し，実行することが必要となる。

② 「共通の言葉」で説明する

　刑事施設の運営は刑務官中心で，風土や概念というものが共通であるがゆえに，組織内で通用する言葉や略称により報告がなされる等，ある種の簡略や省略もあってもお互いの意思を通じ合うことができていたが，PFI施設として多種多様なメンバーがパートナーシップによる共働作業により施設を運営することに状況下においては，適正な業務運営の基本はそれぞれの意思を相手にきちんと伝達することが大前提であり，刑事施設内だけで通用する略称等を並べるだけでは，その意図は十分に伝わらない。まず，自らが発する言葉が，誰にも通用する言語となっているのか吟味し，「共通する言葉」で物事を説明することを意識的に行い，この「共通の言葉」による説明の積み重ねがひいては国民等一般社会への説明責任に資することとなると考えている。

③　組織の持つ職場文化の理解

　PFI事業は官・民という異なる職場文化をもった組織が施設運営という共通の理念に向け協働することとなり，その前提としては相互の職場文化といった行動形成に影響を与える背景といったものをも理解されていないのでなければ，なされる調整や判断は極めて皮相的な現実・実行性が薄いものとなってしまう。このような問題意識を持ちながら，それぞれの組織が保有する実践的な知識や技能を共通のものとすることが，円滑な運営には不可欠である。

④　所掌する業務の明確化

　PFI事業では基本的には契約に基づき，それぞれが所掌し処理しなければならない業務は明確に分けられている。それぞれが適正な業務を遂行するためには，①自分が担当する業務は法令・通達等のどこに根拠があるのか，②要求水準書等と比較して，それぞれがどの業務を分担するのか，③実際に業務を実施する上で準備もれや意思統一する事柄はないか等，について考えている必要がある。

　また，それぞれの担当業務の中身を前述したようなミクロ的な視点から把握するだけではなく，視点を変えてそれぞれの働きが，「受刑者の再犯防止」のためにどのような関連・影響を与えるのかマクロ的な視点からの確認も必要とされる。

(3) パートナーシップの構築

① 施設の職員であるという意識

　PFI施設においては，国の職員にも刑務官・技官・教官がおり，さらにSPC（PFI施設運営のために設立された「特別目的会社」）はそれぞれ専門技術を持った職員がおり，その上，管理委託している診療所や外部講師や提供企業職員等，多

種多様なメンバーが入れ替わりながら処遇を展開している。円滑な業務遂行には，それぞれの職員が施設職員の一員だという意識を第一に優先し，施設の果たすべき役割をそれぞれの業務を通じて達成していくことが必要となる。また，刑務官がそれぞれの業務を分担するという今までの施設とは異なる点を十分に認識し，情報・連絡等については必要以上に意識し，相手の立場やバックボーンまで配慮した説明や対応も求められる。

② 矯正処遇の視点で全体を把握する

PFI施設として側面から施設運営を考えると，「官民協働」が基本の基本であることは異論がないところである。具体的には「よりよい社会人の再生」を目的として展開される各種の矯正処遇が円滑かつ有効に実施されるようお互いの知恵を出し合い，その目的の実現を図ることと言え，目的実現の中心に位置付けられるのが「矯正処遇」と考えている。それぞれの活動が矯正処遇という視座からはどのように位置づけられるのか，その狙いや結果・効果が矯正処遇にどのように反映していくのか，さらには，目の前にあるルーチンワークが円滑に進んでいることを以て適切な業務遂行がなされているとは考えずに，矯正処遇の一端を担う担当職員としてその責務を果たしているのかといった視点から業務を把握し必要な措置を講じることが求められる。

③ 共助体制の強化

刑事施設の業務は，24時間，365日，それぞれが誰かにバトンを渡し，また，誰かのバトンを受け取ることが繰り返される。個々の業務にあっても，官民それぞれにおける縦のラインと，官民間の横のラインが組み合わさって業務は遂行されている。それぞれの所掌事務が業務仕様書等により明確に分離されてはいるが，それぞれが施設のメンバーとして，「今，自分にできることは何か？！」という問題意識を持ち，互いの存在を慮り，仲間として組織作りをしていくことは，大変重要であり，相互が補い合う良い職務環境がまさにパートナーシップを構築することとなると考えている。

4．PFI施設における矯正処遇展開上の課題

(1) PDCAのサイクル体制

矯正処遇の実施は根拠法令に基づき，受刑者の改善更生，社会化のための有効な施設内処遇，さらに言えば再犯しないための人づくりが求められており，そのためには，社会に戻った時に自立し，社会人としての責務を全うできる力を付

与するため，従来どおりの考え方・処遇アプローチから脱却して，職員からの一つひとつの指示・指導が意図的・計画的に展開される必要がある。そのためには，法令で規定されている「処遇要領」よりさらに，綿密・精緻な処遇計画の立案・実施が必須であり，その具体化を図る必要がある。

換言するならば，矯正施設における，処遇の主体は「社会復帰に向かう人」であり，社会復帰にむけて必要とされる技能等を施設内において戦略的に指導するためには，PFI 施設における矯正処遇の実施においては，国の職員が立案・計画（Plan）した処遇プログラムを外部講師を含む民間職員が実施（Do）し，その実施内容を国の職員が確認・評価（Check）を行い，その成果を計画や実施方法に還元（Action）するというサイクルからの業務分担，業務処理体制の確立が必要となる。

(2) 社会復帰を促進する処遇の展開

刑事収容施設及び被収容者等の処遇に関する法律の施行により，施設名が示すとおり「社会復帰」を「促進する」という重要な行政目的を担っている。刑事政策上の「社会復帰モデル（rehabilitation model）」は 20 世紀の犯罪者処遇理念の中心をなしてきたものであり，社会防衛思想からの転換や受刑者の主体性重視という観点等の変遷を経ながらも，21 世紀における犯罪者処遇の基本理念として位置づけられるものと考えている。被収容者処遇法も「社会復帰モデル」を理念に置くものであり，矯正処遇が受刑者の社会復帰への援助を目指し，「改善更生の意欲の喚起及び社会生活に適応する能力の育成を図る」ことと規定されていることからもうかがえる。

矯正処遇は法が規定するように「作業」と「各種指導」に大別されるが，刑務作業をはじめとする日々の活動がセンター生の「社会復帰」とどのような関連があり，どのような位置づけがなされるのかという問い掛けなくして，適正で効果的な処遇が展開されるとは考え難いものである。換言するならば，他の刑事施設以上に「社会復帰」に直結した処遇の展開が求められている。

(3) 処遇情報の集約

処遇が展開されてくると色々な問題行動が表出してくる。例えば，規律違反行為は規律違反として，きちんと調査・処理し，通常の施設ではその後懲罰等を科して事案としては完結することになるが，当センターではさらに，当該事案を問題解決への重要なサインとして受けとめ，具体的な個別指導へと反映することとして

いる。つまり，受刑者から発せられる諸々の反応（非言語化のものも含む）はそれがネガティブな反応であっても改善更生のための重要な情報であり，積極的に収集し，個別処遇へフィードバックすることが大切である。

　他方，それぞれの処遇場面において観察された動静を記録するにあたっては，記録される「言葉」の意味が共通したものとなるよう特に留意が必要となる。言い換えれば，それぞれが入手・保有した情報をそれぞれが理解できる言葉により説明することとなり，その記録する行為自体が「言葉」の共通化と言葉での説明という行為を促進することになる。「(共通の) 言葉で説明する」ことを常日頃から意識して勤務することが必要とされる。

5. まとめ

　官民協働によるPFI事業を矯正処遇の展開という視点から概観してみた。いくつかの課題はあるものの，現時点では，概ね良好に施設運営はなされているという印象が，現場の皮膚感覚である。他方，本件事業のように，非常に公権力行使業務が多い矯正収容施設におけるPFI事業の展開は，他の公共事業に比べ，業務の明確化や処遇効果の評価等，困難な課題が多くある。しかしながら，PFI事業としての問題や課題が多ければ多いほど，当センターの運営の成果はそれが成功事例であっても失敗事例であったとしても，今後の公共事業におけるPFI導入に非常に大きな影響を与えるまさにパイロットケースということになろう。美祢社会復帰促進センターの取り組みがよりよい社会を構築することにつながるという視座に立ち，指摘されてきている課題に積極的に取り組みたい。

［追記］本稿はこれまでの運用を通じて個人的に感じてきた課題等をとりまとめたものであり，当然のことながら私見であることを付記する。

(中島　学／なかじま・まなぶ)

第3部
PFI施設の今とこれから

座談会　日本版 PFI 刑務所について

出席者（50音順）

赤池一将　龍谷大学矯正・保護研究センター応用研究部門長
歌代　正　株式会社大林組 PFI 推進部上席グループ長
太田幸充　社会復帰サポート美祢株式会社常務取締役
佐々木純　浜田市矯正施設整備対策課矯正施設推進係主任主事
末岡竜夫　美祢市役所企画課課長補佐
中島　学　美祢社会復帰促進センター更生支援企画官
福田雅章　山梨学院大学法学部教授，DCI 日本支部代表（司会）
村井敏邦　龍谷大学矯正・保護研究センター長
吉野　智　法務省矯正局総務課 PFI 推進班専門官

第1部　民間企業と自治体は刑務所にどう関わったのか

PFI 刑務所との関わり

福田　司会の福田です。非常に遠方からまたお忙しい中ありがとうございます。最初に簡単な自己紹介から始めましょう。私は，受刑者の問題，特にその法的地位については日本の刑法学界でもいち早く手を染めた者だと自負しております。そこを起点に，今は子どもの権利等の問題に関心を広げておりますが，どちらかと言えば，頭でっかちの理念的なものだけをやってきました。PFI 刑務所の問題についても，実際にどういうふうに動いているかがわからないので，ぜひ皆さんにたくさんのことを教えてもらって研究がより充実して，かつ実務と研究との連携も取りながら両輪で動けるような一里塚になればいいな，と願っています。

太田　太田です。美祢社会復帰促進センターの総括業務責任者という，（座談会開催日時点では）日本でただひとつの肩書きの職位であり，民間サイドの責任者というかたちでセンターに入って業務を続けています。

美祢のプロジェクトとの関わりは3年前（2004年）の7月12日だと思います。人事発令で「Mプロジェクトに行きなさい」と言われました。「Mとは何ですか」と聞くと，最初，Mとは「ムショだ」ということで，当時は，まだこの企画が明らかにされておらず，社員にも「美祢」は「M」というかたちで紹介されていました。その年の秋に入札があり，入札準備で見積もりをし，提案書を作り，落札して契約に至り，その後の1年間は，特に施設サイドの打ち合わせを国とやり，続いて維持管理，運営サイドの打ち合わせをさらに1年ということで，この4月からセンターを開始しました。こちらにいる中島さんとも同席して毎日官民の打ち合わせをやっています。開始から3カ月たちました。ようやく立ち上げ時期のいろんな課題等が収まりつつあって，徐々に日常が始まりつつあるという状況です。

赤池一将（あかいけ・かずまさ）

中島　美祢から来ました，中島です。更生支援企画官というポストにいます。PFI刑務所だけのポストで，現段階では全国の刑務所に3名しかいません。学問的な経歴としては，大学院で心理学を学び教育学修士を持っています。

歌代　正（うたしろ・ただし）

　矯正の現場での勤務経験は，多摩少年院，府中刑務所，山形刑務所，仙台少年鑑別所ということで，矯正施設における全部の組織を経験させてもらっています。現場での実務経験を積みながら，法務省本省では職員の配置関係や組織改正に携わってきました。秘書課で組織改正を3年手がけ，中央省庁再編のときは法務省の窓口で，行政の中で矯正の実務とともに組織法的なアプローチで物事を見るというトレーニングをだいぶさせてもらったかなと思っています。また，昨年の新法施行のときには性犯罪者の関係も含めて処遇の新しい試みと川越少年刑務所での施設の管理・運営に参画しました。矯正の変革，法務行政の変革を直接経験してきたと思っています。

太田幸充（おおた・ゆきみつ）

佐々木 純（ささき・じゅん）

末岡竜夫（すえおか・たつお）

中島 学（なかじま・まなぶ）

今回のポストについて，上司から「ちょうどいいポストがあるから行け」と言われ，その時は何をやるのかよくわからなかったのですが，結局，今は太田さんと仲よくするのが一番の仕事だと思っています。いい意味でお互いに愚痴も言い合いながら，本当に官民一体となって新しいことに参入している気持ちでいます。

吉野 矯正局のPFI推進班の専門官をしています吉野です。私は学生時代は刑事政策を専攻しており，1995年に法務省に入省しました。PFIの事業には，立ち上げから関わっております。もっとも，法務省としては，当初は刑事施設への民間参入を求める規制改革会議の見解に対して消極的であり，私自身もわが国の実情には馴染まないとの理由を求めて，世界数カ国の実情を調査しました。

昨年度は1年間，イギリスのロンドン大学キングスカレッジ法科大学院国際刑務所センターで勉強してまいりまして，11月にPFI推進班に戻ってきました。プロジェクトを立ち上げて4年目に入りますが，本日はもう一度政策を見直してみる意味でも非常いい機会だと思い，楽しみに参加させていただきました。

村井 龍谷大学矯正・保護研究センター長の村井です。2000年まで福田さんと一橋大学にいました。龍谷大学には教育面では，矯正・保護課程の非常に古い歴史があります。これを基盤にして矯正・保護の研究面も充実させようとして設立されたのが，矯正・保護研究センターです。このセンターには数多くの研究プロジェクトがあり，これまで論争相手であった実務家の方とも机を並べて研究する環境があります。今日は，我々がよくわからずにいる点を実務ではどうしているのか勉強させてもらいたいと思って来ました。

赤池 赤池です。1986年から87年にかけて1年だけフランスに留学をしたことがあるのですが，帰国の引っ越しをしているときに，私のいた研究所の主催で

刑事施設民営化についての大きなシンポジウムがありました。当時フランス政府に米国の企業CCA（アメリカ矯正会社）が接触を求めていた時期で，刑事施設の民営化という問題には，当時から一定の関心は持っていました。ただ，この問題に現在取組んでいるのは少し違った理由からです。

ちょうど私が大学院に入った時代は，特に，欧米では社会復帰の「危機」とか「神話」という言葉とともに，行刑のあり方が強い批判にさらされていました。それゆえ刑罰研究の関心は，受刑者の社会復帰を目的とする刑罰がその目的を達成していないのであれば，そして，そうであるにもかかわらず，刑務所が依然として存続しているのであれば，犯罪者の社会復帰という標榜されてきた目的の背後で，刑務所はどのような役割を現実に果たしているのか，つまり，刑務所の社会的な機能は何かという問いに向かっていました。この関心は，さらに，刑務所が塀の外の社会施設・制度，その人的資源とどう関係しているのか，また，その関係をどう変化させれば刑務所の役割をどう変えることができるのか，という関心に結びつくはずです。

福田雅章（ふくだ・まさあき）

村井敏邦（むらい・としくに）

昨年，行政法研究者の研究会で民営刑務所について報告する機会があったのですが，現在の新自由主義の展開を考えれば，刑事施設の民営化という課題に取組むこと自体がけしからんという意見が強かったように思います。公権力の行使を民間企業に委託するという話自体，検討の余地のない「悪」だ，というわけです。しかし，後で触れますが，刑罰の社会化という観点からは，いわゆる非権力的業務について，塀の外の普通の制度や法や民間人を充てるのが良いのではないか，と少しずつ考えていました。刑務所が社会的存在である以上，市民社会が刑務所に関わることは非常に重要で，その関係をどう構築するかでいくらでも舵取りは変わると思っています。そうした角度

吉野 智（よしの・さとし）

から，今回のPFI事業の課題と可能性を検討する必要があると思っています。

佐々木 島根県浜田市から来ました佐々木です。浜田市は2005年10月に4町村1市による市町村合併により新浜田市になっていますが，矯正施設の誘致は合併前の旧旭町時代から取り組み，合併後も矯正施設については地元から推進していくということで，対策課は合併後も旭町にあります。

誘致の決定を法務省からもらったのは，2005年3月25日で，その当時は商工観光の業務を担当していました。町が誘致をしていることは知っていたのですが，普通，行政の新年度の人事異動は3月20日ごろに発表があります。発表がなかったので，商工観光の仕事を頑張ろうと意気込んでいたのですが，4月1日に町長から「刑務所だ」と言われ，それから刑務所と私のつながりがスタートしました。それまでは，大変お恥ずかしいのですが，島根県に松江刑務所があることや浜田市に浜田拘置所があることすらも知りませんでした，それが正直なところです。今は法務省，SPCの歌代さんをはじめ，関係機関と連係・連絡を取りながら，本当に地域との共生が住民の皆さんと一緒になって実現できるように地元として頑張っているところです。

末岡 同じく自治体から来ました。山口県美祢市企画課の課長補佐をしています末岡です。私は山口県美祢市生まれの美祢市育ちです。よく「山口県は保守的だ」と言われ，かなり対外的にも保守的であったり，悪く言えば排他的であったりするようなところがある地域です。そういう中で誘致活動を行って，招き入れて，どうにか来てくれることになりました。今は皆さん侃々諤々でPFIはいいとか悪いとかという話で盛り上がっていますが，私たちとすれば，法務省が「こういう方向で行こう」と言った以上は，来てくれた法務省の方針ですからこれがうまくいくようにするべきだと思っています。そのためにも，私たちは今の運営の方法で地元に対して何ができるのか。法務省には申しわけないですが，私らは地元の方に先に目が行ってしまう，自治体側はどうしてもそうなってしまうと思います。そういう中で，「地域との共生」という言葉がありますが，お互いにうまくいくように私らがクッションになるわけですが，そういうかたちで話が進んでいけばと思います。

実は私もこの4月1日から企画課に来まして，佐々木さん以上に知らないことが多いです。まだ3カ月の本当にほやほやですが，この3カ月の間に中島さんをはじめ吉野さんやSPCの太田さんも地域のことを一生懸命考えてくれて，地域としては「どうにかしてやっていかないけん」と日夜思いながらやっています。

歌代 大林組PFI推進部の歌代です。私どもの会社は従来からPFIに力を入れております。PFI法が1999年に成立して今年で8年目になりますが，既に全国

で300件近いPFI事業が進められているなか，大林組としてはその1割弱にあたる27件を代表企業の立場で取り組んでいます。その一つが昨年落札した島根あさひ社会復帰促進センター整備・運営事業になります。これ以外には，公務員宿舎，国立大学，公立病院，ホールのPFI事業などあり，実は私も刑務所事業を担当する前はホールのPFI事業を担当していました。

東北某市での壮大なホールをPFI事業で新設するプロジェクトを担当しており，音響や舞台機構，ホール運営を一から勉強し入札したのですが，残念ながら結果に繋がりませんでした。その時は，「これからはホールのPFI事業が自分の将来の仕事だ」と思っていたのですが，あえなくその夢が砕かれたわけです。そのショックを癒す間もなく，その後上司に「おまえはこれから刑務所PFIの担当だ」と言われ，華やかなホールの仕事に比べると暗いイメージが付きまとう刑務所であり，刑務所が一体全体どういう所なのかも分からず，またどこから手をつけていいのか皆目見当もつかず，2ヵ月ぐらいは取組む手立てがわからず手をこまねいていた，というのが正直なところです。

思い返せば2004年10月半ばでしたが，「刑務所担当になった以上何かしなくては」と思っていろいろネットで調べていたところ，『ライファーズ――終身刑を超えて』という映画をポレポレ東中野という小さな映画館で上映しているということを知り，この刑務所事業につながる何かがあるのではないかと思い観に行きました。先程も申し上げましたとおり，それまでは日本の刑務所が何たるかを全然知らなかったわけですが，この映画を観て「刑務所の運営で，こういうアメリカのやり方があるんだ」と思ったのが，私が刑務所に初めて積極的に関心を持った第一歩です。やり方はどうあれ刑務所の運営の一つの方法といいますか，受刑者への改善更生へのかかわり方といいますか，このような方法があるのかと思い，結構いい刺激を受けたのが始まりだったわけです。今は来年10月に収容を開始する島根あさひ社会復帰促進センター整備・運営事業での総括業務責任者という立場で，新しいコンセプトを織り込みながら，新しい刑務所運営を法務省と一緒に組み立てていきたいと思っているところです。

福田 ありがとうございました。法務省の方々にすれば，そもそも最初はPFIという構想に警戒感を持っていたが，「規制改革推進3か年計画」を経て政治的な要請として出てきてしまった。さて，これにどう対応するかという苦労を背負ってきたのだと思います。自治体の方々は，過疎化と公共事業等の減少による財政逼迫の中で何とか地域の経済を活性化していかなければならない。そのためには経済効果を生み出す大きい事業が欲しいと考え，このPFIに関わってきた。参入企業に

しても，やはり公共事業がなくなる中で，大きなPFIの仕事をどうしても取る必要があり，巨大な入札を勝ち抜くために大変な苦労をしてきたと思います。研究者は，いよいよ始まってしまったPFIを見ながら，これはずっと長い間積み上げてきた矯正処遇とか刑務所のあり方と矛盾しないのか。これを積極的にとらえる契機があるのかと悩んでいるわけです。

ここに集まったのは，利害関係のある4つのグループから二人ずつという構成ですが，まさにその辺の苦労をざっくばらんに出しながら，本音でPFI方式による刑務所がどんなもので，何を生み出そうとしているのか，それは所期の目的を本当に実現できるのか，そのためにはどうしたらいいのか，を話し合いたいと思います。率直にお互いの客観的な事実を認識し合うというところから始めて，この問題に関してそれぞれのグループの人たちが，今後発展できるような座談会，望ましい状況を築くための一里塚になるような座談会にしたいと考えています。

PFI刑務所の導入

福田 PFI導入は極めて唐突だったろうと思います。刑務所運営とか刑罰権は専権国家の排他的な専権事項であって，こういう公権の行使を民間が参入し行うことは，法務省でも実は2003年ぐらいまで本気になって考えていなかった気がします。それが突如入ってきて大変革をもたらしているわけです。しかも来年には6千人をPFI施設に収容するということは，全受刑者が8万人とすると約8％の受刑者はPFI方式という全く新しい方式で処遇を受けることになります。これは過渡的なものなのか，これを梃子にしながら刑務所が変わっていくのか——。

PFIを導入した経緯，掲げられた理由と理念を踏まえながら，それに自治体や企業がどういうふうにコミットしようとしたか，それらの点をまず一般論として話していただきたいと思います。

吉野 先ほど規制改革会議でテーマに挙げられたと申しましたが，実は，それより少し早い段階の2003年度の予算要求のときに「PFI手法を使った施設の新設を考えられないか」との検討を行っておりました。当時は，過剰収容が深刻になり始めた時期であり，とにかく収容能力を増強しなければなりませんでした。しかし，200億円弱しかない法務省の施設整備予算では，多くの老朽化した施設の改修にも充てなければならないので限界があります。

そこで当時考えたのは「箱P」と言われていた建物だけを造るPFI事業でした。そのような状況で，当時の総合規制改革会議で刑務所にPFIを導入できないか，

運営も含めて行うことができないかと議論がなされました。当時とにかく法務省は反対で、福田さんが言われたとおり、刑務所の業務は国家刑罰権の行使で、公権力の行使の最たるものである、それを民間に委託することはできませんと反対しました。最終的には、2003年3月に「刑務所においては、民間委託が可能な範囲を明確化し、PFI手法の活用等により、民間委託を推進すべきである」との答申が出されました。

赤池 私どもはそうした動きの表面だけを遠くから見ていたことになるのですが、PFI刑務所に関して行刑改革会議での説明や法務省の方が書いたものでは、その導入は、第1に過剰収容、第2に国民に開かれた刑務所、第3に規制緩和・構造改革という順で説明されてきたように思います。これらの理由の間には、第1の過剰収容という課題が、これを克服するために不可欠な施設増設のための実現可能な方法としてPFIという手法を導き、その手法は行刑改革会議の指針からも、規制緩和・構造改革という当時の政府のより広範な経済政策にも馴染むといった関係があるように説明されていました。つまり、過剰収容の現状を打開するためにPFI施設を導入するという説明です。

しかし、2000年末の矯正保護審議会では、その時点で予想された過剰収容に対して、一つは仮釈放の柔軟な運用、二つ目は電子監視による保護観察の活用、さらには外国人受刑者を念頭においた受刑者移送条約など、金のかからない、それでいて、その効果が想定しやすい方策が挙げられ、逆に、施設運営の民間委託等は過剰拘禁という文脈では言及されていなかったはずです。

ですから、この問題が、行刑改革会議に先立ち法務省内部に設置された「行刑運営に関する調査検討委員会」において2003年3月の段階で「大臣指示」というかたちで、しかも、刑務所運営への民間の活力の導入等の一般的表現によってではなく、最初からPFI刑務所という非常に具体的なかたちで提案されたことにとても唐突な印象を受け、同時に、この計画が一定程度進行しているんだなとの印象を持ちました。

これまでの経緯を考えると、私はむしろ当時の政府の経済政策の中で、法務省としては非常に困難な課題を与えられたのではないかと思っていました。ただ、この時期、法務省が本当に困っていたのは、恐らく増加する受刑者を収容する施設ではなく、これを処遇する職員の不足であったはずです。ですから、先ほどの総合規制改革会議のところで、人を含めたかたちのPFI構想になっていったという話でしたが、そこは規制緩和という政府方針への抵抗がなかなか難しい局面と、そうはいっても現場としては、例えば、どうせPFIをするなら、施設よりも職員を

何とか確保したいという要求があり，両者のせめぎ合いのなかで現在のプランができたのではないかと見ていました。

吉野 その通りですね。職員負担を軽減するという意味で，なんとか民間委託を使えないかということは念頭にありました。

村井 歴史的な経緯を聞きたいのですが，私は実は20年前に英米に留学して刑務所民営化の問題を少し研究しました。留学から戻ってきたらキャピック（矯正協会刑務作業協力事業）開始の問題があって，これを素材にしていずれ法務省の中でも民営化がその射程に入ってくるのではないかという批判的論文を書いた次第です。今のお話ですと，キャピックと今回のPFI事業は切れているようです。PFIという具体的なかたちは別にして，キャピック，つまり，作業部門という一番重要なところの民間委託ですが，そこから民営化の動きをもう少し拡大していくというつながりはなかったのですか。

中島 村井さんのお話を聞いて思い出しましたが，私が拝命した当時にそんな話がちょっとあったなというぐらいの印象です。だから，われわれ世代よりもう少し上の方々にはそんなイメージでPFIを取った方がいるかもしれませんが，私の中ではそういう発想はありません。

村井 民営化というと英米を想定しますので，英米の流れは20年以上前からですが，英米との関係でいくとキャピックは民営化の走りのようなかたちだったので，民間委託を広げていくという意味では今回の事業にはそれほど驚かなかったのです。確かに，行刑改革の中ではちょっと唐突な感じだったのですが，キャピック以来のものとして民営化の動きが脈々とあったのかな，と思ったのですが，話を聞いていると全く違うコンテクストから出てきているわけですね。

中島 その通りだと思います。少なくともここ数年で勇退された先輩方から話を聞く限り，過去にそういった経緯があれば，当然そうしたご経験から「こういうところに気を付けろ」というアドバイスがあるところを，そういったものではなく，まさに民営化するのではないかという懸念が聞かれますので，多分，最初の流れとは違う，別の流れで現在のことが起きているのかなと考えています。それがまさに赤池さんが言われたような，いろいろな行刑改革の流れと過剰収容と政府の意向の一つの現れが現在のかたちではないか，と個人的には考えています。

吉野 1997年にも，法務省の刑務所を独立行政法人化できないかとかという議論がありましたが，当時も公権力の行使の最たるものである刑務所は民営化はもちろん，独法化も認められないという意見でした。

中島 エージェンシー化をすごく言われたのですが，それはまさに刑罰執行のとこ

ろを半官・半民みたいなイメージのエージェンシーで行うというものでかなり抵抗しました。法務行政全体の中の力学がどうしてもあるわけです，行政的にも政治的にも。その時代的背景に影響を受けます。その当時はやはりオウム事件の影響がありましたので公安庁等のやり取りの中で，行刑よりも公安庁，訟務局の民事の省力化の方に関心が向けられたように思います。他方，法務省としても，そうした政治的な力学の中での政策判断のようなものも当然出てきますので，そういったところと今回の事業は昔のキャッピックの話と次元が違ってくるのかなという気はします。

村井 矯正局部内での研究会のようなところで研究しているということもなかったわけですね。

中島 はい。率直に言うと，突如降ってきたというのが私の印象です。

特区法の利用

赤池 PFI 刑務所の導入に際して，特区法を利用するという手法は，私には非常にショッキングだったのですが，どういう経緯があったのでしょうか。また，特区法の申請に当たっては自治体サイドから提案を出すわけですが，自治体の方ではどのような意思決定のプロセスがあったのでしょうか。

吉野 民間委託は，ある程度の業務量・ポスト数を民間に委託しないと，新設刑務所に必要な職員数を確保できないので，できる限り民間委託の幅を広げなければいけない。したがって，公権力の行使にかかわらない非権力的な業務だけを委託対象と限定するとポスト数が出てこないということで，処分とか，実力行使に当たるところを除く，権力的事実行為の中でも権力性の弱いところを民間に委託しようということになりました。ただ，そこも公権力の行使にかかわるわけですから，法律の根拠が必要で，何らかの法律でこれを位置付けなければいけない。その際，地域に開かれた矯正という観点から，地元と一体化した刑務所運営をすると言う意味で，地域を取り込むのは非常にいい方法だと考えて構造改革特区法を活用することにしました。

（規制改革会議の方針を受けて）PFI 事業は，既に実施方針が出された後でした。事業を予定通り進めるためには特区法を利用することが近道であるとも考えました。もちろん，公権力の行使の民間委託を行うわけですから，内閣官房構造改革特区推進室や内閣法制局とはかなりの協議を重ねる必要がありました。また，特区法の場合，自治体からの提案が前提になりますから，まず山口県に相談に伺いました。

末岡 美祢市にしても山口県にしてもノウハウがないので，法務省としてもっていた

きたい方向に一緒に協力してやりましょうというかたちでした。実際には美祢市・山口県として申請するわけですが，一緒になって作り上げるのに，多くを法務省にご教授願ったという状態でした。山口県での法務省との下打ち合わせが2005年の5月，特区法の申請をしたのは2005年の10月でした。

吉野 候補地の選定を済ませた後でしたが，法務省から自治体には法律上の根拠ができ，業務委託の範囲も広くなれば地元の雇用も増えると説明しました。

自治体の対応

赤池 自治体にとっては，喜ばしい話という印象でしたか。

末岡 美祢は本当に過疎の市であり，藁にもすがる思いで刑務所を建てて欲しいと話を持っていったところもありますから，法務省が建てる刑務所か，民間も入る刑務所かというのは二の次の話です。そのメリットはすごく単純なことで，いま刑務官には地元の方はいません。山口県出身の方はいますが美祢市の出身者はいない。ところが，PFI事業者には地元の採用があります。本職員もパートの採用もありますから，地元に雇用の場ができました。その辺が一番地元と共生しているところだと思います。

福田 説明会など住民の方とのコミュニケーションは，自治体としてはどう行ったのでしょうか。

末岡 最初，私どもの企画課の名前が「美祢社会復帰促進センター『対策』室」という法務省に対してすごく失礼な名前で，自治体としては「来てくれ」と言うからには，本当は「推進」室としなければならないはずですが。やはり地元の地域に対しては，どうしても「対策する」という考えがあったのです。当然，刑務所の建設については，反対運動も起こりました。2001年に手を挙げて2002年には地元に第1回目の説明会をしています。市の執行部でこういうことをやるからぜひ皆さんも協力してくれということでそのための委員会（活性化対策特別委員会）も2002年に作っています。市をあげて受け入れの体制を作りたいと，決定後も含め，説明会を何度も繰り返してやりました。

　そこでもっとも強調したのは「安全」です。刑務所は悪いことをした人が入るところですから，「何かあったとき」というのが地元の一番の不安です。安全を前面に出して説得していって，その上で地域の活性化を説きました。誘致した土地はテクノパークという工業団地で1997年に売り出して，美祢市としても一生懸命あちこちに誘致活動をしたのですが不況の波で売れなかった。あのまま置いていたら

せっかく造ったものがむしろマイナス要因になる。PFI方式にしろ，従来の法務省の刑務所にしろ，それが来ることによってマイナスは絶対にないですから，プラスは絶対生まれますので，その点についていろいろ説明材料をもって地区の方に理解してもらったという経緯があります。

福田 地域の方が理解したというのは議会でちゃんと承認したということですか。具体的にはどういうプロセスで理解してもらったのでしょうか。町内会の会合のようなものを開いたのでしょうか。

末岡 それはありました。地区での説明ですね。美祢市の人口が1万7千人ぐらいですから，施設ができた豊田前地区は広いとはいえ人口は約1,000人ぐらいです。ですから，本当に限られた対象ということにはなりますが。

福田 旭町の方はいかがでしたか。

佐々木 美祢市と同じようにこちらも誘致が決定して「対策室」という名前の部署を設置しました。美祢市を教科書にしてスタートしました。旧旭町時代からだったのですが，町長が法務省を訪問して表明したのが2003年の3月上旬で，トップシークレットの政治判断だったと聞いています。町長は合併後，新浜田市の矯正施設対策の顧問として現在もともに仕事に携わっています。

旭町も人口がとうとう3千人を切ってしまいました。今回の誘致を行なった県営の拠点工業団地へは，刑務所を誘致する前に1社の誘致に成功し，実際に操業も始まっていたのですが，なかなか厳しい状況が続き，町の命運をかけて刑務所の誘致を表明しました。議会に表明したのはその4カ月後の7月で，住民の理解を求めていくという方向付けがなされました。その後自治会等に町長が自ら出向いて，旭町の町づくりの起爆剤として誘致をし，そうすれば市町村合併後も旭が元気になるからということで本気で取り組みを始めました。

町として誘致を表明すると同時に議会をはじめ地元から理解をいただくということと，島根県と地元の経済界も一緒になって促進協議会を立ち上げました。今の新浜田市となった5市町村，周辺部の4つの市・町およびその議会とも一緒になって，この圏域が一体となったプロジェクトとして表明をしました。当時一番心配していたのは反対運動だったのですが，各市町村から，正式に誘致の要望を連名で法務省や関係機関にも提出していますので，まず誘致にあたって，住民の皆さんから一定の理解は得られたと考えているところです。

村井 結局，反対は全然出なかったのですか。

佐々木 はい。旭町では表だった反対という活動はありませんでした。

福田 これまで出ている文献を見ると，地元への説明が非常に雑駁にされていて，

了解なしに行われ，手続上瑕疵があったのではないかという主張も出ているようですが，今のお話では非常によく説明して住民が納得したということでしょうか。

佐々木 私が一番印象に残っているのが，その7月に広島矯正管区の西田部長をはじめ法務省の方に来てもらって，地元旭町で初めて刑務所に関する説明会を開催しました。そのときに西田さんが言われた言葉が忘れられません。「私たちを信じてください。刑務所ですが，法務省を信じてください。皆さんを危険にさらすようなことは絶対にありません」と言われたのです。さらに，「職員がやってきます，家族も来ます。この地で生まれた子どもはここ旭町がふるさとになります。仲よくしてほしいです」ということも言われたのです。その言葉を言われたときに会場の雰囲気が，「刑務所が来る」ということで張り詰めた空気からほっとした空気に変わったのを私は感じました。それが第一歩だったと思います。

福田 経済の活性化に飛び付いたわけではないということですか。

佐々木 経済の活性化といえばそうですが，旭町は「ヤングロード旭，自然に集う若者の町」ということで町づくりを行っていましたので，町長の地域振興の思いはUターン，Iターンも含めて地元の雇用が促進され，1人でも多くの方が定住をすることでした。そのために企業誘致も行っていましたから，企業誘致に替わるものとして刑務所を誘致したという考えだったと思います。ただ，誘致の当時は美祢も一緒だと思うのですが，どういった規模の刑務所が来るのかなど，そうしたことがわからないわけです。

吉野 恐らく，当時の旭町も美祢市もモデルにしたのは鹿児島県の吉松町という地域で，鹿児島刑務所を市内から移すときに誘致した山間部の町です。吉松町が期待したのは地方交付税だったようです。地方交付税が増えるということも期待されたでしょうし，抱えていた工業団地をとにかく売却してしまいたいとも考えられたのではないかと思います。

末岡 美祢市は浜田市と違って反対運動が厳しいでした。旭町同様に法務省の方が来て説得して下さいました。ただ，美祢市ではなかなか納得してもらえなくて，「絶対反対」の看板も立ちました。一つ一つ紐解くように法務省と一緒になって説得していきましたが，それにはやはり条件的なものも当然出ました。

地元で対策協議会ができて，防犯灯をたくさん付けてくれと言われました。山間部で暗いですから，これについては2006年度に防犯灯を付けて明るくしました。小学校・中学校に防犯上フェンスを付けてくれという要望もありました。法務省とすれば，刑務所を逃げ出して学校に入って悪さをするなどあり得ないと考えるでしょうが，住民の安心材料としてフェンス設置の要望も行いました。小さいことですが，

市の執行部としては，既に先行して陳情しているわけですから，少しずつそうやって住民を説得して，最終的に住民の納得を得るために条件作りの努力をしました。
村井　私も開設前に施設を見せていただいたのですが，反対派の人を含めて地元住民が施設を参観するツアーがありましたね。
末岡　はい，県内の刑務所を法務省の方から案内してもらいました。
村井　それによって不安は解消されましたか。
末岡　地域の方にモニタリングまではしていませんが，不安の声は全く聞こえません。むしろ，今は地域の方と刑務官の方が交流することもあり，中島さんも一緒にそこに住んでいますし，地域の方とすごく交流があり，良いことだと思っています。
中島　地域の方の不安感については，例えば，民間のパートの方など地域の多くの方々が施設の中に実際に入って業務に従事しながら，受刑者とは直接接しませんがその様子を見て，施設運営の実態を知っておられるので，われわれも常に襟を正さなくてはいけないと思っています。少なくとも施設の中でおかしなことは行われてないという印象はこの3カ月間で，住民の方々に伝わっていると思います。

企業参入の経緯（美祢）

福田　次に，SPCとして事業に参入していくプロセスを話していただきたいと思います。どういう契機で参入を企画したか，その辺の経緯を教えていただけますか。
太田　社内的にも2004年の段階でほぼ方針はできていたと思いますが，当初，「できるか」という判断と，「やるべきか」どうかという判断があったと思います。
　まず，「できるか」という部分については，われわれは警備会社としてこれまで建物に人を「入れない」という警備はやっているのですが，「出さない」という警備は初めてなわけです。実際，収容監視等で，例えば眠っている人の様子を観察することもやったことがないわけです。法務省に相談して，アドバイスを受けながら，「スーパーA」というランクの受刑者が対象であり，ペナルティ等はあるが，今まで受刑者が施設から逃走したケースはほとんどない，自殺の事案がたまたまあるが，監視等のやるべきことをやっていれば法律上の責任は問われない等，事業者側が敷居を高く考えていた点を検討しました。われわれには警備のノウハウはあるけれども刑務所ですから本来の更生とか，そういった業務についてはわれわれの単独ではできない。しかし，わが国の中でも小学館プロダクションとか専門業者，国の中でもトップを走っているような企業がコンソーシアムを作って一丸となってやればできるなという判断をしてきました。

次に,「やるべきか」という点です。法務省は過剰収容の問題で困っている。施設をつくってもやはり公務員を簡単に増やせない。民間事業者としては誰かが困っているところにビジネスチャンスがあるわけです。われわれは警備会社として,犯罪を少なくする事業をやっていますので,ここで受刑者がしっかり更生して2度と戻ってこない,地域に必要な,社会に必要な人材として復帰するための仕事に関われるなら,やるべきだと考えました。社会的貢献という位置付けもあります。コンソーシアム各社も同じような判断をしたと思います。
　以上が「できる」,「やるべき」という判断の部分ですが,セコム単体ではこれまで大きなPFI事業には構成企業とか協力企業のかたちで関わってきたものの,代表企業の経験はありませんでした。ところが,竹中工務店,清水建設とか新日鐵といった代表企業の経験のあるところから「一緒にやりましょう」という強い勧めをいただいて,箱ものでなく運営も伴う初のPFIに一丸となって取り組もうということになったわけです。やってよかったと思っています。

福田　やって良かったという中には,経済的にもペイできると。

太田　まだプロジェクトの最初の段階にいますので,何とも言えないところがありますが。

福田　運営をずっとやっていくと採算がとれるという計算はあったわけですね。

太田　それはあります。

コスト積算

赤池　例えば,美祢での事業に要するとされた565億円というお金の算出は,内訳を見たときに120億円ほどが施設の建設にかかり,その他の部分では2%ほど民間だから安くなるだろうという見積もりをしたと聞いていますが,他はどのような積算ですか。

吉野　建設費のほかは大半が人件費です。ポストを決めたときに民間で出せる人間が125人でした。そのポストにかかっていた公務員の給料と,社会保険費を足した人件費が大半です。その他は食材費などです。

赤池　例えば美祢の場合,民間と国の仕事の内容を50対50に分けたという話ですが,公務員のコストと民間のコストの比率はどのくらいの発想ですか。

吉野　公務員のコストのほうが多いですね。ただ,民間に委託できるであろうと考えた125人分のコストについては,数字的には同じです。

赤池　予算的には同じコストを民間に積算しているということですね。国が125

人の公務員を雇うのと同じ125人がいたらこのくらいになるだろうということですね。人件費自体としては同じような額で計算したのですか。
吉野 ほとんど同じです。
福田 実際に入札で安くなった部分の48億円のうち，人件費はどのくらいを占めていたのですか。
吉野 入札はまとめていくらでということで出てきますから，実際の細かい内訳はわれわれも分からないところがあります。警備業務にいくら，作業業務にいくらという内訳はわれわれも分かりません。
歌代 逆にわれわれ民間のほうでは，事業全体の国庫負担債務行為として公表されている総額565億円はわかるのですが，その国の予算の内訳がわからないわけです。565億円の内，建設費に120億円であると先程赤池さんがおっしゃっていましたが，それも今初めて分かったような次第です。

BOT方式とBTO方式

村井 民間委託に際して，民間事業者が施設を建設し（Build），運営し（Operate），運営を終了する際に国に施設を譲渡する（Transfer）BOT方式ではなくて，譲渡してから運営するBTO方式にしてほしいという意見が多いように聞いていますが。
歌代 やはり運営ヘビーなPFI事業である病院とかホール事業ではBOTが多いです。BOTで民間事業者が事業期間，施設を所有し，大規模修繕をしていくほうが，大変な部分は少なくはないのですが，事業の本質から考えると合理的だと思います。大規模修繕費も，それなりの規模の施設では相当の金額になります。
福田 修繕しながら，かつ運営を自分たちで行うという前提で。
歌代 当然そうです。その場合，ライフ・サイクル・コストといいまして事業期間を通じて建物にかかるコストがあるわけですが，施設設計の時点でそのコストを圧縮できるような，また修繕維持費用がなるべく嵩まないような工夫をした建物にする。そういう意味ではバリュー・フォー・マネーというお買い得度が出てくる。一方，BOTですと不動産取得税とかがかかってきますから，それとの比較になると思いますが，やはり運営する側からするとBOTが望ましいと思います。
吉野 企画する国側から言うと，BTOにした場合には固有財産となり，固定資産税が非課税となるので，そうした方が事業費を抑えることができる。当省以外はBOTをやっていませんが，我々には増員を抑制するという別の理由がありました。

BTOにしたときには国有財産の建物を管理するための用度課という組織と職員が必要になってくる。1人でも2人でも増員を抑制しなければならないということでBOTを使い，その代わり非課税にしてもらう税制改正要望を提出していこうと考えました。半分まで非課税になりました。そうする方が企業側の負担も少なくなるはずです。

企業参入の経緯（島根あさひ）

福田 歌代さんのところがあさひに参入したプロセスを簡単に話していただけますか。

歌代 私どもの会社としては，刑務所であろうと，どういう業態であろうと，日本中のPFI事業に取り組むというスタンスでいます。問題は，きちんとしたコンソーシアムが，警備の会社，給食の会社，教育の会社，あるいは総務業務の会社等々と組めるかです。代表企業としては，ここが一番肝心なところでした。

2004年3月に実施方針が出されて，そのときに基本構想を法務省で作り，そこで塀に代わるフェンスやIT技術を駆使した独歩等，基本的な考え方が述べられていたわけです。それは確かに新しいかたちのもので，刑務所の建設もさることながら，それ以上にそこでできるものがあるのではないか，と思ったわけです。

それは何かと言いますと，設計とか建設とか，あるいは警備やITのシステムを入れるとか，日本には非常に高い技術力を持った会社がたくさんあるわけですから，そういうものはお金があればできる。しかし，質の高い処遇とか，社会復帰にどうつなげるかとか，就労支援をどうしていくかなど，刑務所の本質的なところはなかなか日本にはないのではないか，それはお金以前の話ではないか，ということを映画『ライファーズ』を観て確信したわけです。

先ほどペイできるかと議論がありましたが，私は，特に刑務所事業は，まず「理念」がないと取り組んではいけないと思っています。私どもの今回のコンソーシアムとしてはまず理念ありきでスタートし，各会社の中をきちんと説得してくださいということを今もやっています。やはり経済合理性だけを追求していっては，欧米で起きているような処遇の質の低下に陥る。そうであっては取り組む意味がない。

ハードは，多分，法務省が「こうしろ」というものをつくれば保安上も問題のないものができると思います。しかし，その中にどういうものを入れるかというコンセプトがないと，恐らく5年後，10年後に世間の批判にさらされるだろうという角度からずっと提案し続け，今進めているところです。

吉野 私には不思議だったのが，ゼネコン会社の方々がただ建物を造るだけじゃなくて，利用することを考える，魂を吹き込もうとする。こんなに民間企業の方々が熱く入ってくることを当初想定しませんでした。入札を出したはいいけども，どこも参加しないということが相当予想されましたので，商社を皮切りに，警備は全国警備業協会とか，一つ一つ回って，この事業の魅力を伝え，ぜひ力を貸してくださいとお願いしてきたのですが，これだけいろんな企業の方に，本当に熱心に取り組んでもらえるとは当初予想はしていませんでした。

福田 就業の支援など，そこまでPFIの参入企業が考えて，法務省と一緒になってやっていると私は想像してなかったのですが，これは一般的な傾向ですか。

吉野 美称のときは3グループが手を挙げましたが，3グループいずれも考えていました。

村井 私は企業の基本的な理念というのは利潤追求だろうと思っています。社会的貢献といっても，それが何らかの意味で利潤に跳ね返せないと，企業は手を出さないだろうというのが私などの見方です。先ほどの歌代さんの話でも，判断の源は，将来的に就労支援を含めて処遇をしっかりさせないと，批判が多くて，結局は会社にとって逆に経費がかさむことになるということですか，あるいは，社会的な評判ですか。

歌代 評判ですね。直接的な利益も事業を長く進めていくにはとても重要なことですが，その事業に関わっている企業としてのプライドもそれと同じ位重要だと思います。今回の場合は再犯率とか，就職率がモニタリングの対象にはなっていない。フランスですと再就職率を4割や5割にするということが実際に民間企業に求められていて，その水準をクリアすればインセンティブを国が与えるといったやり方もあると思います。でも，そういうモニタリングがあろうがなかろうが，やはりそれはやるというふうに，グループ内にいる20社近くをまとめて，代表企業が持っていかなければならない。会社そのものの考え方を変えていく必要があるわけです。

村井 ただ，内部を説得するのはかなり大変なことだったでしょうね。

歌代 大変です。私どもの会社では，先般，法務省，コンソーシアムの役員にも来ていただき，また弊社の役職員も出席し『ライファーズ』の上映会を当社の講堂で行いました。会社を変えていかなきゃいけない，という思いから企画しました。この事業に携わっている会社の考え方がまず利潤ありきではなく，私どもはこういう考えでこの事業に取組んでいるということを，会社に理解してもらいたいと考えたわけです。この事業への理解が会社から得られず，会社の中で私が孤立してもどうしようもないですし，また，私どもの会社だけではなくてこの事業に取組む各社が

「理念」を共有した上でこの事業に取組んでもらいたい，そういうふうに持っていくのがこの事業での代表企業の役割かなと思ってやっています。矯正に民間が携わることによって矯正が変わればいいという思いです

村井 その意識が共有されたというのは大変なことだと思うのですが．

歌代 そういう共通意識を持ち運営にあたるような提案を実はしていますし，それを今まさに地域も含めてやろうとしているところです。

吉野 ちょうどその時期は，矯正が批判された直後だったので，各企業の方々も矯正を変えようという思いで役員会の皆さんを説得していただいたようです。

地域と矯正への理解

福田 逆に，旭町も代表企業の大林組にそういうかたちで説得された側面，つまり，社会的な貢献なり，矯正なりに民間が入っていくという価値をも見据えながら，起業を促進していくという点で共通の意識が持てたという側面もあるのでしょうか。

佐々木 PFI刑務所が運営されるにあたっての地域との関わりという点で，法務省から地域の人材資源，地場産業等の活用を示唆されたところがありまして，まず地元として何が可能かどうか，関係機関が一緒になって提案をした経緯があります。美祢と違って受刑者の構外作業がありますので，例えば農林水産業を活用して，受刑者の処遇の改善と地域の活性化をセットにして，お互いがよくなるようなかたちで「こういうことができます」という提案をしました。

また，大林組が法務省に提出した入札提案の内容に本当に驚いたのですが，ほぼ自治体として，地域として考えていた内容を上回るような内容だったのです。それまでは「地域とともに」ということでお互いアイデアの話をする機会はありましたが，ここまで地域のことも考えていただきながら，地域と刑務所が一体となって，この島根あさひから情報が発信できるということに関しては，見事に意識が合致したと感じています。

吉野 二つ目の事業のときは，入札提案の仕様書を出す前に，地元から受刑者の職業訓練，矯正教育，刑務作業など，改善更生に資する何か資源を出していただけないかというお願いをして，それを入札の仕様に取り込むことにしました。ですから，最初の企画の段階から，いろんなものを地元から出してもらい，その上で，これを民間企業としてどう具体化するか検討していただいたことになります。

サービス業とか製造業の方々は，まだ受刑者の就労，雇用にはなかなか積極的になってもらえないところは当時もあったのですが，農林水産業の方々は，いろ

んな事情があって犯罪に陥ったかもしれないけれども，自分たちと働いて更生し，更生したときにはぜひ自分たちとまた一緒に仕事をして，まともな社会人になってもらいたいと，漁協の方，森林組合の方，農協の方，皆さんが言われて，温かく豊富な提案を出してもらいました。

福田 PFI 特区としてやったから，まさにあそこには「共生」という言葉は出なくて「活性化」だと。やはり経済効率しかなくて，参入企業もそうであり，法務省も過剰収容の対策として，仕方なしにやったのかなと思っていたのですが。要するに行刑改革という視点から見ると開かれた刑務所，そして地域との共生というようなことが正面から出てくる。でも，過剰対策という点なり，行刑改革なら，必ずしもPFIを選ばなくてもいいはずだと私は思うのです。そのPFIを選んでそれが見事にPFIであるが故に企業も，誘致したところも，法務省も同じ処遇理念を共有するところまで行っているというのは，ちょっと想像すらしてなかった。そこまで良く取ってよろしいのでしょうか。それともわれわれは騙されているのでしょうか。

吉野 企業の方は，利潤追求が企業活動ですから，その側面は否定できないのでしょうし，自治体の方は，地域の活性化という使命を背負っているわけですが，受刑者の社会復帰に役立ちたいというハートの部分は三者とも実は同じところだと思うのです。

第2部 日本版PFI刑務所をどう構想したか

官民協働

福田 官民協働という非常に特殊な体制の中で，どのような問題が起きているのですか。最初に吉野さん，官民協働は世界に例がない方法ですよね。

吉野 当初，私たちも刑務所のPFIについては英米の仕組みしかわからなくて，完全に民間にお願いして，私たちはモニタリングだけするという仕組みしか知らなかった。ただ，これは日本にどうしても馴染まないだろうと。取り入れるにしても日本に馴染むのは何だろうと思ったときに，参考にしたのはイギリスの病院のPFIでした。

　コアな業務は医療関係者が行って，周辺の業務を民間に委託する。これを日本の刑務所のPFI方式として導入できないだろうかと思いました。当時，日本でも高知の病院でPFIが始まっていて，病院と同じような仕組みというと民間事業者も入ってきやすいのではないか，矯正職員にも説明がしやすいのではないかということで勉強しました。イギリスの当時の内務省の方から，フランスがもしかしたらイギリスの病院PFIと同じような刑務所のPFIをやっているのではないかと聞いていたのですが，私たちはなかなか情報がなくて，赤池さんが書かれた論文にそのとき出会いました。フランスにこういうのがあるということで，英語で書かれたフランスPFIの文献をいろいろ集めて，官民協働方式という，クライアントとサプライヤーの関係ではない，パートナーの関係を知り，この方式ならいろいろなことができると考えました。

　ただ，業務の範囲はフランスと日本はだいぶ違いがあり，フランスは政治的な問題があってだいぶ民間に出せる範囲は限定されたのですが，純粋に行政法等の枠組みで考えると，日本ではもう少し広い範囲を民間に出せるだろうと考えました。結果として，美祢ですと50対50の民間委託ができるようになりました。

赤池 確かにアメリカ型，フランス型という分け方はあると思いますが，いずれにせよ，刑罰権自体を民間企業に委託している国は世界中のどこにもないわけです。そうすると，問われているのは，刑罰権の執行の「ある部分」を民間に委託するのかどうかだと思います。問題はその「ある部分」がどの範囲に及ぶかでしょう。

　そういう目で見たときに，今，ご説明の中にもありましたが，ひとつの施設の中で民間職員に依存する率を，例えば美祢では50％程度に置いている。フランスでは15～6％です。しかも，そこに至るまでにフランスでは立法が行われています。

その立法の過程で，政府の民営刑務所の提案に対して憲法上の疑義が提起され，国が民間に委託できない権限として，施設の指揮管理，名籍の管理，それから保安，この3種の業務を民間に委託できないことが確認されています。要するに，民間に委託できない業務を確定し，それ以外を民間に委託するという方式を採りました。
　ですから，立法の有無，業務による委託範囲の限定の有無，そして，実際の民間への依存率等，このどれをとっても日本とフランスの間には大きな差があり，私どもが一番気にしている点ですが，日本の場合はすでに民間への依存率がフランスよりかなり高く，今後も委託の範囲が柔軟に広がるのではないかという危惧があるわけです。また，その可能性を念頭に，職員の数が想定されているようなところがあるように思うわけです。
　私が疑問に思っていたのは，そうしたときに，これをフランス流だと言うことにどんな意味があったのか，何の合意を得たかったのかということです。

吉野　フランス流という表現をとりましたが，実は，事業方式はもともと日本流でやりたかったのです。そこには夜間の収容監視を民間にお願いしたかったということがあります。夜勤職員を民間に委託することができれば，少ない職員の増員を抑制できる訳で，ここは何とか委託したかったという本当の理由があります。フランスでは，その部分は民間委託していないのですが，フランス流だと説明したのは，規制緩和の要請と国の権限からの要請とのせめぎ合いの中で，この問題には党派ごとに色分けできない意見の広がりがあって，「できる限りのことはする」が「やるべきことは国でやる」というバランスが求められていたからです。フランス流の方法だという説明はその意味で有効でした。
　もう一つは法制的な観点です。フランスは，当時，左右共存政権時代が始まった時期で政治的な議論の影響を強く受けたわけですが，法制の側面からみれば恐らくドイツと同じだと思います。ドイツにも何回か勉強に行ってヘッセン州の立法担当者や担当の検事からお話をうかがいましたが，ドイツでは法制的に収容監視，機械での監視もそうですし，人での監視も民間に任せられる範囲だろうと考えているようです。ドイツ行刑法の規定を根拠にできるだろうという判断だったようですが，やはり政治的な理由があって運用上そこはやめているとの説明でした。そこで，我々も自信を持って法制的にそこまでは委託できるだろうと考えました。

民間委託の範囲

村井 夜間の監視業務について，矯正の OB もそこまでやるのはかなり危惧を感じているわけです。私としても，警備を民間に任せるというのでちょっとびっくりしたのですが。夜間の警備業務は，確かに人は少なくなるでしょうけれども，まさに公権力の執行のある意味での根幹に関わるところで，法制的に OK だと言えるのか。事実行為だったら別ですが，問題が起きたときの責任も含めて果たしてどうなのか，かなり疑問に思いますが。

吉野 特に，夜間の監視の中身ですが，まず，見ている，そして，何かあったときにしかるべき判断ができる職員へ情報伝達を行う，この部分は，ある意味で警備の監視カメラと同じ役割です。これと別に，実際に何かあったときに対処する，判断する人がいるわけです。今の刑務所で言うと情報伝達を行う部分は，夜勤職員で若手の職員が行っているわけです。そして，判断するのは夜勤部長と言われている看守部長や副看守長で，工場担当もやった経験のある職員が行っています。そこは機能を分けてこちらも民間にお願いして，判断を行うところはこれまでどおり国の職員が行う。美祢ですと夜間も国の職員はいます。

村井 それは監視カメラのそばに職員，刑務官も一緒に見ているというかたちですか。それともどこかに待機していて，何かしら異変があれば出動するという形態ですか。

吉野 本当に監視カメラのあるところの非常に近いところにいるのですが，実力行使する部隊としても活動しますし，美祢ですと受刑者から「セルコール」というナースコールと同じような電話で連絡を受ける仕組みがありますから，そこで必要な指導を行います。

村井 夜間巡回も含まれるわけですね。

中島 国の職員も監督巡回的な業務はしています。要求水準上は，夜間巡回警備は民間警備の人が巡回をするということで，異常の有無を確認することとされています。

赤池 ドイツの場合ですと，業種を限定した上で官の人間 1 に対して民間の人間 2 という比率を，どうやら机上に置いてバランスを考えている節があると聞いています。ただ，先ほど触れた点ですが，刑罰権自体を民間企業に委託している国はどこにもないわけです。ですから，各国の委託形態に違いがあっても，それは，どの範囲を委託するかという一直線上の問題になります。そうすると，アメリカ流の

完全委託をしている国と，ドイツ，フランスのように業種を限って民間委託する国の違いはどこから生じるのかが気にかかるわけです。

　日本の刑務所は，刑務所完結主義と言われるように，刑務所の中のことは，原則的に刑務所で対応しようとします。例えば，医療であれば，刑務所には自前の医者がいて，自前の看護師がいることが前提とされます。しかし，他方で，戦後の行刑は，施設と社会との連携を重視する行刑の「社会化」が一つのキータームとなって進められてきました。ただ，この社会化の進行は二つの段階に分けられるように思うのです。ひとつは完結主義を維持したままでの社会化，つまり，刑務所内の処遇水準を部分的に外の生活水準にできるだけ近付ける途中にある段階の国です。もうひとつは，端的にヨーロッパの非常に少ない国を念頭に置いていますが，完結主義を撤廃して，外の一般法の要請，あるいは社会の一般的制度をそのままできるだけ施設の中に入れる，町の普通の医者が塀の中でも診るとか，公立学校の教師が刑務所でも教える，あるいは，塀の外の社会保障の仕組みをそのまま中でも適用する，そういう社会化を進めている段階です。

　非常に大雑把な言い方ですが，いろいろな政治的・経済的な理由の中で民営化という問題が登場したときに，その国で行刑の社会化がどちらの段階にあるかで，完全委託に近づく国と部分委託に近づく国とに分かれると思うのです。というのも，既に社会の一般制度が施設に入り，施設生活が部分的にであれ一般制度によって築かれている国では，関心は委託できない部分はどこかに向かい，結果的に部分委託となるはずだからです。

　そう思って日本の行刑を見たときに，やはり完結主義のなかで外の水準に近付けるという段階の途上にあると思うのです。そうであれば，民間委託を導入すれば委託の範囲が次第に広がっていくのではないか。外見的にはフランス型，業種分割型と言いながら，内容的にはアメリカ型，完全委託型にどんどん近づく余地はないかが懸念されます。

　そこで伺いたいのですが，PFIの事業者の職員として施設の中に入っている職員に対する指揮命令系統ですが，例えば，フランスの場合は業種ごとに違いますから，民間職員はPFI事業者の指示しか受けないかたちになります。政府と企業との間の契約を経て，いったん民間の仕事となったら民間の指揮命令系統ですべて動くわけです。日本はその点が少し曖昧な印象を受けます。しかし，民間の職員が日常的に「施設長による無制限の指揮監督に服する」わけではないのですから，彼らが誰の指揮命令系統に入って，誰の指示を最も重んじるのかが，実は完全委託になるか部分委託になるか，その方向性を考える上では重要だと思いま

す。具体的な例を挙げれば，「逃走した被収容者の収容のための連れ戻し」は官が行うとされますが，「被収容者の行動の監視及び警備」を直接的な物理力の行使に至らない範囲では民が行うわけです。その際，民間の職員は誰の指揮命令下に入るのかということです。

太田 基本的には民間の方は，民間の責任者の指示命令系統に入ってきます。特に官から指揮をされることはありません。

赤池 しかし，想定例としては，脱走への対応として，民間職員は物理力を行使しないということで，私どもから見ると非常に不自然なのですが，警備に当たっている人間が周りを囲むだけで特に身柄を拘束しないと説明されます。官民の業務内容の分割に非常に厳格であることは，それはそれでお考えがあってのことと思いますが，あの場面で実際に身体を拘束する官の人間が，一切民間の職員に指示なり，命令なりを出さないとは考えにくいのです。例の特区法の11条に書かれている各行為ごとに，それぞれ検討を要することだと思いますが，実際にはやはり刑務官が指示すれば，民間の職員はそれを無視できないと思いますが。

太田 実際細かいところになれば，支援という形でそういうことはあるかもしれません。

村井 民間の職員の位置付けにも関わっていると思います。吉野さんが書かれているものなどによると，「みなし公務員」というかたちで公務員と同じように公務執行妨害罪等が適用される。そうすると周りを取り囲んだが，被収容者が抵抗をした場合には，公務執行妨害罪で現行犯逮捕ができる，あるいは正当防衛ができることになり，結局は，公権力の行使と同じかたちになっていくわけです。その辺りが実際問題として何も手出しができないとなったら，周りを取り囲むことすらできないですから。

赤池 フランスの場合であれば，先に民間の職員が取り囲むとか追いかけるということがそもそもないわけです。例えば，作業の指導に民間の職員が入っていますが，当然その周りに国の刑務官がいますから，問題が起きたときに，例外もあるでしょうが，論理上の前提としては常に国の刑務官が一番先に駆けつけることになっています。その辺で協働関係がその二者の中であり，具体的な事態を前にして協力しないわけにはいかないだろうし，それが日常化していったときに，結局，全面委託とそう違わないじゃないか，結局，所長の指揮命令下に民間職員が入ることになるのではないか，と思うのです。

非常時と協働体制

吉野 非常事態でも，必ず民間としてどういう役割をやってもらうということは細かく仕様に決まっているので，具体の指揮・命令は現場でなくてもうまくいくように建前上はなっています。ただ，場合によってはそういうことはあり得るかもしれません。あと，実力行使の点で，例えば，みなし公務員で公務執行妨害罪が受刑者による暴行行為に対して適用できるようになっていますから，仮にそういうことがあったときには，公務執行妨害の現行犯として逮捕される。警察が民間委託している駐車監視において，このような事案がいくつか起こっているようですが，あれと同じものを想定していました。

赤池さんが言われた「施設長による無制限の指揮監督に服する」との「包括的指揮命令」は，特区法の行刑施設の長による指示で，細かく書いている仕様に従わない業務が行われたときに，行刑施設の長が事業者に対して指示できるという規定です。この場合，実際には，所長の名の下に刑務官の責任者が民間事業者に指示をすると書いていますが，法人に対してではなくて，管理者に対して指示をするということです。

労働者派遣ではないですから，契約を根拠に指揮命令はできません。ただ，刑務所の管理上必要なことは出てきますから，特に仕様に従わない不適切な行為を行ったときにちゃんと指示できるようにということで，法律の規定を書いています。

赤池 日本でこういう制度を官と民とで協働して行うには，実はなかなか難しいものであると思っています。アメリカ型とフランス型の業務分担の違いを説明するために，法務省の方がお使いになった図では，フランス型の説明として国の所長が民間企業の職員に直接指示を出すように描かれています。あくまで図示化の問題かもしれませんが，国から指示を出すとすれば，企業側の責任者を介して，企業側の責任者がその下で働く民間職員に指示することになると思うのですが。

吉野 フランスでは，法律の規定上は，指示は民間事業者が行うことになっているはずですが，指示の中の一形態はデクレに書いてあって，不適切な職員を排除することができます。そうした規定があるので，指示というのは事業者に対して行うものですが，職員個人をターゲットにできるわけです。

赤池 それは国と企業の間のあくまで契約上，違約行為のあったときの指示ですね。

吉野 何とかそこを私たちも言いたかったのです。特区法を作るときに違約行為があった場合にその職員を排除できるような前例がないかと調べたら警備業法に

ある。公安委員会が警備員を警備業務に就かせないという規定がありまして，それを例にして特区法の中に書きました。それもフランスのデクレと同じようなものが作ってありました。

村井 逃走があるというときに周りを取り囲まないで，それは自分の仕事ではないからというような職員が出てきた場合に，それは国としては契約違反ということになりますね。

吉野 そうですね。立ちはだかりをしていただかなくてはいけないですから，その仕様に従わないということで，最後どうしてもやらなければ特区法の規定に基づく所長の命のもとに，その職員を外すわけです。

村井 そのときにやはり第一線に来るのが公務員ではなく，民間職員になってしまうというところの問題があるわけですね。

中島 イメージ的に美祢で現実にやっている収容形態がどうしても情報として先行しているわけです。私の個人的な意見では，例えば同じ対応がB級施設にまではいかないと思います。

　B級施設運営に携わるとしたら，かなり国の職員の比率を高くしなければ無理だと思います。ただ，どうしても例外というべき美祢の様子が先行してメディアには取り上げられるわけですが，赤池さんが心配されている点は，逆に言えば，アメリカ的な民間刑務所に近付いていくのではないかということだと思いますが，われわれ刑務官の肌感覚では美祢が一番緩いわけで，あとはどんどん刑務官を増やす。そうしないと収容が保てないと思っています。喜連川では7対3ぐらいの比率で刑務官のほうが多いわけです。それが現実です。

赤池 業務委託の内容としても，今の美祢や島根あさひが50％，それが最大値だと考えてよいということですね。

中島 現場を預かる立場からすれば，いろいろな事例を想定する必要があり，危機感が消えることはありません。個人的にはもっと国の職員がほしいとも思います。ただ，職員数についても，与えられた条件の中で頑張るのが前提ですが，職員配置の効率化という議論の俎上に乗ってはいかない話だと思っています。

業務効率とリスク分担

赤池 民間に委託する業務は，元々，業務として分割されていたものではない。公務員でなければできないものと民間の職員であってもできるものとに，ある程度無理に一つの職務を割っている印象がどうしてもあります。それは否定しがたいと

ころだと思います。そのときに分割したことで逆に業務の効率性が落ちることはないのか。また，分割して企業に委託できる部分を明示したにもかかわらず，リスク分担では民間委託した部分であっても，国が主たるリスクを背負う部分が多々ある。この辺りはいかがですか。

中島 運用を開始して約2カ月です。はっきり言って現場ではまだわからない部分が多いわけです。ですから安直にこの場面でこうだと言える状況ではないことを前提で聞いていただきたいのですが，私自身は組織法的な見方を強くしていますので，そうした観点からは事務はどこかで分掌できるわけです。0.1人分の業務をAさんがやるのか，Bさんがやるのか。もしくは，Aさんがある日やる，Bさんがある日やるという方法もあるわけです。そういった面では，こと美祢に限っては結構大きなユニットで民間に分掌しているので，分けたことによるデメリットを私自身は今のところ感じていません。

つまり，繰り返しになりますが，1人工でなければどうしてもできない業務はそうないと思います。そこをAさんが半日やる部分，Bさんがもう半日やる部分という意識で考えていけば，原理原則としては全部できるはずです。それ以上にやはり1人工，2人工，3人工という部分ですっぽり業務を渡しているので，今のところは，特に現場の意識としてはその辺の弊害なりデメリットは感じていません。

逆に，リスク分担については，現時点ではまだよくわからないというのが本当です。われわれは施設運営の経験がありますが，実際の領置事務にしても民間委託した部分が予定したより手間が掛かっているかなという部分はあります。しかし，これは慣れの問題だと思います。そこは遅かれ早かれ一定のレベルに達していただく，マンパワーが足りないときにはマンパワーを補充していただく。ですから，官側が施設運営に支障が生じるという事態を想定する必要は今のところはないと思ってはいます。

福田 面会の際の立会いはどうですか。すべて官が行うのですか。
中島 すべて国の職員が対応します。

職員の雇用

赤池 先ほど村井さんの話に出た公務の公正性とか客観性をどう保つかという点ですが，これが今の問題の裏の問題としてあると思います。そこでは，みなし公務員，守秘義務という説明がされますが，一定の客観性，公正性を要する職務を預ける際に，通常一番に考えなければいけないのは，雇用条件を含めた身分保

障の問題です。PFIの中では業務水準として要求水準を出しますが，そこで何人配置しろという話は出てこない。

　特にアメリカで問題になったのは，事業者がある時期に種々の文脈の中で経費の削減を迫られる際に，他と比較して削減可能性の高い人件費がターゲットとなるケースです。それが当然に受刑者の処遇に跳ね返ってくるわけです。同じ職場にいて非常に密接に関連した一つの職を二つに割る，三つに割るというかたちで業務を行う際に，民間の職員だからといって，公務員と比較してそうそう劣った給与体系でとはいかないのではないかと思いますが，どうですか。

太田　公務員と同じ給与体系にしたら破綻します。みなし公務員ということで，特に公務員のメリットがあるかというとメリットはほとんどなくて，逆に，守秘義務を負う。これも仕事の性質上そういうものだという理解でやっています。要求水準からみて，また，モニタリングによって，委託された業務の遂行が十分でないということであれば，われわれのリスク負担で人を増やすなり，質の高い人を充てることが契約社会の中で事業者の義務になっていますので，怠ったときにはモニタリングのところで引っ掛かるようにできています。われわれはリスクをも含めた事業だと思っています。

村井　人件費というのは一人雇えば300万から500万とかなり大きいですね。それは契約で設定された枠の中で事業者側が負担せざるを得ないわけですね。

太田　人件費は競争入札の性質上，ある一定レベルのところにやはり収束するのではないかと思っています。例えば仮に300万円としても，その人に10万円余計に払いましょうと。仮に200人いれば，年間2,000万円です。18年間では4億円弱になります。そのくらいになると，競争入札で結果がひっくり返ることになる。従って，神の見えざる手の決めたある一定のレベルになってくると思います。

赤池　国の方々はその辺の不安はないですか。つまり，お金の話は民間企業に任せて，自分たちの方は公務員の削減という要求を充たすことになるわけですが，やはり，それではいろいろ問題があるでしょう。

吉野　不安はあります。身分保障を本当は与えられればいいのですが，そうすると公務員を増やすのと同じですからこの場合できないのですが，同様の効果を持ってもらうために，美祢ではモニタリングを詳細に決めているわけですが，離職率を高めないことをモニタリングの項目に含めたわけです。

　英米でもPFIの刑務所でうまくいっていないところは，多分突き詰めれば離職傾向が高まることで処遇技法が身に付かない。それで十分な処遇が行われずに不適切な事案が起こるということですから，離職率を下げることが重要です。刑務官

よりも少なくとも低く，あるいは，せめて刑務官レベルに止めたいわけです。しかし，離職率を高めないためにはやはり待遇をよくしなければいけない。そうすると，公務員と同じような身分保障と給与待遇面の保証をしなければいけないことになるはずです。

赤池 モニタリングとして離職率という数字を上げて，それによってバランスを取ろうということですね。

村井 事業期間20年というのは長くないですか。モニタリングの結果をどう反映させるかですが，5年間ぐらいで，モニタリングの結果を踏まえて再契約する方が良いのではないですか。

吉野 恐らく運営だけの民間委託をするとなれば，5年から8年ぐらいが適切だと思っています。BOTになると建物が決まっていますから。

歌代 5年から8年の運営委託だと民間としてのメリットは少ないと思います。おっしゃる通り，長い期間にどれだけ低い離職率を維持していけるかは，必ずしもコストだけではなくて，プライドとか，研修のスキームとか，昇格していく仕組みとか民間の工夫が大事だと思います。

　ただ，離職率という意味では，臨床心理士の方など資格を持った専門のスタッフの方は，一つのところに留まって仕事をする方が多いともいえないのではないでしょうか。例えば，このPFIによる刑務所を一つのフィールドとして，次のステップに進むということも専門のスタッフの方にはあるのではないかと思っています。ですので，ここで採用した人が事業期間中，18年間専門スタッフの長として何人残ってくれるかちょっと分からないところがあります。警備はちょっと違うと思いますが，受刑者教育など処遇で必要とされる心理技法などのノウハウは年々高くなっていくでしょうし，例えば，海外の事例を研究したり，学会に参加するとか，そういうことで水準を上げていかないと，十年一日のごとくやっていても，多分その人の進歩もないし，施設の処遇自体も進歩しないと思います。そういう意味では工夫が必要だろうと考えています。単に離職率を下げるということでは十分ではないように思います。

太田 離職というものを考えると，ほぼ社会の縮図を見ていると思っています。不幸にも就職先が倒産して応募された方や，今までの待遇，境遇を向上したくてステップアップして採用された方，そんなかたちで来た方々はモチベーションが高くて続くのです。しかし，履歴書に職歴が何行もあって，ちょっと嫌になるとすぐ辞めたという方はやはり辞めていきます。理由はいろいろです。人間関係とか仕事がきついとか，受刑者に対面するという部分を理由に挙げる人もいますが，基本的

には，やはり辞めるべくして辞めていくのでしょう。

警備体制

福田 民間職員の待遇の話が出ていますが，官の職員や刑務官から見ると，「民間スタッフはわれわれの補助者にすぎない」というかたちで一段下がった目で見ることはありませんか。受刑者は当然敏感にそれに気付きますから，受刑者も「この人は補助者だから」と見る。そうすると，鼻であしらうような扱い方を受刑者もし始めることにもなり，職員がプライドも失うことになるのではないかと思うのですが，どうでしょう。

中島 民間スタッフという括り方が適当かどうかわかりませんが，警備の方だけではないわけです。施設には，かなりの数のパートの方，市立病院に管理委託している医療スタッフ，職業訓練をお願いしている方等，いろいろな方が入ってきています。センターの職員として採用されている民間の方々に対しては，国の職員は，例えば一般の刑務所で言う技官，民間協力者，講師といった同じ意味付けを強くしています。

警備に関しては同じようにユニホームを着ていますので，そういった上下関係的な意識が生じるかなと思って見ているのですが，制服はそれぞれ着用していますが，よく言えば全く違う集団で，その集団間で業務が分担されているとみることもできます。施設管理運営という点では同じ方向を向いていますが，それぞれがそれぞれのセクションで仕事をしているという意識で，「下請け」的な発想で見ることはほとんど起きていないと思います。個人個人がどう見ているかはわかりませんが，組織全体としては自分たちの補助者という意識はほとんどないと思います。

太田 警備に関して言うと，人の配置について考え方が根本的に違うところがあって，民間はぎりぎりのコストで運営していこうとする。基本的には異常があったらしかるべきところに通報してわれわれの業務は終わる。ところが，国の刑務官は通報して誰かがやるというのではなくて，異常が仮に起きたとしたら自分たちで制圧できるというところまで人を配置しているわけです。業務の範囲も違いますし，配置の考え方も違う。警備に限らずわれわれも国とのやり取りの中で，時々ちょっとした行き違いが発生します。そのときは中島さんのところに行って，いろいろな微調整をしながら進めています。

赤池 刑務所というところは，美祢がスーパーAを収容するところだとしても，いざ何かあったときに役職だの持ち場だのにかかわらず，一丸となって対応できる目

に見えない結集力というか，そういう力が非常に求められる職場ではないですか。そこで例えば同じ警備であっても，「私は通報しましたから」という話で済む職員を，今後，刑務官の方がどういう目で見るかが気にかかるのですが。

太田 通報したから終わりというのは美祢のケースではなくて警備員一般です。警備員は，とにかく異常を見つけたら警察等に通報してそこで終わりです。犯人を現行犯逮捕はできます。でもそこまで自分の身の危険を冒してやって誉められるかというと大抵叱られる。それは警察の役割であると。美祢のセンターの中では，自分がその場にいたら，受刑者と接触しない範囲で人を呼び対応する，これは定められた業務の中に入っています。

福田 受刑者の側から見たら，同じ警備をしていながら，「あいつは与しやすい」という意識を持ってしまうことはありませんか。

中島 受刑者との間の物理的な距離感が違うはずです。殊に美祢の役割分担としては，民間の警備員と受刑者の間には会話が原則あり得ませんから，それこそ籠絡というようなかたちで，そこでなにかが発生する余地はない。逆に言えば，話していたらそれ自体が異常な事態です。

村井 ただ，巡回のときに接触はあり得ないですか。

中島 原則としてはあり得ません。積極的に警備の方が話しかければ別ですが。受刑者の方から話しかけてきたら，警備員は対応できませんという。セルコールという別のコミュニケーション・システムがありますのでそれで対応する。業務が完全に分離していますので，受刑者側からなにかあるとか，だから刑務官の方に権力があるとか，そうした問題が発生し得ないような仕組みには一応なっています。

村井 職員は巡回してくるけれども話しかけても全然答えないというようなかたちでは，かえって被収容者にとって非人間的にならないでしょうか。基本的に人間的な接触の中で刑務所は運営されるべきだと思いますが，人間がいるのに話もできないということはどうでしょうか。

中島 距離的には昼間は遠い距離にしかいません。夜間の居室巡警のときに距離的に会話できる距離にいるぐらいです。ですから，コミュニケーションを取る場面があり得ない。そういう業務分担ということで警備をしていただいています。人間的な接触等は，工場担当が従来の工場担当的な役割で，いわゆる矯正処遇をして彼らの心情把握をして指導するというスキームになっています。

工場担当制

赤池 工場担当についてはこれまで賛否両論ありますが，この局面ではそのメリットの部分，つまり，職員が，親の子に対するような文字通り親身な処遇を行い，彼らが受刑者から「おやじ」と呼ばれるような関係が，美祢の新方式においては損なわれるのではないかとの懸念を聞きますが，担当制が少し変質するということは考えられませんか。

中島 これもまた肌感覚のことで恐縮ですが，すでに担当制は変わってしまっています。20年ぐらい前，私が府中刑務所で勤務していた頃の担当制は，50人が限度と言われていました。場合によっては，B級は30人とか40人が限度という話をしていたこともあります。それが今は100人を見ている。そういった面から赤池さんが意味する「担当制」は残念ながら現実の現場ではどうなっているのかなということはあります。

しかし，日本行刑の中の担当制の果たしてきた役割から捉えてみれば，大きな意味での国親思想的な発想が美祢には非常に多いわけです。衣食住，生活環境にしても面会の無立会とか。本当に彼らの自立性を促すような国親的に面倒を見てあげようというのがまず根底の施設運営の中にあると思います。

翻って，各訓練室では基本的には従来の刑務所における工場担当がいます。しかもプラスアルファとして，意識的にチーム担当制をとろうとしています。この中には民間の方も，要は，小学館プロダクションの心理のスタッフとか教育のスタッフなどですが，サポートする立場で参画していただく予定です。また，作業の場でも，セコム作業の方にいわゆる技官の役割で入っていただきます。

赤池 それは，セコムの職員の方で警備ではなくて訓練や作業指導を行う方が，担当の一部の役割を担うということをやるということですね。

吉野 一人に集中させないでチームでということです。みんなで話し合って受刑者を評価していく。

中島 新法になって，いわゆる工場担当が処遇評価をしなければならないかたちになっています。その部分が現実問題いろいろな負荷が掛かっていますので，そういったところの作業成績とか諸々の生活状況をチームで評価していこうということを考えています。

赤池 チームという側面が出てくると思うのですが，刑務官だけではなくて民間の職員が矯正処遇という行刑のコアな部分に入るということになるわけですね。

吉野　最終的には，それで評価をする権限というのはしかるべき，恐らく部長クラスの職になるのでしょうが，専門家がアドバイザーとしていろいろな意見を言っていく。その専門家は必ずしも日の丸を背負った公務員である必要はなくて，餅は餅屋の専門家が入れば，よりいろいろな視点で評価ができます。

赤池　その場合，民間職員が担う担当の業務の内容はどんなものですか。

中島　面接とか評価の部分とか，新たに新法下の要請でいろいろ付加された担当の部分です。従来であれば，時間的に余裕があれば担当が個別面接することができましたが過剰収容でできなくなった部分を，例えば，小学館の心理の人にやってもらうのです。それをまた担当のところで集約をして，つまり，一人一人の受刑者の処遇に関する情報を集約，評価して必要な手立てを講じる仕組みを作りつつあります。それが，逆にPFIのメリットだと強く思っていますので，どんどんいろいろな意見を言っていただきながらつくっているところです。

研修のあり方について

赤池　研修のあり方ですが，そうすると民間の職員の研修は一般的には語れなくなってきますね。いろいろな局面を想定してバリエーションをつけて，どういう研修の仕組みを事業者は用意するのでしょうか。民間職員の研修については国の方でも携わるわけですか。

吉野　携わりました。

赤池　事業者の方でもっぱら行う研修もあるわけですか。

太田　両方あります。

中島　警備業務従事職員に対する研修，作業業務に携わる職員の研修，やはりそれぞれのディメンションによって変えていくしかないですし，逆に言えば，心理・教育の方々は専門性が高いわけですので，われわれの方でそれらのノウハウをいただきながら，どういうふうにそれを現実の場面で調整していくかということになると思います。

赤池　業務の特化とともに，局面を特化していくということはあるかもしれませんが，一般の刑務官に行っている研修と内容的には同じものになるのではないですか。

中島　ちょっと先生の趣旨がわからないのですが，基本的な法令についての理解，要は作用法上の理解をしていただく必要はあるのでそれはします。例えば作業の担当業務の人は，それぞれの通達訓令まで理解していただき作業の安全指導をす

るかたちになります。そういった面ではいわゆる国の職員に対する研修と同じものをする必要はないと考えています。

村井 オン・ザ・ジョブ・トレーニング（OJT）というのを強調されていますよね。今の赤池さんの話は，そのOJTは具体的にはどういうかたちなのかということだと思います。

吉野 事業開始後は実際はやりながら進めていますが，始まる前は心理・教育の職員は川越少年刑務所で，名籍事務など総務系の事務に携わる職員は山口刑務所で，警備は山口刑務所，岩国刑務所などでOJTを行いました。

中島 刑務官に対する研修として同等の研修が必要となるのは基本法令等，作用法上の話になります。その他は，施設運営で与えられているポストに必要なものは座学的なものはありますが，あとはOJTもしくはそれぞれのセクションにおいて職務研究会をやっています。私が責任を負っているセクションに関しては，それぞれ週1回持ち回りで職務研究会をするようなかたちで実際の研修もさせています。

村井 それは刑務官についてもということですか。

中島 刑務官についても一緒です。

赤池 私が気にしていたのは，民間からの職員と国の職員という多様性を取り入れるにしても，彼らに対する研修や訓練が現場で求めるノウハウやスキルが同質のものになるとき，一つの命令系統の中で対応できる職員を育てていることにならないでしょうか。また，範囲を限るとしても，これまでの矯正職員に対する研修がそれぞれ行われ，先ほどのチーム担当というようなかたちで，実際に受刑者の面接を行ったり評価を行ったりするのであれば，違うのは雇用体系と身分保障だけという側面はないかというものです。

中島 赤池さんの質問は，おそらく警備の職員を念頭に置くものだと思いますが，警備業務に従事している職員がイコール心理カウンセリングや教育等に従事するということではなく，面接は小学館プロダクションの方で，例えば臨床心理士の資格を持っている人，改めて特別な研修を必要としない人たちは警備の方とは違う雇用体系だと思います。

太田 そうですね。そのエリアの労働市場を参考に決めているはずです。

中島 各専門職域ごとにそれぞれの標準的なペイはあって，逆に言うと刑務官の方が安いのかもしれない。

太田 たまたま私がセコム出身なので，セコムの警備とか総務とか作業の俸給については知っているのですが，小学館プロダクションの教育とか職業訓練については知り得ない立場です。

第3部　受刑者とどう関わるべきか

刑務官の役割

福田 刑務作業とか職業訓練とか，さらには矯正教育というものはほとんど民間になりますよね。その部分で私が心配しているのは，刑務官の「俺は拘禁者じゃない，教育者だ」という職業的な誇りです。担当を含めて，受刑者を改善する喜びが，従来，非常に強調されていたような気がするのですが，それはどうなるのでしょうか。

中島 そこは国側としては非常に危惧しているところです。そのモチベーションが落ちないようにどうするか。ですから，チームとしてもコアになるのは刑務官で，情報を刑務官のもとに集約し一元管理してその中でトレーニングする。それがまさに担当の醍醐味だと思うのですが，そこはやはりある程度，刑務官に対する役割付与を残したままにしています。

福田 担当といっても，ユニットが60人になりますと……

中島 一杯一杯になるところで，有り体に言えば手足が少しでき，チーム担当というかたちで，民間スタッフも評価や処遇の意見を述べるようなグループを作ったということです。

福田 例えば，職業訓練の場合でも，民間の人はあくまでもアシスタントですか。

中島 いえ，主体的に指導者というかたちではやります。ただ，通常の刑務所の職業訓練は，工場担当ではない指導者，官の作業技官がやりますので。

村井 そうすると，今の形態とそれほど変わらないということになりますね。

中島 そうですね。そこが官だったのが民間の専門スタッフが来る。

村井 官のほうは全然関わらないことになるのですか。

中島 最終責任を負います。工場の受刑者のいわゆる生活指導等は刑務官の役割としてやります。ただ，例えば職業訓練のときには，職業訓練の指導をする先生が別にいるということです。

吉野 工場担当はクラス担任ですね。専門の教科は民間の先生が教えてテストまでするのですが，最後，通知表を付けるときにはクラス担任つまり官が行う。

中島 通知表で「生活の様子はこうです」というところまで責任を持って自分の管理を行うのが工場担当ということです。

民間の創意工夫の余地

福田 そういうふうに分かれている場合に，協働で行うことのメリット・デメリットが気になりますが，民間の人が創意工夫をして刑務作業を新たにするとかしないとか，そういうことはできるのですか。常に連絡をし合うわけですか。

中島 そうです。できます。

村井 アメリカでは，例えば教育官というのは日本で言うと文科省から送られていて，私が渡米したときには，教育官と所長が「やり方が悪い」，「おかしいじゃないか」と議論をしていました。その時，所長は教育官に対して「君は文科省だからね」と言う。つまり，系列が違うということで，言いたいことは言える状況がある。日本の場合，うまくそれが機能すれば非常にいいですね。外部の人は，給料を文科省からもらう，あるいはセコムからもらう。それに対して刑務官は矯正局からもらう。外部の人は，給料を矯正局からもらっているわけではないから言いたいことが言えるという点が，うまく受け入れられるような土壌が作れるのかどうか。

　先ほどの問題に関わってくるのですが，国の指揮命令にならないようにする工夫は何か考えているのですか。チーム担当の問題はそこだと思います。それぞれがそれぞれの専門で言いたいことが言えなければいけないけれども，国からこうだというかたちで被せられると新しいアイデアが登場しないことになる。

吉野 指揮命令は全くない。これは業務委託ですから指揮命令は絶対にできませんので，行っていないです。民間職員にも国の職員にも，われわれは幹部で就く方にもかなり研修をやったのですが，そこで「パートナーです」と。対等の関係にある専門家同士ですということを教えています。日本では不慣れな部分ですが，教育次第だと思いますね。

中島 ただ，少なくともこの2カ月，業務が実際動いている中では，それぞれのセクションごとに，お互いにこうしようと言ってもらっています。やはり改善更生させたいとの意欲は皆さんお持ちですので，そこの方向性さえ間違えなければ議論があったとしても，やはり，この人のためによくしたいと思えばここで一つですので，そこにどういうふうに持っていくのかというところの問題だけです。

福田 民間の創意工夫を生かそうという場合に，その人たちは企業側の指示系統に従いますよね。そうすると，やはりそこを通して官の方に連絡しながら創意工夫を実現していくのですか。

中島 業務担当者ごとの打ち合わせを毎日しています。業務責任者から，私も含めてですが，課長クラスの人たちが毎日ミーティングをして，そこでこういうことがあった，こうしたほうがいいのではないかという打ち合わせもしています。担当者ごとでも，どういうことがあったとか，お互いに注意しなければならないことの情報交換を毎日やっています。そういうかたちで情報は本当に普通の同僚職員としてやっています。ただ，ラインとしては，決定事項については上を通さないと決められないので，そこは意識してくださいとお願いしています。

赤池 意見交換の機会は持っているということですね。なんらかのモニタリングなどで，相互の仕事を評価し合うというような局面はあるのですか。

中島 そこはないですが，お互いに実際に同じ仕事をしていれば当然，具体的にこの人は仕事ができる人とかできない人かというのはわかってきますので，今度はそれをどういうふうに補うかという話になってきます。そういった面での評価はありますが，具体的にモニタリングのようなかたちで点数をつけるというようなものは何もありません。

福田 刑事施設視察委員会の行うチェックとPFI事業でのモニタリング，これはどう違ってくるのでしょうか。

中島 質的には，モニタリングはPFI事業がちゃんと責務を果たしているかどうか，任せた業務についてのモニタリングです。これに対して，視察委員会は施設運営の全体のことに反映するという違いだと理解しています。

電子タグ

福田 まだ処遇面についてはたくさんあると思いますが時間の関係で，実際に今行われている社会復帰促進センターでどういう処遇が行われているか。そこで見られる問題点をいくつか出してみたいと思います。まず，電子タグについて。

中島 これは受刑者の意識というか，職員も民間も含めて全部同じタグを付けていますので，多分そういったストレスはないと思います。寝るときはもちろん外しますし，昼間だけ付けて歩いています。われわれも持っています。民間の方は見えるところに持っていますので，そういった点でシステム的にはうまい軟着陸をしたと思っていますし，それに対する不服申し立てなどは聞いたことはありません。

太田 われわれ職員も安心なのです。私が非常通報を押せば私を探し出してくれるわけです。私としては持っていて安心なので，これなしではいられないというような気持ちです。

村井 美祢に入る被収容者についてはICタグを付けることを説明して，OKした者を美祢に送っているわけではないですね。そのときに新しい受刑者だったら別ですが，スーパーAだと普通は付けていないわけです。ある程度自由が認められるはずの人たちですね。

吉野 他の施設でいえば山口刑務所，大分刑務所，岩国刑務所などから移送してきましたが，当然その施設にいたときにはタグは付けていません。ただ，行動の自由はほとんどありませんでしたので，タグを付けることでここでは独歩もできるという説明をします。

村井 例えば，大井造船作業場とかは割合と自由ですね。私は大井を見たときに，ある意味感激したのですが，バケツの位置で受刑者の位置確認をしているわけですが，ああいうのはまだ人間的でいいなと思って……。

福田 昔の喜連川刑務所における開放処遇もタグは付けていないけれども独歩は許していましたよね。スーパーAというのはそういう人たちとは違うのでしょうか。

吉野 大井に入る受刑者と比べるとそんなに変わりはない。むしろ，大井の方がいいかと思います。大井は確かバケツとヘルメットの色で分かるようにしていたと思いますね。

村井 それと比べると，タグというのは画面上の点で確認するということで人間的ではないと思うのですが。

吉野 大井ですと40人ぐらいの受刑者を，しかも職員も10名程度で管理するのですが，美祢では約125人の職員で千人の受刑者を管理する。そこが違いますね。

赤池 外国ですとタグを職員に付けることに，職員の組合から労務管理になるのではないかという批判も出てくると思うのですが，その辺はどうですか。

中島 現実にはまだ問題になっていないので，出てきたときにまた対症療法的なことになるのかもしれません。ただ，それぞれの位置確認という意味では，やはり私

自身も太田さんと同感で，やはり自分がここにいる，逆に言うと見てもらっているという安心感はあります。特に，夜間などは，半開放のところは中に入ったときにはやはりある種の危機感・緊張感はありますので，そのときにはちゃんと自分の存在を確認してもらうのはすごく心強いと思います。

村井 他方で，喜連川に今度新しくできる施設は独歩を許していないから，タグも入っていないということですね。

被収容者像

赤池 美祢のタグを考える際に気になるのは，美祢と従来の開放施設がどういう差をもって位置付けられているのか。

例えば，制限区分で言えばどのような受刑者を念頭に置いているのか，市原なら独歩はもとより一定の自治活動をもさせているではないか，という点から考えると，特に美祢の構想がPFIの最初の事業であったこともあるのでしょうが，その後の島根あさひとは違って，いわゆる付帯事業のところでのNPOが支援する教育機関の運営，施設内外での受刑者と地域の人々の交流活動，産業や教育に関する自主性の尊重といった部分で，かなり制約的な対応を示したのではないかと，入札時のQ&Aを読むと思います。そういう点から美祢の位置付けを聞かせていただきたいと思います。

吉野 まず，女子受刑者に関しては，従来の開放施設に入っている受刑者とは質の異なった普通のWA受刑者です。それを抱えている美祢ですから，だいぶ制限的になっています。さらに初めての事業だったので，内部の抵抗感を和らげるために，ある意味で既存の刑務所以上に保安はしっかりさせることを示す必要がありました。

赤池 スーパーAと言われているのは男子だけですね。

中島 女子も少しセレクションをしてもらって，独歩ができるとか，コンピューター指導がありますので，読み・書き・計算がちゃんとできることが条件ですが，質的には普通の受刑者に近いです。

吉野 自治体向けの説明もありましたよね。逃走したらすぐわかるようにしていますとか，セキュリティーはソフトに見えるけれどもしっかりしていますとか。

赤池 自治体のほうではどういう施設ができると説明されていたのですか。

末岡 まずは塀がない。塀に代わるものということで，最新機器を使ってどこでもいるところがわかる，そして，塀が揺れたら感知するという説明を受けました。そう

いうかなり近代的なシステムにして塀がなくても大丈夫だということをうたっており，タグはやはり市民に対しての安心材料ということです。市民は，タグを今論議されていることと別の意味あいで見ています。

太田 恐らく，美祢の施設の中に入れている金属探知機の台数などは，今世界で一番多いと思います。もうじき島根あさひに抜かれるかもしれないですが。中で危険物を移動できないようにとか，いろいろ工夫をしています。

赤池 スーパーAという表現に私どもが惑わされているところがあるのかもしれません。というのは，本当にスーパーAなら，IT化が必要のないもののように思うのです。

中島 実際，収容されているのは，なかなか手ごわい人達だなと感じています。

吉野 スーパーAという表現には，ある意味では，自治体の理解を得る上で，また，民間事業者から協力を得やすくするための効果があったとは思います。

赤池 例えば，ドイツも官民協働施設での被収容者の選抜にはやはり厳しい基準を課し，問題の少ない受刑者を入れることにしました。だけど，そうした基準を充たす人たちだけでは定員が埋まらなかった。埋まらないなら空けておくかというとそういうわけにはいかないから，少しずつ条件を緩和した者を入れた。その際に，企業の方は契約に違反しているじゃないか，自治体の方は一定の不安を持つという話になる。企業の方々はこのような場合，どのように対応されるのでしょう。

太田 契約社会なので，契約書どおりにやっていただくよう折衝，交渉していきます。

村井 日本では，本当に逃走事件は少ない。むしろ逃走事件が少ないからということで説得するということは考えられなかったのですか。

吉野 そのように説得はしました。拘置所からは未決拘禁者が逃走した例があるのですが，既決拘禁者，刑務所に入った受刑者の逃走既遂はほとんどないと説明しました。

村井 ICタグが自治体を安心させるという面はあるのでしょうけれども，ヨーロッパやアメリカと違って，日本の場合には現実的にはあまり意味がない。

吉野 あとは受刑者に対する抑止効果です。警備のプレゼンスを示す。自分のところにいつもはずせないものが付いている，逃げてもすぐわかってしまう，と逃走を抑制するのです。

村井 従来の開放的処遇では，そういう社会との接触の中でいつでも逃げられるというのを克服して社会復帰していくことに意味がある。ひとつのロマンだけれども，そういうふうに言われてきたわけです。それを機械で管理されて短期間で社会に出

るけれども，かえって社会に出てからの不安が増さないかと思うのです。

独歩

福田 そもそも逃走ということは例外中の例外ですし，刑務所を作るときには，当然にその可能性など，保安上の確認をするわけですから，そこまでする必要があるのかと思います。PFI刑務所と受刑者に対する電子的管理とは必然的に結び付くのですか。

吉野 タグを要求水準に入れましたが，先ほどの美祢のコスト計算での565億円には，タグの費用としての積算はありません。それは民間に委託する警備員の人件費枠のなかで処理されることになるはずです。つまり，美祢では民間職員のポスト数の想定が官と同数ですから，従来のタグがない状態で125人の国の刑務官が警備を行なった場合のコストを積んで，民間の警備費用を設定したわけです。にもかかわらず，要求水準としてタグを入れたのは，実は，タグがあることによって民間職員の数を減らし，少ない人数で監視可能な刑務所を作りたいと考えたからです。

太田 タグの役割には，受刑者同士の接触を防ぐという面もあって，今どのユニットを人が歩いているかというのを把握することによって，電気錠を遠隔操作で制御し，接触をさせないことができるという面が結構大きいです。

赤池 独歩を導入し，職員数を減らすためにITを入れたというのは，説明としてわかります。ただ，美祢の場合，私の印象では施設内でそれほど広い領域を自由に動ける独歩でもないように思うのです。考えてみれば，外国の刑務所の中は基本的にはすべて独歩なわけですから。むしろ，この施設で導入されたITには，何らかの今後の政策展開の実験的側面があり，しかし，実験だからこそ防備も二重三重に手厚いのではないかという印象をもつのですが，どうですか。

村井 具体的に言うと，構外作業とか施設の外に行くときにタグを付けるというのは，かなりのメリットがあるのだろうと思います。美祢での独歩は管理棟に行くときに一人で行くにすぎず，それこそ監視カメラを置く程度で十分ではないだろうかと思われます。

吉野 今は運営当初なので非常に限られた範囲ですが，構想としては，将来的には施設全体を独歩にできるようにという思いはあります。

赤池 そうであれば，人員を将来的に減らしていくという発想があるから，200台のカメラにせよ，タグにせよそうしたものを入れている側面もあるわけですね。

吉野 パイロット・プロジェクトだったことは確かで，どれだけ少ない職員で刑務所が運営できるのか。美祢でこれだけできるのであれば，他でもこういう設備を設ければできるだろうと。機械化をすることによってできるだろうということを実証してみたいという思いはあります。

処遇プログラム

福田 いろいろな処遇プログラムが民間の創意工夫でできるというのですが，従来の国の刑務所においておよそ採用できないような新しい工夫とか，そういうものは何か期待されているのですか。

中島 採用「できない」という表現が適当だとは思いません。要は，予算やマンパワーの問題ですから。筑波大学の協力による認知行動療法に基づいた犯罪性処遇プログラムは，国の職員が一生懸命自学自習して片手間に研究会などに行って学んで実施することは不可能ではないのですけれども，やはりきちんと体系化したものを提供していただけるのは一つの成果だと思います。

　また，キャリアガイダンスですが，これは職業意識の高揚ということで専門の講師に来ていただいて，これも体系的に実施しますが，従来は，せいぜい1施設一つぐらいしかできなかった処遇プログラムを一人の受刑者に複数，最低でも三つぐらいの処遇プログラムを出所までに実施します。従来できなかったことができると強く思っています。

吉野 具体的には，雇用・能力開発機構，職業訓練大学校の教授をやられた方などが，企画から入っています。先ほどの教育プログラムの方は心理学専攻の大学関係者が関与しています。PFI，民間委託という表面のカヴァーの下には実はいろいろな専門機関が入っています。本来，普通の刑務所でも大学や旧労働省の機関に入ってもらってもいいのですがなかなか実現できないので，PFIという一つの傘の下に入っていただいています。

村井 他の一般の刑務所でもこの新行刑法の下で新しいプログラムをしなさいということで，大学等にいろいろとアクセスしている。だから，一般の交渉や提携ができないわけではない，むしろ，やらなければならないところですよね。

中島 ただ，現実問題，各施設で行っているのは，例えば頑張っても30人ぐらいの対象者を年間でどうにか消化できるかという程度でして，美祢では全受刑者に三つのプログラムを実施できるということは，私自身は本当に画期的だと思います。

村井 これはやはり予算的な問題ですね。気になるのは，新しいことに対しては予算を配置するけれども，古いところは取り残されていく点。そこら辺が変わらないといけないのではないか。

中島 そこで美祢として考えているのは，美祢式のものを国の職員が一緒にやってノウハウを取得して各施設にフィードバックする。処遇プログラムに関しては，国の利用が可能な契約形態になっていますから。美祢がPFI事業を通じて各施設にフィードバックできるのはそういう点だと思って，この点についてはすごく意識作りをしながら職員を育成しています。

吉野 新しいところの予算は，確かにこうしてPFIとしてはできているのですが，もしPFIがなければ，認知行動療法のプログラムを入れようといっても難しかったと思います。今では性犯罪受刑者に心理療法プログラムをやるようになりましたが，あれも美祢でアンガーマネジメントを実施することが影響したと思います。

　いろいろなものがみんなパイロットプロジェクトということで導入されています。例えば，被収容者の被服が違う。普通，受刑者の着ている服は機能性があまり良くなくて，見た目の印象も良くありません。機能性もよく，快適でかつ保安性にも優れたものを美祢に入れる，そうすると他の施設でも被服の更新をしようという話に発展していく可能性が出てくる。何か前例を作らないと進められない。島根あさひの構外作業もそうです。

赤池 パイロットプロジェクトというのはひとつのキータームですね。

　PFI施設導入について，行刑改革会議で当時の西田国際企画官が行なった説明等では，美祢を念頭に，新施設では質の高い処遇を柔軟に実施し，早期に社会内処遇に移行させ，収容の効率的回転を実現し，再犯率ゼロを目指すとのことでした。定員千人の施設ですが，千人以上の過剰収容緩和策にするとの説明です。

　しかし，帰住予定地があり，被害者感情などを考慮に入れても改善更生の可能性が高いと判断されるスーパーAの男子500人がいるなら，むしろ，その500人を通常の刑務所に普通に配置して，彼らをこれまでになく早く仮釈放する方が，周りの受刑者にいい影響を及ぼすのではないか，少なくとも，わざわざ彼らをどちらかといえば面会にも労を要する不便なところに集め，ことによると必要がない社会復帰プログラムを科す必要があるのかとの見方もあると思うわけです。

　確かにWA級の女子受刑者のことを念頭に置いて，パイロット的なものとして先進的プログラムを実施する意図はよく理解できるのですが，スーパーAというところに引っ掛かるところがありますが，いかがですか。

中島 処遇プログラムをしなくてもいい者をわざわざ集めているという認識はありま

せん。やはり一人一人に問題性があるから，今までできなかった処遇をすることによって仮釈が早くなるとか，逆に言えば，彼らが社会に帰ったときの危機管理能力が高まり，再犯率が低下すると認識しています。これが他の施設で埋没した場合には，そういうプログラムに出会うこと，処遇を受けることがなかったと思いますので，リスクはやはり大きいと思います。

赤池 スーパーAであっても個々に問題を持っていて，それに対応するプログラムを提供しているという前提，理屈の組み方としてはそういうことですね。

家族とのコミュニケーション

福田 再犯率を上げるか下げるかというのは，要するに忍耐力がなくてぱっと反応してしまう。あるいは孤独であるというのが言われていますが，そうした問題を解決していくには，まず自分が生きてもいいという自己肯定感をきちんと持てるようになることだと思います。そのために一番大切なのはやはり人間関係ではないでしょうか。家族とのコミュニケーションなど，受容的な人間関係を持てるような外部の人との積極的な機会をどのように保障しようとしているのか，その点をお聞きしたいと思います。

中島 面会については，無立会を原則としています。最初の無立会の面会の際には遮蔽板があります。しかし，その段階が進めば誰もいない部屋で家族に会うことも考えています。来訪にともなう費用負担は確かにあるかもしれませんが，来てもらって密度の濃いコミュニケーションができるような対応を考えています。

福田 時間はどのくらいですか。

中島 一応原則30分です。場合によっては延長ということもあります。

福田 東京から会いに行って30分ですか。

中島 はい。制限区分の2種，1種になったら電話も可能となります。そのための設備も既に整備されています。今はほとんどの受刑者が3種です。2種もぱらぱらと出れば試行的にやっていこうと思っています。そのほか，面会予約は土曜日にも面会できるように機会を付与しています。美祢の立地的な問題性はもちろんあるのですが，外部とのコミュニケーションについては，意識的に何らかの手当てをしていきたいと思います。場合によっては家族全体のカウンセリングみたいなことも含めた処遇も，家族の了解があれば考えたいと思います。特に薬物依存に関わる方は家族全体のカウンセリングをやりたいとおっしゃいます。それを実施する場所も面会室として現実にありますので……。

福田 受刑者の家族の居住地は全国に散らばっているのでしょう。

中島 全国です。その辺をどういうふうにコントロールしていくかということですが，いろいろ一人一人の適性に合ったことはできるだけ現実化して机上の空論に終わらないような手当をしたいと考えています。

村井 家族面会を重視するといっても，家族が来れない。その費用を含めて刑務所側が一切の面倒を見ないと，そんなに頻繁に行くことはできない。国側が少なくとも半分は費用を出すとか，そういうかたちは考えられないですか。PFIだとできそうですが。

太田 国民感情としていかがでしょうか。

村井 それが再社会化につながっているわけですから，例えば網走等に行ったらなかなか面会がないわけです。美祢は不便なところではあるけれども面会に来れないわけではない。一番の問題は費用の問題で，家族に「家族面会に来てください」と言っても本当にできるのかということですね。

中島 言われることは良くわかります。面会に来る人は来ているのですが，私も同じ立場で，どういうふうにそれをクリアしていこうかと思っています。やはり家族のサポートは改善更生に不可欠ですから。

歌代 島根のほうでは家族プログラムを入れようと考えています。それは，直接家族に手紙を書くとか，法務省と調整をしながら考えています。受刑者が2千人いたらその家族は8千人とか1万人ぐらいいるという認識を持たなければいけないだろうと思っています。そういう中で民間事業者として法務省と一緒に何ができるかということを，現在，いろいろ検討しています。例えば，こちらから出掛けていくということもあるかなと……。

末岡 村井さんが言われたことは目からうろこが落ちたような話で，最初，本当に国民感情というか，何でそこまでするのか全然理解ができなかったのですが，家族と会うことによって更生の度合いが全然違うということでしょう，それがプラスになるから何らかの援助ができないかという話ですよね。そこに税金をつぎ込むためには社会の側に一定の理解度が必要でしょうね。

吉野 現段階でできるところは，電話とか休日の面会ですね。

地域との共生

福田 地域との関係に話を移したいと思います。地域の共生，これは同時に家族との面会も含めて刑務所環境をどの程度自由にしていくか。1カ所に閉じ込めてお

くということではなくて，それを開いて，自分も社会の中の一人の人間だというような自覚とプライドを持てるような，施設のある中でなお社会に開かれていくことも大切ではないかと思っています。それこそ共生ということではないでしょうか。

あるいは地域の大学がまさに刑務所の中で運営されるとか，そういうかたちでの共生は，今回のPFIではないような気がするのですが，いかがですか。島根あさひの構外作業の場合でも，地域の人との接触というのはないですね。

歌代 職業訓練での接触は当然出てくると思います。一般の農業を教えてもらう，あるいは森林管理を森林組合の職員から指導してもらうといった場合です。

村井 農業を手伝ってもらうことになると，水田や畑に行って仕事をするというかたちを考えているわけですか。

歌代 そのとおりです。例えば，要求水準で農地を9ヘクタールほど借りなさいということがあって，市が保有していて借り手のない農業団地を利用します。そこを民間事業者が借りて，そこで収容者に農業をさせるという形での構外作業です。その他，近隣農家に出向いての援農もあります。地元で説明会を16回行いましたがその中でいろいろな意見が出ています。島根は全国でも農家の高齢化率が著しくて，例えば，あぜ道の草を刈る人がいない。本当に高齢のおじいちゃん，おばあちゃんが重いガソリンで回る草刈機を持って山の斜面なんかで草を刈っています。例えば，そういうところに20人の受刑者を連れてきてやってもらえないかという意見は，ほとんどの集落から出ています。保安上の措置をきちんとしたうえであれば対応は可能，と法務省からも答えをもらっています。

福田 おじいちゃんなりおばあちゃんが，「ありがとう，おにぎりでもどう？ 食べないかね」と言うような場面が想定できるのですが，受刑者がおにぎりをおじいちゃんたちと一緒に食べることはできないのですか。

佐々木 住民の皆さんもそういうイメージを持っています。ただ受刑者が来て作業をして帰るのではなくて，地域のおじいちゃん，おばあちゃんから地域の歴史だとか文化だとかを聞く井戸端会議ができるような，そこも含めて地域からは要望があります。

歌代 実はこの前カナダのウイリアム・ヘッド (William Head) という非常に開放的な処遇をしている刑務所を視察したのですが，そこでは地域の人が刑務所の中に入って受刑者とのミーティングに参加していました。いわゆるコミュニティ・ミーティングというもので受刑者もいれて全部で30人ぐらいが刑務所の中の小振りな教会のようなホールに集まり，そのうち5人ぐらいが地域の方，刑務所の方も2名位参加しています。そのときはエンパシー (empathy) という言葉を題材にして，

エンパシーとは，何に感動を共有することができるかということですが，そのエンパシーについて，みんなが話すのです，受刑者も地域の方も，施設側の人も。そういうことをやっていました。

それは3年間ぐらい続いているプログラムで，そういう機会を持って受刑者が自分の罪に向き合うとか自分の犯したことを人前でしゃべれるとか，対話が生まれるといいますか，一方的に教え，教えられる場ではなくて同じレベルで話をする。そういう自己開示をしていく場を持っています。そういうことを島根あさひではやろうと思っています。保安エリアのどこまで市民に入ってもらうかなど，保安面での検討も行っています。

赤池 国としては対応がなかなか難しい提案になってくるのではないですか。

吉野 でも，できると思います。

中島 美祢でもクラブ活動の指導者とか，退職校長の方とか，だいぶ地元の方がボランティアで刑務所に入っています。

末岡 実際に私も声を聞きましたが，かなり高齢のおじいちゃんがあるひとつのことを「教えに行くんじゃ」と言って楽しみにしているみたいです。

村井 職員が被収容者に対等な立場で対応していくということが重要です。イギリスのある刑務所に行ったときには，職員の悩みも被収容者に聞いてもらう。お互い，まさにともに歩むということです。文字通りともに歩んでお互いの悩みを打ち明ける。これは日本では大変難しいだろうけれども，今のコンセプトにはなじむだろうと思いますね。地域の人だからそれができるのか，職員だって同じではないでしょうか。私は刑務官でも，むしろ行刑改革の中でそういう理念を持って行刑改革をしてもらいたいと書いたことがあるのですが，それが本当に実現するならすばらしいことだと思います。

福田 保安業務を担っている限り権威をなくすことはできないでしょうね。

村井 その辺がイギリスでは全然違って，受刑者がひとりで自動車を運転して工場に行くわけです。それで交通事故を起こしたらどうするかという私の質問に対して，それは別問題であってプログラムには影響を及ぼさないというのが施設側の答えでした。そうしたことは一般社会でもあることで，だからといってそのプログラムがどうだこうだという問題にはならないという反応です。これは国民性の違いというのもあるからそう簡単にはいかないでしょうけど。

福田 PFIが本当に成功していくのは受刑者がどのように改善というのか，究極的には再犯率にどう結び付くかという問題であろうかと思います。その前提としての処遇を本当に実践できるのかどうか，その処遇というのは中に閉じこめて行うもの

ではなくて，一人の人間として処遇していくことで刑務所をどの程度外に開放していけるか，だと思います。それが実現できない限り，結局PFIは予算削減を目指した過剰拘禁の一時的な策で終わってしまう可能性もあります。

医療

赤池 市民に開放する医療における国と市立病院との関係はどういうかたちですか。美祢の場合には婦人科，島根あさひの場合は眼科が市民に開放されるということですが，医師を確保するのにどういう資金的な対応があったのですか。

吉野 市民開放の医療提携にかかる費用は保険診療で賄いますから，私たち国との関係は全くありません。ただ場所だけ無償で使っていただくという関係です。受刑者の医療費は国から支払います。公的医療機関とPFI事業とは全く別です。医師の確保に関しても，美祢の場合，市民開放する婦人科の医師は市で確保してもらいました。

末岡 外部開放の婦人科医ですが，市民病院を含め，美祢に婦人科という科が全くなかったので，それをどうにかして補えたのがセンターでの外部開放という方法です。

赤池 では，受刑者に対する医療の体制はどうなっているのですか。美祢の市立病院の方で，例えばローテーションを組むとかそういうことは考えられないのですか。

吉野 婦人科以外は，基本的に美祢市の常勤医師が巡回でセンターの診療所に来ています。

中島 医者が交代で入り，例えば，火曜日の午前中は眼科，午後は外科というかたちで，毎日決まっています。いつも，医師が誰かしらいる仕組みです。

福田 例えば私が受刑者だとして，「おなかが痛い」と言ったら診療してもらえますか。本当におなかが痛いかどうか汗が出るまで待てというようなかたちで，要するに保安要請というのか，今まではかなり医務課が抑制しているような気がするのですが，そこはどう変わるのでしょう。

中島 緊急的な場合には，しかるべくそれを察知した職員から診療所の方に連絡が入って，こちらから行くか来てもらうかどちらかです。その他，毎朝，診察希望者は自由意思でポストに申し込み票を入れます。それを見て診療所のほうで必要のある者は呼び出しています。

福田 診療所に連絡するかどうかは医者が判断するのですか。

中島　その日の診療科目との調整がありますので看護師のところで判断をします。
福田　昔のような医務課長が絶対的な権限を持ってということはないですか。
中島　そのようなことはありません。診療科目の専門医が指定された日に診察することになりますので，基本的に日替わりで来ますから，権限の持ちようがないのではないかと思います。また，美祢では，セルフメディケーションという考え方を強調していまして，とりあえず美祢だけ自弁薬，胃薬とか市販されている薬の一部に関しては本人たちに買ってもらいます。自分自身の健康管理は社会復帰のための第一原則だと。そういったところで健康管理も含めた矯正処遇を展開しています。
赤池　年2回の健康診断など，予防医療ということを非常に重視されていますね。それは今までの施設とはかなり違うものなのですか。
中島　全然違うと思います。健康診断をすれば，誰であれ年齢の進行とともにB（再検）とかC（要治療）とか出ます。それに関しても細かく手当てをします。必要な二次検査もさせますし，その分，診療所の方と今後どういうふうに費用分担をしていこうかという話が当然出てくるわけですが……。
村井　元受刑者の中には，施設では軽い病気については非常に手厚くやってもらえるけれども，治療もある一定レベルを超えると，例えば，手術などはなかなか難しいという話を聞きます。その辺は病状の軽重に関わらず，きちんと手当てするわけですね。
中島　その通りです。例えばセンターの中にある診療所で起きた医療行為に関しては，費用を国から渡してやってもらいますが，また，外診での治療の場合には，それは国の方で費用負担をするという仕組みになっています。実は最近も一人歯が膿んでしまって，施設外での専門的な治療が必要となり，口腔外科のある病院まで連行して抜歯したというケースがあります。
村井　その場合の職員と民間の人の付き添いは，今まで最低二人，三人というかたちだったですね。
中島　外に出すときは従来通りで，刑務官が付きます。
赤池　医療の水準を確保するとか一種のモニタリングで，刑務所の中での診療行為についても，病院や厚生労働省のチェックが当然働くわけですね。
中島　当然です。診療所の開設にあたっては，宇部の保健所の方が来て，いろいろと必要な行政指導を受けています。

自治体への経済効果

赤池 例えば、美祢の場合、7億3千万から4千万円の経済効果が期待されていると聞きます。特区法という選択をした以上、モニタリングの対象としても当然に地域雇用の問題、地域経済の問題が対象になると思いますが、その成果はどの程度になると考えているかをまず伺えたらと思います。その上で、新施設とともに交付税をはじめ種々の収入が自治体に生じるときに、矯正を支える地域社会として名乗りを上げた以上、その責任を果たすために、受刑者の社会復帰のために市としてどのような対応を検討しているかを伺いたいと思います。

末岡 1点目ですが、経済効果の数字を出したのが数年前のことです。この点はマスコミからも質問される機会が多いのですが、今年度については、受刑者が4月から千人丸々いるわけではなく、徐々に入所させ、年度の終わりに定員にするというかたちですので、私どもとしては、今の時点で本当にそこまで効果があるのかはわからないというのが実情です。4月から千人でスタートできる来年度の1年間の実績をじっくり見てから判断しようと考えております。施設が来たことでマイナスになることは絶対あり得ない、プラスとなることは間違いないのだから、そういう見方をしていこうと思っています。

2点目はかなり大きな話で、どういうふうに世の中に展開していけるかという話ですから、確かに感謝してやっていかなければいけないのでしょうけれども、この辺は私どものどうこう言えるような段階ではないです。

赤池 大雑把な言い方ですが、社会復帰の促進に果たす地域社会の役割は大きく、施設が地域社会にもたらす税収の一部でも、そうした活動を担う団体の育成や支援の基盤に用意するかどうかが、この新方式の方向性や浮沈を決めるように思うのですが。

末岡 PFI方式だから、そういう観点が生まれるのではないかと言われるのですか。そうであれば従来の刑務所でも皆同じことですよね。

赤池 それはそうですが、形としては、迷惑施設として引き受けるのではなく、自治体から地域経済の振興のために特区申請まで行い、いわばその振興の手段として矯正に関与するわけですから、矯正の側からのニーズにも、地域社会がいかに関わるかという方向で検討することがいずれ求められるように思うのですが。

福田 特区の場合はそういう義務を負うというのであれば、まさに開かれた刑務所のための費用だと、本来ならば、国のほうできちんと予算を組んで美祢市に渡

すべきだと思うのですが。

村井 しかし，地域の役割が重要であることは間違いないですね。

福田 それは重要です。ただ，地域がこの計画をここまでもってくるのにかなり苦労してきたことを考えると，本当に矯正に必要な地域の力を結集するためには，国は責任を放棄してはいけないので，そのための資金をも用意すべきだと思います。

吉野 電源開発などと同じような形でいければいいのでしょうけれども，なかなかその仕組みができません。

福田 受刑者の食材は地元で調達できるのですか。しかも，500円程度のはずですが。

太田 最初，苦労しました。材料費は400円プラスアルファぐらいでやっています。十分おいしいものが出ています。美祢定食という名前を付けていますが，受刑者と同じものを一般の方にも食堂で食べてもらえます。

村井 島根あさひの場合には，農家で作ったものを刑務所の中で使うのは可能ですか。これまでは，そうした形には直ちにはいかなくて，国側が買い取ってというかたちですよね。

歌代 実は法務省が要求水準を作る際に私どもが提案したのが，遊休農地をSPCが借りてそこで農作業をして，その食材を刑務所の中で使う。すべての食材ではないのですが，刑務所の中でそういう自給自足のサイクルを作る，そういう提案が要求水準に入ったのですが，民間の給食会社がその食材を買って中の刑務所での給食で使うことは可能です。

村井 それは，今までですと金額が決まっていたのが，上乗せして支出することは可能ですか，今回のPFIの場合は。平均520円の中でやりくりするというかたちなのか，プラスしていいのか。

歌代 私どもは個々の一食一食の単価がいくらかということは言っていません，食材ごとの積み上げです。例えばお米であれば年間で180トンとか，麦であれば70トンとか2,000名分として必要なのですが，それを食材毎個別に米であれば10キロいくらで地元から買いますということを最初から地元に公表し，伝えています。例えば現在では年間のメニューが決まりましたので，どの時期にどの食材がどれだけ必要でそれをいくらで購入したいと思っています，ということを地元にはっきりと明示し，少しでも地元から調達したいと考えています。

ただ，1食いくらでやるということは対外的には一切言っていません。積み上げれば計算上は1食いくらと出てくるのですが，500円のときもあれば600円のときもあれば300円のときもあれば，食材の調達とはそういうものだと思います。同じ

値段で取れるわけではないですから，私どもは地元にはそういう単価と数量を事前に入札前から示して，地元の農協や地元の生産農家に何とかこの値段で作ってください，供給体制を作ってくださいということをずっとお願いして，今やっとそれができようとしている。ですから恐らく私どもは食材の調達はほぼ地元からできると思っています。

福田 毎日2千人への3食を18年間分をずっと安定的に供給してくれとお願いするわけですね。

末岡 金額が折り合わなかったらどうします？

歌代 ですから，この金額で納品できる供給体制を作ってもらいたい，という気持ちから食材毎の単価を最初から提示したわけです。

末岡 提示したものに折り合わなかったらどうします。

歌代 折り合わなければ恐らく関西圏や首都圏から持っていかざるを得ないと思います。折り合わない食材は必ずあると思います。

村井 そうすると地域振興にならない。

歌代 どうしても地域で生産できないものは仕方がないと思います。生産されていないものでも出来るだけ生産体制を作ってほしいと行政にずっとお願いしています。

吉野 給食会社は今回大規模な商社系の給食会社が入っています。美祢で生産されるもので受刑者千人が使うもの以上にたくさん取れるものがあります。それを大量に安く買って，今度は東京の給食で使うこともできる訳です。一方，美祢で取れないものは東京で調達して持ち込むのです。全食材が地元で調達されている訳ではないですが，地元からもかなり購入されていると思います。島根も同じような感じです。

歌代 さきほども言いましたが，島根は春夏秋冬のメニューを1年間全部提示し，食材も何百品目を年間何トン使いますと数量と単価を提示しています。浜田近辺のほぼすべての食材関係業者に，この食材をこの単価でこの数量納入できますか，できませんかというアンケートを行政が先般実施してくれました。その結果，おおむねの食材は地元から買える，と今はある程度の確信を持っています。地元で生産していなくても外から持ってきて地元の問屋が売るというスキームもあります。地域振興コンソーシアムという団体があるのですが，そこと地元の行政とSPCが一緒になって食材の地元調達は進めています。

村井 逆に浜田でたくさん取れ過ぎたものは，国側は引き取るのですか。

吉野 恐らく給食会社はたくさん買えば東京の自分の持っている他の給食センターで使ったりもできる。

福田　佐々木さん，その値段というのはかなり厳しいものですか。
佐々木　品目によっては厳しい価格もあります。地元として自治体も経済界も一緒になって，食材も含めて地域の経済界から，外資が入らないように地元の中で受注ができるようにということで，産地共同受注組織として地域振興コンソーシアム，五つのグループがあるのですがそちらの中で一生懸命頑張っています。
　お米については私たちもあまり手を掛けずに量が多く取れる品目。やはり物作りは高付加価値ブランド化ということで，いいものをより高くということで推進していましたから全く逆の発想ですが，遊休地を活用しながらそうした取組みができないかということで，県と一緒になってテストで耕作を始めました。
福田　美祢でもそういうことは行われているのですか。
末岡　あいにく美祢はその辺の工夫が足らなかったところはあると思います。
吉野　一つ目の事業なので，地元がまとまる時間がなかったんです。
末岡　浜田市にはうちの反省点をよく踏まえていただきたいです。
佐々木　本当に美祢が教科書です。
末岡　こちらも，やり方によってはどんどんそういう方向に持っていける可能性は持っています。これは市の役割ですから。
太田　大手の給食会社を使っていますが，彼らはいくらでも安い食材を自分のルートで調達できる。だから「ちょっと歩み寄ってください」と私からお願いしています。価格的にはかえって高くなってしまうけれども，地産地消というのがあるからと。業者の事情と，お互いに歩み寄ってある程度は進んできています。やはり美祢にないものがありますから，地域の問屋を通じてやるようなかたちです。
吉野　それから衛生基準とかいろいろなもので合わないこともあります，栄養価値とか。ちゃんとしたものを使わないと大手はコンプライアンスがありますから。

おわりに

福田　今日は超長時間にわたりありがとうございました。最後に，一言ずつお願いします。
中島　今日は本当に期待して来ました。皆さんから話を聞いて自分自身も勉強になったと思います。私が今のポストで非常に悩んでいることは，刑罰の執行ということの延長線上にある彼らの社会化ということ。言い方を変えると，処遇の効果が何なのか，施設内処遇でできる範囲はどこが限界なのかというようなことです。確かに，いろいろなプログラムをたくさん用意してはいるのですが，どこにそれが効

いてくるのか。それが極端に言えば再犯の防止に本当につながるのか。そうした問題です。

有り体に自分自身のことを言えば，自分の中の人間観というか罪悪感というか，人が変わるということに関して非常にまだ希薄だということをここ数カ月すごく感じています。自分のポストにある以上，民間の人も含めて部下職員に対して，人は刑務所から出ていくときはこういう風な人間になっていなければいけないという像をある程度示す責務があるのだろうと思っています。それがちょっと今揺らいでいるので，今日は皆さんと話をしながらいろいろな刺激を受けました。自分の中でもう少し勉強しながら，罪を犯した一人の人間が社会に戻っていくことがどういうことなのかについて，本当に真摯に考えながら，微力ですが一生懸命仕事をしたいと思いました。

PFIについても，社会化の一つの延長だと思います。彼らが外に出て行くことが一つの社会化でありましょうが，同時にPFIでは多くの人が逆に刑務所の中に入ってくる。これは私ども刑務官にとっての社会化という側面をも要請する。そのことがひいては受刑者に対する認識についても変化を生むかなという意識を持っています。

吉野 PFIのパイロット・プロジェクトという側面は確かにそのとおりです。実は，私の個人的な見方かもしれませんが，今回のPFI事業を通して，いろいろなことを実施してみて，矯正の将来の方向性を見据えてみたいと思いました。一つには医療を外部に委託をしてみる仕組みだったり，教育に大学とか専門機関を取り入れてみたり，あとは職業訓練に民間企業だったり，労働省系の機関を取り入れてみたり，矯正職員だけで完結しているこの矯正行政に，いろいろな専門家を入れてみたいという試みをパイロットとしてやってみたかったという思いがあります。

もう一つは話題性があるPFI事業ということで，いわゆる名古屋刑務所事件で失墜してしまった矯正行政を挽回するために，これは非常に効果的な手段だったのではないかと思っています。国会議員に対しても，法務行政だけに携わる方だけではなく，様々な先生方にも説明に行く機会ができました。先ほどBOT，BTOの話がありましたが，税制改正にも手を挙げたことで，税制に関わる先生方にも説明に行く機会ができました。この事業を進めるために国会議員の3分の1から半数近くに事業の説明を行ってきました。

マスコミへの働き掛けもしてきました。プレスに相当いろいろ取り上げていただいて，それまで矯正というと，「法務省矯正局」と電話で言うと後から来る文書には「強制」局と書かれていたものです。「歯の矯正です」と言わないと理解してもらえなかっ

たのですが,「矯正」という文字がだいぶ社会的に認知されたように思います。もちろん, 同時に「美祢」という地名も知られてきたことと思います。

　そういう意味でこの PFI 事業自体成功させなければいけませんでしたが, スタート時点から今までの段階では, 矯正行政に関心を持ってもらうのに非常にいい効果があったのではないかと思います。

村井　私は民間の人との交流の中で刑務所が運営されるのは基本的に賛成です。ただ, お互いに切磋琢磨していくところに現実的には難しいところがあるのではないかと感じています。今は企業がオーガナイズしていますが, 例えば, 大学も積極的に名乗りを上げ, 参入できるというかたちの PFI というのでしょうか, プロフィットではないボランタリーな感じでも参画できるようになると, まさに市民が刑務所の運営に携わりかつ相互に刺激し合うという, 私たちが唱えてきたコミュニティー・プリズンという構想も現実的になると思います。

　私は治療社会論を実践しているイギリスの刑務所の例に触れました。まさに職員と受刑者がともに歩むというかたちでの相互対話の中で, 相互に刺激されつつ社会復帰へ向けていく。地域も同様で, そういう場としてこれがいいかたちで発展していくことを望みたいし, どういうかたちで持っていけばいいのかということに関して, ある程度のアドバイスも研究者サイドからできるかなという気持ちになりました。

赤池　僕は吉野さんがイギリスについて行った紹介の中で, 企業だけではない民間が刑務所とどういう接点を持ちうるかについて書いたものを正直驚いて読んでいました。いつも当方が批判ばかりしている法務省の中に, 自分の考えていることに比較的近いことを言う方がいることに少し安心し, 期待をして見ていました。そして, 今日, 皆さんのお話を伺い, この事業に関係された方が間違いなくそれぞれに大変ご苦労されてきたことがわかりました。ただ, 皆さんの正直な話を聞けば聞くほど, 本当は国民的関心の中で正面からもっと法的にも検討しなければならなかったことがないがしろにされたまま, それぞれが置かれた状況のなかで必要に迫られてここまで来たのではないかとも感じました。

　日本型行刑というと担当制を取り上げてその功罪を議論することが多いのですが, 誰もが認めるのは, 職員の数が少ないからこそ担当制という方法がとられてきたという裏の事情です。PFI 刑務所も, 時代は変われど, 結局は限られた職員数と更なる経済的制約の中で, 行刑政策の外の必要に迫られて進められた点を忘れてはいけないでしょう。PFI をパイロットと位置付け, 新しい行刑のあり方をいろいろ検討する作業の意義は非常に大きいわけですが, 他方で, 例えばフランスをモデルにしたというなら, その国の刑務官の受刑者負担率が日本の半分しかない事

実も忘れないで欲しいところです。ちょっと辛口のことを言うと，今回の事業は，その差をもっと広げようという局面での話です。その差を埋めるために行う国，事業者，地域社会の三者の努力を見守りたいと思います。

佐々木 島根あさひの件に関してですが，たとえPFIの契約期間が終わっても刑務所そのものはずっと旭町にあり続けるわけですから，地域に開かれた刑務所と地域との共生を本当に実現するためには，地域住民の皆さんのご理解とご協力がないと何をやってもうまくいかないと日々感じています。

　私は地域との共生には三つあると説明会等では話しています。1点目は刑務所の運営に関する共生で，食材とか物資，地元からの雇用，そうした面の共生です。2点目は職員，家族の方々が新たな町民，市民としてこの地に来るわけですから，今までの町民と新たな町民，職員家族の方が仲よくこの地域で暮らしていけるようにしていきましょうという話をしています。3点目は受刑者との共生ということで，地域のおじいちゃん，おばあちゃん，子どもたちが刑務所の中に入り，そしてまた刑務所の外でも触れ合えるような機会が一つでも多く生まれて，人権意識の高い町づくり，人に優しい町づくりを目指すということです。要するに，施設にフェンスはできますが，究極の目標は心の塀をなくすことかなと思っています。そういう意識を住民の皆さんが一人でも多く持てば，刑務所をより身近に感じてもらえますし，刑務所が開所して終わりではありませんので，これからも関係機関の方々，地域の皆さんと一緒になって，この旭だから受刑者の方が社会に復帰してまた頑張っていけるというような自負を感じてもらえるような刑務所になるように，地域が元気になるようにこれからも地元として関わっていきたいと思っています。

末岡 今日は皆さんと話をさせていただいて，矯正のことに関してここまで熱心に深く関心を持って研究している方の話というのは初めて聞きました。とにかく地域の運営のことばかり考えてきましたが，考えるべきはそれだけじゃないと改めて思いました。浜田市の佐々木さんと一緒で，今，現に市に存在している，あるいは今から生まれる刑務所がいかにあるべきか，いかにうまく運営されるべきか，一緒になって考えていきたいと改めて思いました。

歌代 私どもがこの事業で掲げたテーマは，「共生から共創へ──地域と共に創る施設を目指して」というものです。そういう基本的な考えのもと佐々木さんがおっしゃったようなことに，今，工事段階から取り組んでいます。運営面では，やはり地域と一緒に刑務所を創っていく考え方を実現していくというのが一つの理想です。

　もう一つは，社会復帰支援コミュニティーというコミュニティー作りに地域と取り

組みたいということです。それは地域のいろいろな力，資源を借りながら刑務所の機能が地域にうまくマッチしていくということです。地域の食材とか経済的な側面もさることながら，地域の力，地域の人の心をもっと刑務所に入れていく。それによって地域の活力も上がるし，刑務所もいい刑務所になっていくということを実現したい。今日は経済的な側面の議論とか法制上の議論が多かったと思うのですが，それも大事ですが，やはり受刑者もいずれは社会に帰っていく人たちですので，再犯をいかに下げるかということを効果的にやらなければ意味がない，と思っています。PFIでやったから再犯が低くなったという刑務所を私はぜひ作っていきたいと思っています。

太田 今まで3年間やってきて，一つにはPFIというものがなかなか理解されていないですね。それは自分自身から社内のトップに至るまで，あるいはコンソーシアムを作っていても各社それぞれに温度差があったりする。また地域の方に説明しても，地域の方もPFIはほとんどわからないと思います。PFIというのは奥が深いですね。その辺のところを皆さんが理解してくれないと。たまたまこの座談会はまだ話しやすいところですが，ちょっと違う立場の人がいるとPFIの知識がないと話が全然食い違ってしまいます。PFIがどんどん広がってみんなが理解していればやりやすいかなと思います。

最近は5月13日の開所式の周辺に至ってマスコミが殺到して，本当にただ塀がないとか鉄格子がないというその辺をセンセーショナルに伝えていたのですが，ここはやはり刑務所であるわけで，ここで過ごした人たちが本当に更生をして出ていく，そういう施設になるべきであるし，それを目指しているわけです。それができたときに初めて成功したと言えるということで，地域の方々や国の方々，民間が協力して何とかモデル事業になれるように，後に続く施設のモデルになれるように頑張っていくつもりです。

福田 今後PFIがこのまま続くのか，過剰拘禁が解決したときにこのPFIがそれで終わりになるのか。でも20年たったあと国に渡した場合，刑務官を125人さらに純増させて国の施設として運営していくことは多分あり得ないだろう。そうだとするならば，これは過剰拘禁が終わったあと，一時的なしのぎで20年後にはだんだんつぶれていく刑務所になるのか。それとも刑務所の行刑改革という受刑者処遇に対して，官だけではなくてサービスというものを民間が創造しながら——サービスというのは，結局は幸せだろうと思いますが——そのノウハウを官が買って，それを提供していくというような新たな刑務所運動の本格的なものへと展開する端緒になるのかどうか。それをぜひ今後とも見守りたい。皆様の意気込みと町の方

や参入業者の話を伺いながら，可能性があるなという確信を私は持ちました。

(2007年7月21日，東京都内アルカディア市ケ谷〔私学会館〕にて開催)

執筆者一覧（掲載順。肩書は 2007 年 12 月末現在）

村井敏邦（龍谷大学大学院法務研究科教授）
德永　光（甲南大学法学部准教授）
岡田悦典（南山大学法学部准教授）
赤池一将（龍谷大学法学部教授）
山口直也（神戸学院大学実務法学研究科教授）
本庄　武（一橋大学大学院法学研究科専任講師）
笹倉香奈（日本学術振興会特別研究員〔一橋大学〕）
三島　聡（大阪市立大学法学部教授）
＊以上，刑事立法研究会メンバー。

萩原聡央（名古屋経済大学法学部講師）
中島　学（美祢社会復帰センター更生支援企画官）

座談会「日本版 PFI 刑務所について」参加者については 220 頁参照。

刑務所民営化のゆくえ
日本版 PFI 刑務所をめぐって

2008 年 1 月 31 日　第 1 版第 1 刷発行

編　者　刑事立法研究会
発行人　成澤壽信
編集人　桑山亜也
発行所　株式会社現代人文社
　　　　〒160-0004　東京都新宿区四谷 2-10 八ッ橋ビル 7 F
　　　　振替　00130-3-52366
　　　　電話　03-5379-0307（代表）
　　　　FAX　03-5379-5388
　　　　E-mail　henshu@genjin.jp（代表）／ hanbai@genjin.jp（販売）
　　　　Web　http://www.genjin.jp
発売所　株式会社大学図書
印刷所　株式会社シナノ
装　幀　Malpu Design（河村誠）

検印省略　PRINTED IN JAPAN　ISBN978-4-87798-368-0 C2032
Ⓒ Keijirippo-Kenkyukai 2008

本書の一部あるいは全部を無断で複写・転載・転訳載などをすること，または磁気媒体等に入力することは，法律で認められた場合を除き，著作者および出版者の権利の侵害となりますので，これらの行為をする場合には，あらかじめ小社または編集者宛に承諾を求めてください。